一带一路
THE BELT AND ROAD
法律·经贸丛书

“一带一路”倡议下协议管辖制度比较研究

A COMPARATIVE STUDY OF JURISDICTIONAL AGREEMENT UNDER “THE BELT AND ROAD” INITIATIVE

王红燕 —— 著

上海人民出版社

编 委 会

“一带一路”法律·经贸丛书总序

“丝绸之路经济带”和“21 世纪海上丝绸之路”(简称为“一带一路”),是习近平主席分别于 2013 年 9 月和 10 月提出的我国对外开放和合作的重大倡议。“一带一路”倡议借用作为历史符号的古代“丝绸之路”名称,旨在建构和依托中国同其他相关国家双边和多边机制以及区域合作平台,积极与“一带一路”沿线国家之间发展经济合作,建立合作伙伴关系,共同打造政治互信、经济融合和文化包容的人类利益共同体、责任共同体和命运共同体。这在当下之国际环境之中显得弥足珍贵。我们正在经历一场席卷全球的“新冠”疫情,全人类正面临前所未有的挑战。新冠之疫不是某一国之灾,更与肤色、人种无关,而是全人类的共同的灾难。我们唯有坚持人类命运共同体理念,坚持包容合作才能击退疫病,实现全人类在大灾之后的新发展。

现在世界上已有 100 多个国家与国际组织积极支持和参与到“一带一路”建设中来,通过国际、地区和国别合作框架和协议沟通协调,共同推进相互联通和可持续发展而带来的合作机遇。这充分体现了“一带一路”的开放性和包容性。当今世界正面临百年未有之大变局,但开放包容与合作发展仍然是主流。我国通过对外开放发现机遇、抓住机遇和创造机遇,秉承“和平合作、开放包容、互学互鉴、互利共赢、平等透明、相互尊重”的“丝绸之路”精神，开展层次更深、水平更高、范围更广的全方位的区域经济合作，充分发挥各国的潜力和优势，以解决沿线国家经济增长与平衡发展问题。

2017年5月“一带一路”国际合作高峰论坛发表了《“一带一路”国际合作高峰论坛圆桌峰会联合公报》，强调了建设“一带一路”合作的基本原则，即法治原则、平等协商原则、互利共赢原则、和谐包容原则、市场运作原则、平衡和可持续原则。其中，市场运作原则即充分认识市场作用和企业主体地位，确保市场在资源配置中发挥决定性作用。由此可见，作为市场主体的企业在“一带一路”建设中处于核心主体地位，政府应遵循市场规律发挥政策引导和服务功能，反对保护主义，建设开放型经济和自由包容性的贸易体系，在公平竞争和尊重市场规律与国际准则基础上，大力促进经济增长、扩大贸易和投资，从而建设和完善以世界贸易组织为核心、普遍、以规则为基础、开放、透明、非歧视的多边贸易体制。2019年3月通过的《中华人民共和国外商投资法》更以法律形式宣示了我国政府对外商投资实施准入前国民待遇和负面清单制度，再一次彰显了我国进一步扩大开放的决心和意志。

“一带一路”为全球经济治理提供了新的路径与方向。然而也应当承认，我们国内的一些企业对“一带一路”沿线国家的政治格局、具体法律制度、经济贸易法规、文化与风土人情还不甚了解，而这些又恰恰是前往该国投资的必备“宝笈”。这就迫切需要有识之士担起研究和传播的重任，对“一带一路”沿线国家的具体制度，特别是与投资贸易有关的制度等，进行深入细致的研究并将成果出版。

上海对外经贸大学法学院是国内最早承担全国涉外律师培训的基地之一，又是全国最早招收国际经济法专业硕士研究生的法律院系之一，拥有一批具有深厚的法学研究基础，且愿意从事“一带一路”法律问题研究的优秀学者。北京大成(上海)律师事务所秉承“志存高远、海纳百川、跬步千里、共铸大成”的理念，热心致力于“一带一路”法律和经贸服务，积极与高校合作，共同完成该项研究。上海人民出版社是具有深厚学术积淀和强大学术传播力的国内优秀出版社，在法学图书出版方面享有很高的声誉。有鉴于此，这三方强强联手，充分发挥各方优势，出版“一带一路”法律·经贸丛书。期待这套丛书能为“一带一路”建设作出应有的贡献，也能成为沪上法学学术研究的新亮点。

是为序。

二〇二〇年四月

目　录

引言
“一带一路”倡议与协议管辖的关联性

“一带一路”倡议在促进沿线国家和地区贸易和投资便利化的同时，必然会伴生大量商事纠纷，因此建立完善有效的国际商事争端解决机制对“一带一路”建设的发展至关重要。2018 年 1 月 23 日，中共中央办公厅、国务院办公厅印发了《关于建立“一带一路”国际商事争端解决机制和机构的意见》（以下简称《意见》），积极推进调解、仲裁、诉讼有机衔接的国际商事纠纷解决机制建设。之后，最高人民法院于 2018 年 6 月 27 日、11 月 21 日分别发布了《最高人民法院关于设立国际商事法庭若干问题的规定》（以下简称《规定》）、《最高人民法院国际商事法庭程序规则（试行）》（以下简称《程序规则》），对国际商事法庭的设立和审判中应遵循的程序规则作了具体的规定，为国际商事纠纷当事人通过国际商事法庭解决争议提供了明确的指引。国际商事法庭的程序规则以现行法律框架为基础，并结合实践需要有所变化和创新，①其裁判为下级法院审理案件提供了指导性思路和标

① 高晓力：最高人民法院“一站式”国际商事纠纷多元化解决机制的探索与创新——在第九届中国华南企业法律论坛上的主题发言，载最高人民法院国际商事法庭官网 http://cicc.court.gov.cn/html/1/218/62/164/1536.html，2020 年 1 月 5 日。

准，彰显了最高人民法院组建国际商事法庭为“一带一路”建设服务的决心和实力。[①]

一、“一带一路”倡议下多元纠纷解决机制与意思自治原则

民法的三大理念为私权神圣、身份平等和私法自治。意思自治作为前两个理念的共同作用对象，是市民法的最高理念，是民法得以延续其精神的集中表现，是构造民法体系的灵魂，是私法之所以成为私法的主要原因。如果从整个民法体系中抽掉意思自治理念，那么整个民法体系也将坍塌、失去存在的意义。[②]国际私法是民法的延伸，传统民法中的意思自治与国际私法中的意思自治有同源性和同质性，两者都萌芽于罗马法，两者的本质及内涵在很大程度上是重合的，对意思自治的基本限制也是一致的。协议管辖是一国管辖权体系的重要组成部分，是意思自治原则在国际民事诉讼中的体现，协议管辖原则是目前国际社会普遍承认和采用的一项国际民事案件诉讼管辖原则。

《意见》关于建立国际商事争端解决机制的一个鲜明特征是坚持当事人意思自治的原则和理念，尊重“一带一路”建设参与国当事人协议选择纠纷解决方式、协议选择其熟悉的本国法或第三国法律的权利。[③]《规定》第二条有关国际商事法庭的受案范围包括“（一）当事人依照民事诉讼法第三十四条的规定协议选择最高人民法院管辖且标的额为人民币3亿元以上的第一审国际商事案件”，《规定》将协议管辖案件专门列为一类且放在第

---

① 最高人民法院第一国际商事法庭高效审结首批五件案件，载最高人民法院国际商事法庭官网 http://cicc.court.gov.cn/html/1/218/149/156/1545.html，2020年1月5日。

② 张久相：《论民法的意思自治》，《甘肃社会科学》1999年论文辑刊。

③ 中共中央办公厅、国务院办公厅印发《关于建立“一带一路”国际商事争端解决机制和机构的意见》，载中华人民共和国中央人民政府官网 http://www.gov.cn/zhengce/2018-06/27/content_5301657.htm，2020年1月5日。

(一)款,凸显了国际商事法庭对意思自治原则的尊重。《程序规则》第一章“一般规定”具有总则性质,其在第一条对国际商事法庭进行定位后,第二条就规定了意思自治原则,即“国际商事法庭依法尊重当事人意思自治,充分尊重当事人解决纠纷方式的选择”。由该条所处的位置可以看出,当事人意思自治原则是国际商事法庭解决纠纷应遵循的首要的基本原则。

最高人民法院设立国际商事法庭,组建国际商事专家委员会,搭建诉讼、调解、仲裁有机衔接的“一站式”国际商事纠纷多元化解决平台,充分尊重了当事人自由选择权,为从事国际商事交易的主体提供更为公正、高效、便捷、低成本的多元化的纠纷解决机制。

二、“一带一路”纠纷解决中协议管辖的重要性

跨境商事争端产生后,“一带一路”沿线各个国家和地区将如何处理管辖争议,是否适用外国法以及如何查明外国法,作出的判决能否被其他国家和地区法院承认与执行,都是“一带一路”纠纷解决涉及的国际私法问题。2016 年,香港律师协会筹建了“一带一路”委员会,收集与“一带一路”相关的冲突法问题,这表明“一带一路”背景下国际私法问题也备受关注。[①]

协议管辖是国际私法中集中体现私法自治的一项管辖规则。《规定》第二条允许当事人对标的额为人民币 3 亿元以上的第一审国际商事案件协议选择最高人民法院管辖。然而,由于协议管辖制度在大多数国家和地区的立法和司法实践中都存在很多不明确、不确定的问题,因此当事人选择中国法院的管辖协议是否有效,其积极效力和消极效力能否被其他国家和地区法院认可,直接关乎国际商事法庭所作判决能否在域外得到承认与

① Poomintr Sooksripaisarnkit and Sai Ramani Garimella (eds), *China's One Belt One Road Initiative and Private International Law*, London and New York: Routledge, 2018, foreword.

执行，并决定了“一带一路”多元化纠纷解决机制能否有效实施。鉴于此，对“一带一路”沿线国家和地区协议管辖制度的法律规定和司法实践进行比较研究，挖掘普遍存在的问题，探寻可行的解决方案，是对“一带一路”建设的发展至关重要的问题。

第一章
“一带一路”倡议与协议管辖制度

第一节 协议管辖制度概论

协议管辖制度是指法院根据双方当事人意思表示一致达成的协议行使管辖权的制度。①由于该制度实质为公权力向私权利的让渡,因此其不是自产生之初就能被各个国家和地区所接受的,而是经历了一个逐步被接纳的过程。协议管辖是一国管辖权体系的重要组成部分,协议管辖原则是目前国际社会普遍承认和采用的一项国际民事案件诉讼管辖原则,世界各国的立法和司法实践都在不同程度上对这一原则作了肯定。②协议管辖有其存在的理论基础,这正是该制度具有合理性价值的原因。

一、协议管辖被接受的历史及其现状

虽然当今各国普遍承认协议管辖制度,但协议管辖制度也不是自产生

① 参见张淑钿:《中国内地与香港区际民商事管辖权冲突问题研究》,华东政法大学 2007 年博士学位论文。

② 参见黄进:《国际私法》,法律出版社 2005 年版,第 642 页。

之初就自然被接受的，而是随着意思自治原则在国际私法领域的确立而逐步被认可的。[①]协议管辖有两个效果，分别为积极效果即赋予管辖权（prorogation）和消极效果即减损管辖权（derogation）。赋予管辖权是指当事人可通过协议将管辖权赋予可能本来没有管辖权的法院。减损管辖权是指当事人通过协议排除了本应有管辖权的一个或几个法院的司法裁判权。[②]虽然管辖协议可以不减损管辖权只赋予管辖权，如选择某一法院非排他性管辖，也可以不赋予管辖权只减损管辖权，如协议排除一个或几个可能的管辖法院。但大多情形下管辖协议会赋予一个法院排他性管辖权而排除其他法院的管辖权。在这种情形下，就会存在一个被赋予管辖权的法院和一个甚至几个被减损管辖权的法院。[③]本书从协议管辖两个效果的角度考察其被接受的历史及其现状。

（一）协议管辖的积极效果（赋予管辖权，prorogation）被接受的历史及其现状

对于被赋予管辖权的法院来讲，当事人通过协议并没有对该国主权构成挑战，而是尊重了该国主权。一些法院管辖区如英格兰和美国的田纳西州还鼓励外国人在本辖区诉讼。当然也存在一个基本问题，即在被选择法院与案件没有其他联系的情况下，当事人之间的管辖协议能否使该国法院承担管辖的义务。只有在该国与案件没有其他联系的情况下该国法院仍然尊重当事人的管辖选择时，当事人的意思自治才是真正的意思自治。[④]然而通过考察可以发现，对于协议管辖的积极效果，很多国家和地区并不是持绝对认可的立场，当事人的意思自治实际上是受到限制的。

---

① 参见邓杰：《论国际民事诉讼中的协议管辖制度》，《武汉大学学报（社会科学版）》2002年第6期。

②③④ See Peter Nygh, *Autonomy in International Contracts*, Oxford: Clarendon Press, 1999, p.15.

在普通法系国家，只要被告不反对，法院即可对提交的案件行使管辖权。外国人在争议发生前缔结管辖协议被视为其愿意接受指定法院的管辖权，也是一直以来被普通法系国家认可的观点。在英国，如果存在提交英国诉讼管辖或仲裁管辖的协议，即使对这个协议有争议，法院也可行使管辖权，不管案件当事人或争议事实与英国的联系如何。[①]在美国，法院为了避免受理过多的涉外案件，一般对外国人之间发生的、与本国没有联系的涉外争议持谨慎态度。作为国际商业中心的纽约鼓励当事人选择纽约州法院管辖，纽约州法律不仅要求当事人应诉，而且要求当事人之间的管辖协议受纽约州法律支配，且涉案交易总额不低于一百万美元。[②]除了立法对协议管辖的谨慎规定外，美国法院对管辖协议赋予管辖权的积极效果享有自由裁量权。如果被告能够证明，依据协议将案件提交被选择法院可能是不合理、不公平、不适当的，那么法院可依据不方便法院原则拒绝管辖。从原则上讲英国法院与美国法院一样，也有权依据不方便法院原则拒绝管辖当事人依据管辖协议提交的案件，不过福赛特(Fawcett)指出英国法院否认管辖协议积极效果并拒绝管辖的案件是比较少见的。[③]新西兰高等法院至少在两个案件中依据不方便法院原则拒绝管辖。由此可见，普通法系国家认可管辖协议的积极效果但保留是否中止诉讼的自由裁量权，不同的普通法系国家运用自由裁量权的频率不同，体现了各个国家对管辖协议积极效力的立场也存在差异。

与普通法系国家相比，大陆法系国家从一开始就反对赋予管辖权的协

① See Peter Nygh, *Autonomy in International Contracts*, Oxford: Clarendon Press, 1999, pp.15, 16.

② 美国纽约州《通用债务法》§ 5-1402。Cited in Peter Nygh, *Autonomy in International Contracts*, Oxford: Clarendon Press, 1999, p.16.

③ See James J.Fawcett, *Declining Jurisdiction in Private International Law*, Oxford: Clarendon Press, 1995, p.57.

议可以约束当事人或者法官。萨维尼曾写道，当事人可以自愿将争议提交到合同义务所在地的法院管辖，但他也谨慎地指出，这并不是协议赋予管辖权。就像法律选择一样，这实际上是通过合同履行地来确定管辖法院，本质上为客观标准，体现属地主义而非协议扩大管辖的概念。对于主观上的、当事人协议扩大的管辖权，萨维尼认为严格来讲罗马法对此并未予以界定。①到了 20 世纪，大陆法系国家出现了两个完全相反的原则。较早的一个原则是将管辖权问题视为公法问题，除非法律有明确规定，否则不允许私人协议变更。在这个原则指导下许多国家拒绝当事人通过协议赋予管辖权，除非被赋予管辖权的本国法院本身就享有管辖权或者至少一方当事人与被赋予管辖权的本国法院有密切的联系，如 1985 年前的荷兰。②然而随着当事人意思自治原则越来越被推崇，其他国家开始在管辖协议有效的情况下无条件尊重当事人的管辖选择，③如德国、法国、1985 年后的荷兰。④还有一些国家虽然承认当事人可以通过协议赋予被选择法院管辖权，但在被赋予管辖权的本国法院与案件没有足够联系的情况下，法院享有拒绝管辖的自由裁量权。如在瑞士，如果所有当事人在瑞士均没有住所、居所或营业部，且案件实质问题不适用瑞士法，那么瑞士法院可以拒绝管辖。⑤由此

① See Savigny, *A Treatise on the Conflict of Laws*, Guthrie translation, 2nd edn. Edinburgh, pp.196—197. Cited in Peter Nygh, *Autonomy in International Contracts*, Oxford: Clarendon Press, 1999, pp.16, 17.

② See Walter and Dalsgaard, “The Civil Law Approach”, in McLachlan and Nygh(eds.), *Transnational Tort Litigation*, Oxford: Clarendon, 1996, pp.191—192. Cited in Peter Nygh, *Autonomy in International Contracts*, Oxford: Clarendon Press, 1999, p.17.

③ Ibid., p.54.

④ See Schack, “German National Report”, Gaudemet-Tallon, “French National Report”, Freudenthal and van der Velden, “Netherlands National Report”, in James J. Fawcett, *Declining Jurisdiction in Private International Law*, Oxford: Clarendon Press, 1995, pp.202, 184—185, 331—333.

⑤ 参见瑞士《联邦国际私法》第五条第三款，该款规定：“当事人所选择的瑞士法院，不得拒绝管辖存在下述情况的事项：(一)如果当事人在瑞士有住所、习惯居所或营业部的；(二)根据本法规定以瑞士法律作为解决争议所应适用的法律的。”

可见，大陆法系国家在20世纪前反对管辖协议的积极效力，20世纪后出现了两种相反的做法，或基于公法原则拒绝当事人协议管辖，或者基于意思自治原则接受当事人协议管辖。在接受协议管辖的大陆法系国家，有的持绝对承认的立场，有的与普通法系国家一样保留拒绝管辖的自由裁量权。

《布鲁塞尔条例Ⅰ》第二十三条规定，只要当事人的一方或数方在一个缔约国有住所，那么他们就可以约定将合同或其他争议提交某一缔约国的某一或某些法院管辖，不论所涉争议与所选法院有没有其他联系。管辖协议必须具有国际性，但选择外国法院是否使协议具备国际特征，或者是否要求交易与两个以上的国家有联系，《布鲁塞尔条例Ⅰ》并没有明确规定。在布鲁塞尔体系中，被赋予管辖权的法院（即被选择法院）具有排他性的管辖权，这种管辖权是强制性的，但是如果争议事项属于其他法院的专属管辖范围或涉及消费者、雇佣、保险合同，那么协议扩大的管辖权应该被拒绝。除了这些限制外，当事人协议管辖的权利应被视为基本权利而存在。《布鲁塞尔条例Ⅰ》第二十三条第三款规定，在缔约国没有住所地的当事人向一缔约国法院提起诉讼的，其他缔约国法院在受理案件的缔约国法院决定拒绝管辖后才能受理案件。这说明对于在缔约国没有住所的人，条例并不要求缔约国法院承担受理协议管辖案件的义务。①由此可知，在布鲁塞尔体系下，如果当事人一方或数方在缔约国有住所，那么管辖协议的积极效果必须被遵守，不论案件是否具有国际性，也不论案件与被选法院是否有实际联系；如果当事人在缔约国没有住所，那么管辖协议的积极效果由被选择的成员国法院依据其国内法决定。

① See Peter Nygh, *Autonomy in International Contracts*, Oxford: Clarendon Press, 1999, pp.18—19.

(二) 协议管辖的消极效果(减损管辖权,derogation)被接受的历史及其现状

减损管辖权会对国家主权构成更为直接的挑战,因此在历史上,那些主张当事人可以在不经法院许可的情况下减损该法院管辖权的观点较难得到法院的认可。①不过在现代,普通法系国家法院通常情况下会尊重管辖协议的减损效力,大陆法系各个国家法院则没有统一做法,很多法院甚至未明确其态度。

历史上普通法系国家将减损管辖的协议视为无效,不过到了19世纪,随着仲裁的兴起,这种观点受到了挑战。英国1854年《普通法程序法》第十一条规定,在当事人之间存在仲裁协议的情形下,法院享有自由裁量权决定是否中止诉讼。1856年史葛诉埃弗里案(Scott v. Avery)中法官即持此态度。②后来在1878年的加勒特案(Law v. Garrett)中,法官未区分仲裁协议和管辖协议,依据上述法第十一条规定的自由裁量权判决选择外国法院排他管辖的协议有效,认可该管辖协议对本国法院管辖权的减损效果。③再后来,英国法院不再依据成文法规定而是基于公平正义认可管辖协议的减损效果。④不过英国法院仍保留否认管辖协议减损效果的自由裁量权。⑤在埃莱夫塞里亚案(Eleftheria)中,英国法院指出了当事人之间存在选择外国法院排他性管辖协议的情况下,法院行使自由裁量权拒绝管辖协议的减损效力时可以考虑的因素及尺度。⑥虽然埃莱夫塞里亚案属于(布鲁塞尔)

---

① See Peter Nygh, *Autonomy in International Contracts*, Oxford: Clarendon Press, 1999, p.19.
② (1856) HLC 809 at 847 per Lord Cranworth LC.
③ (1978) 8 Ch. D 26.
④ Racecourse Bettiing Contral Board v. Secretary for Air [1944] Ch. 114 at 126 per Machinnon L.J.; The Fehmarn [1958] 1 WLR 159 at 163 per Hodson L.J. at 164 per Morris L.J., Cited in Peter Nygh, *Autonomy in International Contracts*, Oxford: Clarendon Press, 1999, p.20.
⑤ The Fehmarn [1958] 1 WLR 159(C.A.).
⑥ [1969] 2 W.L.R. 1073.

公约案件，但在该案审判时欧盟法院尚未明确，在布鲁塞尔体系下英国法院必须认可选择其他成员国法院排他性管辖协议的积极效力和消极效力，法院自由裁量权没有行使的空间。美国对管辖协议消极效力的反对态度也持续了很久。与英国一样，早期美国对仲裁协议和管辖协议的减损效果都持反对态度。不过后来国际商业实践的发展促使美国国会在1925年《联邦仲裁法》中规定，存在仲裁协议的情况下，法院必须强制中止诉讼。不过与英国不同的是，美国法院对仲裁协议和管辖协议是加以区分的。在1958年美国得克萨斯州上诉法院审理的炭黑出口有限公司诉蒙罗萨案(Carbon Black Exprot Inc. v. The SS Monrosa)中法院指出，选择外国法院排他性管辖的协议剥夺了美国法院的管辖权，违反美国公共政策，因此美国法院不认可其减损效力。①美国法院对管辖协议减损效力的这种反对立场最初被美国最高法院审理的海事案件所推翻，1972年布莱梅诉扎帕塔离岸公司案(Bremen v. Zapata Off-shore Co.)中法官指出，考虑到合同自由原则以及国际商业实践中对可预见性和便利性的追求，除非管辖条款违背成文法规定或普通法确认的公共政策，或者执行该管辖条款将导致“欺诈、不当影响或强势议价能力”，否则即便当事人选择的是一个与案件毫无关联的中立法院，管辖条款从表面证据来看也是可以执行的。②该案后来被一些联邦法院及州法院遵循，且被运用到非海事案件中。③由此可以说，普通法系国家对选择外国法院排他性管辖协议的减损效力的态度是一致的，即历史上并不接受，但随着仲裁的兴起、国际商业实践的发展以及当事人意思自治原则的确立，这些国家也转变了立场，对其予以接受，除非当事人能

① 254 F. 2d 297 at 300—301(5th Cir. 1958).
② 407 US 1(1972).
③ See Peter Nygh, *Autonomy in International Contracts*, Oxford: Clarendon Press, 1999, p.21.

提出强有力的证明。①

大陆法系国家的民法中存在两个相悖的原则，即否认管辖协议具有减损效力的公法原则与尊重当事人意思自治的私法原则。不同大陆法系国家的法院对减损管辖协议的态度也不同。很多国家法院拒绝认可管辖协议的减损效力，除非此种协议不关涉本国实质性利益。如意大利在1995年之前的法律规定为，只在双方当事人都是外国人，或者一方当事人是意大利人但其居所或居住于意大利之外的情况下，意大利法院才认可管辖协议的减损效力。②其他大陆法系国家没有如此明确的态度，大多数国家既不支持，也不反对。③一些国家如法国和荷兰的最高法院在《布鲁塞尔公约》生效后才表明其立场，即对公约案件采用类似于公约的做法。④德国法和瑞士法规定在其国内法规定的条件得到满足的情况下才承认管辖协议的减损效力。可见，在大陆法系国家一国是否允许管辖协议减损本国法院的管辖权是由其国内法决定的。⑤

二、管辖权体系中的协议管辖

（一）管辖权的种类

由于涉外民商事案件错综复杂，许多问题难以根据普通管辖规则解决，因此各国又规定了其他几种管辖规则作为普通管辖的例外和补充。一个国家对于涉外民商事案件管辖权的规定取决于它采用何种管辖根据

① See Peter Nygh, *Autonomy in International Contracts*, Oxford: Clarendon Press, 1999, p.21.

② See Trocker, “Italian National Report”, in James J.Fawcett, *Declining Jurisdiction in Private International Law*, Oxford: Clarendon Press, 1995, p.295.

③ See Peter Nygh, *Autonomy in International Contracts*, Oxford: Clarendon Press, 1999, p.22.

④ 《布鲁塞尔公约》尊重排他性管辖协议赋予管辖权的积极效力和减损管辖权的消极效力，本书第三章第三节会有详细论述。

⑤ See Peter Nygh, *Autonomy in International Contracts*, Oxford: Clarendon Press, 1999, pp.21—22.

(jurisdiction bases)。管辖根据指的是涉外民商事案件法律关系的主体，或法律关系的客体，或者法律关系的事实同法院地国家存在某种联系，由于这些联系的存在，使得这个国家的法院对这些案件享有管辖权，意即管辖根据是一个国家的法院有权审理具有涉外因素的民商事案件的理由。各国在司法实践中形成了一些涉外民商事案件行使管辖权的涉外民商事诉讼管辖规则，一般包括普通管辖、特别管辖、专属管辖和协议管辖。由于各个国家的情形不同，它们所采用的管辖根据常常是不同的。①不同国家和地区对同一个管辖规则通常会规定不同的管辖根据，如普通管辖是确定涉外民商事案件管辖权限划分的一般规则，各国确立普通管辖通常以被告住所地、国籍或者送达为根据。

英国法中的管辖权根据可简要概括为，管辖权取决于传票的送达，而传票的送达可基于被告在管辖区内的出现。如果被告身处管辖区之外，则进行送达前要取得法院的许可。②英国法中以送达为根据的管辖规则，属于上述分类中的普通管辖。③有学者将境内送达称为地域管辖权，境外送达称为裁量管辖权。④英国法要求婚姻和其他有关身份地位的案件中当事人的住所或居所、或婚姻缔结地应该在法院境内，这属于特别管辖。此外，在五个主要的主体领域中，英国法传统规则否认对诉讼标的(subject matter of the claim)的管辖权。这五个主体领域包括外国土地所有权、外国知识产权、外国刑法和税法以及类似的公法、享有豁免权的人、国家行为。上述五个主体领域实际上构成了英国法院管辖权的外部界限，⑤可以理解为英国

① 参见徐卉:《涉外民商事诉讼管辖权冲突研究》，中国政法大学出版社 2001 年版，第 58、59 页。
② 参见欧福永:《英国民商事管辖权制度研究》，法律出版社 2005 年版，第 131 页。
③ 参见徐卉:《涉外民商事诉讼管辖权冲突研究》，中国政法大学出版社 2001 年版，第 59 页。
④ 参见张淑钿:《中国内地与香港区际民商事管辖权冲突问题研究》，华东政法大学 2007 年博士学位论文。
⑤ 参见欧福永:《英国民商事管辖权制度研究》，法律出版社 2005 年版，第 132—142 页。

法院认可的专属管辖事项。在管辖权问题上，英国法院除了以送达为依据行使有效控制原则外，还以当事人自愿接受管辖为标准确立了协议管辖和应诉管辖。

中国的涉外民商事案件管辖权体系为，以地域管辖（被告住所地、原告住所地）为基础，包括特别管辖、专属管辖、协议管辖、应诉管辖。①其中，地域管辖属于上述分类中的普通管辖规则。

（二）协议管辖

协议管辖是一国管辖权体系的重要组成部分，其特殊性在于由当事人对管辖权这一公权力进行选择、分配。②协议管辖基于当事人的主观约定，不是基于案件有关的各种客观事实，③就本质来看是意思自治原则在国际民事诉讼中的体现，是对选法自由的补充，某种程度上是主权国家赋予了私人以立法者所具有的权力，也是主权国家在管辖权问题上的相互妥协。然而，协议管辖毕竟不能与公权力对抗，因此各个国家都对它的适用范围、有效性和效力进行限制。通过选择法院当事人放弃的只能是个人权利的管辖保护，而不能放弃涉及国家利益的规定和国家主权的管辖保护。各国都规定协议管辖不得违反公共政策，不得排除专属管辖。④

体现当事人意思自治的协议管辖原则目前已是国际社会所普遍承认和采用的一项涉外民商事诉讼管辖权原则，世界各国的立法和司法实践都

---

① 《中华人民共和国民事诉讼法》第二十一、二十二条分别规定了以被告住所地、原告住所地为依据的地域管辖规则，第二十三至三十二条、第二百六十五条规定了特殊类型案件的管辖规则，第三十三条、第二百六十六条规定了专属管辖规则，第三十四条规定了协议管辖规则，第一百二十七条规定了应诉管辖规则。

② 参见冯霞：《论国际民商事诉讼中的协议管辖原则——兼评我国相关立法及立法建议》，《法律适用》2007 年 7 月总第 232 期。

③ 参见孙南申：《论国际私法中协议管辖的法律效力》，《政治与法律》1999 年第 2 期。

④ 参见吕晓莉：《国际民事诉讼中的协议管辖制度》，《河北法学》2002 年第 6 期。

在不同程度上对这一原则作了充分的肯定。在法院管辖权的确定上，是否承认协议管辖以及在多大范围内承认协议管辖，常常是衡量一个国家国际民事管辖权制度是否开明和便利诉讼的标准之一。①就涉外民商事诉讼管辖权冲突而言，管辖协议既是冲突解决的一个途径，又是引发本国法院与外国法院管辖权竞争的一个因素。在涉外民商事诉讼管辖权冲突这个问题上，协议管辖是一个不可或缺的研究课题。②

三、协议管辖的理论基础

在国际私法中，准据法选择和法庭选择(forum selecting)都是当事人意思自治的体现，其中法庭选择包括法院选择和仲裁选择。③法院选择关乎一国法院的管辖权，对国家主权来讲构成更为直接的挑战。④协议管辖制度是当事人私权利与国家公权力博弈、平衡的结果，因此意思自治理论和国家主权理论构成协议管辖制度的理论基础。此外，民事诉讼中法院审判权需要当事人处分权的制约，民事诉讼中的处分原则是意思自治在民事诉讼领域的体现，也是协议管辖制度具有合理性价值的理论依据。

(一) 意思自治理论

意思自治是选择法院协议的基石，选择法院协议是当事人意思自治在国际民事诉讼管辖权问题上的具体体现，大多数国际和地区的法律明确规定允许当事人对管辖法院进行选择。历史上意思自治理论的确立经历了一个循环往复的过程。意思自治理论最早在法则区别说中产生，体现为合同履行地法，但这实质上并不是意思自治原则，而是一种客

① 参见李双元:《关于我国国际民事管辖权的思考》，收录于《海峡两岸法律冲突及海事法律问题研究》，山东大学出版社1991年版，第204页。
② 参见徐卉:《涉外民商事诉讼管辖权冲突研究》，中国政法大学出版社2001年版，第186页。
③ See William W.Park, *International Forum Selection*, Kluwer Law International, 1995, p.177.
④ See Peter Nygh, *Autonomy in International Contracts*, Oxford: Clarendon Press, 1999, p.15.

观标准。①后来合同的概念发生改变，当事人在合同问题上的主导地位确立，意思自治理论真正得以发展。②之后随着世界政治形势的改变，国家权力被推崇，意思自治在各国都受到很大的限制。③第二次世界大战结束后，意思自治原则在各种国际协定及各国国内法中逐渐被认可，意思自治原则在国际商事合同中基本原则的地位得到确立，当事人协议选择准据法和协议选择法院都获得认可。④美国两次冲突法重述对意思自治态度的转变即体现了这个趋势。

研究意思自治理论首先应该考察当事人自治权利的来源问题。对于当事人选择法律的自由，其渊源有三种不同的观点。第一种观点为超法律渊源，即当事人的自治权利是绝对的，它可能就像太空船一样飞行在太空，超越任何国家的法律体系。第二种观点为国内法渊源，即当事人的自治权利是由国内法赋予的，它的有效性依赖于特定国家的冲突法规则。艾伦茨威格的主张代表了主流观点，他认为意思自治当然不能作为独立的冲突法渊源，但只要被冲突法接受了，便成为有效的冲突法渊源。即只有当事人意思自治作为一个连接因素被植入一国国内冲突法规则中，当事人的意思自治才有效。第三种观点为国际法渊源，即当事人法律选择和法庭选择的权利都是有关争议解决的国际习惯法的一部分，根源于《世界人权宣言》中规定的个人自由原则，实质为当事人合意将他们之间的协议视为所选择法律体系的一部分。⑤

---

① 巴托鲁斯、杜摩兰、胡伯、斯托里、萨维尼对意思自治的认识其实质都是一种客观标准，这些认识成为意思自治思想的先驱。See Peter Nygh, *Autonomy in International Contracts*, Oxford: Clarendon Press, 1999, pp.3—6.

② See P.S.Atiyah, *The Rise and Fall of Freedom of Contract*, Oxford: Clarendon Press, 1985.

③ See Yntema H.E., “Autonomy' in Choice of Law”, 1 Am. J. Comp. L. 341(1952).

④ See Peter Nygh, *Autonomy in International Contracts*, Oxford: Clarendon Press, 1999, pp.3—15.

⑤ See Peter Nygh, *Autonomy in International Contracts*, Oxford: Clarendon Press, 1999, pp.31—38.

对于协议管辖的意思自治权利的渊源，主流观点为由法院地法决定，这与上述法律选择自治权来源的第二种观点一致。被选择法院依据本国法律接受当事人的合意选择，被排除法院根据本国法律决定是否接受当事人的合意排除。即便对意思自治强烈推崇的学者也不会认为私人意志可以强加给国家机关，私人主体只能处分自己的权利和义务。①但是从实用主义角度讲，意思自治最终还是取决于当事人的选择，如果当事人约定了排他性管辖协议，则各方当事人共同行使意思自治权，协商一致在被选择法院起诉并排除其他法院的管辖权；如果当事人约定了非排他性管辖协议，则各方当事人分别行使意思自治权，各方都可以选择在哪国法院起诉。

意思自治理论是国际私法的基本理论，意思自治原则是国际私法中一项被广泛认可的基本原则。基于意思自治理论的协议管辖制度，对国际民商事诉讼的发展具有重要的作用和价值：

首先，协议管辖制度可以避免和减少管辖权冲突。有学者认为，协议管辖制度由于可以避免国际民商事管辖冲突，因此成为协调国际民商事管辖权的基本原则。②由于各国法院对管辖权行使之基础有扩张适用的趋势，对同一案件往往数国法院都有管辖权，如果协议管辖制度被各国遵守则可起到防止管辖权冲突的效果。③

其次，协议管辖制度可以增强诉讼的可预见性，实现诉讼的公平与效率，有利于判决的承认与执行。由于事先约定了管辖法院，因此当事人可以预见到如果发生争议，诉讼会在哪个法院进行。在事先约定管辖法院的

---

① See Peter Nygh, *Autonomy in International Contracts*, Oxford: Clarendon Press, 1999, pp.31—38.

② 参见李先波：《论国际民事管辖权协调的基本原则》，《中国国际私法与比较法年刊(第三卷)》，法律出版社 2000 年版，第 568 页。

③ 参见吕晓莉：《国际民事诉讼中的协议管辖制度》，《河北法学》2002 年第 6 期。

情况下，当事人一般很难在诉讼中对法院管辖权进行抗辩，从而避免了管辖权问题上的复杂程序；而被告如果向被选择法院之外的其他法院另行提起平行诉讼也难以获得该法院的支持，因而可以实现诉讼的效率，防止国际司法资源的浪费。此外，如果各国对管辖权问题的态度一致，那么各国在判决承认与执行上进行合作就有了良好的基础。①

最后，协议管辖制度可以促进国际商业和贸易的发展。协议确定了争议的管辖法院，可在一定程度上预见争端的结果，这有助于当事人合理安排其商事活动并完成其商业计划，利于国际经济贸易的发展。②

（二）国家主权理论

如前文所述，协议管辖对管辖权有两个效力，即赋予管辖权和减损管辖权。对于被赋予管辖权的法院来讲，当事人通过协议并没有对该国主权构成挑战，而是扩大了该国主权。对于被排除管辖权的法院来讲，减损管辖权会对国家主权构成更为直接的挑战，因为其实质为当事人在不经法院许可的情况下协议排除了该法院的管辖权。③被选择法院是否接受管辖选择，非被选择法院是否接受管辖权被排除，不是由当事人意思自治决定的，而是取决于法院地法，即主权国家是否愿意让渡管辖权，是否愿意赋予私人以立法者所具有的权力。国家主权理论为协议管辖制度划定了合理边界，是协议管辖应受合理限制的理论依据。国家主权原则是协议管辖制度应遵循的基本原则。

（三）民事诉讼中的处分原则

协议管辖是当事人意思自治原则的体现，这也是由民事诉讼本身的

---

① 参见王吉文：《2005 年海牙〈选择法院协议公约〉研究》，东南大学出版社 2008 年版，第 22 页。Peter Nygh, *Autonomy in International Contracts*, Oxford: Clarendon Press, 1999, pp.2—3.

② 同上；吕晓莉：《国际民事诉讼中的协议管辖制度》，《河北法学》2002 年第 6 期。

③ See Peter Nygh, *Autonomy in International Contracts*, Oxford: Clarendon Press, 1999, pp.15, 19.

性质所决定的。因为民事诉讼所处理的对象本身就是当事人自己可以自由处分的实体权利，即使当事人要求国家通过诉讼来解决他们之间的纠纷，国家仍然应当最大限度地尊重当事人自由处分他们自己权利的自律性。①处分原则是民事诉讼程序的特有原则之一，“民事诉讼从历史上就是处理私人之间纠纷的方式之一，其目的在于实现和确认私人的实体权利。此外，从国家处理纠纷的观点来看，公共权力也无法平等地一一介入私人之间在日常生活中爆发的矛盾或摩擦”。②因此，意思自治原则反映了私法的内在精神，处分原则使得民事诉讼明显区别于行政诉讼和刑事诉讼。

当事人意思自治原则意味着当事人可以在民事活动中自由地支配和处置其民事权利，可处分性是民事权利的特征，这也是民事诉讼程序必须设定处分原则的根本原因。与当事人处分权相对应的，是法院的审判权，在民事诉讼中，处分权构成了对审判权的合理制约。虽然就诉讼程序方面的问题而言，法院是诉讼的指挥者和案件的裁判者，但法院审判权的发生取决于当事人是否提起诉讼，审判权作用的范围受制于当事人请求的事项和争议事实，审判权会因为当事人撤回诉讼或者双方当事人达成各种合法协议而停止运作，因此，处分权的存在在于合理地制约法院的审判权，法院应该接受当事人的选择。相应地，在涉外民商事诉讼中，当事人对管辖法院的合法约定作为当事人的处分结果应该为法院所接受，即使当事人所约定的是外国法院，只要这种约定是合法有效的，本国法院就应当尊重当事人的这一决定。对于本国与外国法院之间的涉外民商事管辖权冲突，协议

① 参见徐卉：《涉外民商事诉讼管辖权冲突研究》，中国政法大学出版社2001年版，第195页。

② 参见[日]谷口安平：《诉讼的正义与程序》，王亚新、刘荣军译，中国政法大学出版社1996年版，第105页。转引自徐卉：《涉外民商事诉讼管辖权冲突研究》，中国政法大学出版社2001年版，第195—196页。

管辖无疑是从源头上抑制了冲突的发生，而且对于当事人来说，在一个由他们自己决定的法院进行诉讼，显然更有利于纠纷的解决。①

第二节 “一带一路”倡议与协议管辖相关的问题

“一带一路”商事纠纷解决中与协议管辖相关的问题，主要包括管辖协议的准据法、管辖协议的效力(effect)、管辖协议的有效性(validity)和管辖协议的限制四个方面。

法院依据何地法律判断管辖协议的有效性，即为管辖协议的准据法选择问题，这是协议管辖纠纷首先应该解决的问题。协议管辖案件中被选择法院和非被选择法院、受理案件法院和被申请承认与执行判决的法院对准据法的选择不同，都会导致管辖协议准据法的冲突，进而影响管辖协议有效性的认定，最终决定了基于管辖协议所作判决能否得到承认与执行。目前大多数国家和地区适用法院地法判断管辖协议的有效性问题，少数国家适用合同准据法判断，而布鲁塞尔体系和《海牙公约》都规定被选法院地法为管辖协议的准据法。“一带一路”商事纠纷解决机制的构建需要借鉴被选法院地法原则，唯此才能统一管辖协议准据法的适用，才能与国际主流趋势接轨。不过各国(地区)对被选法院地法原则的接受与《海牙公约》的普及一样，尚需时日。

管辖协议的效力(effect)包括管辖协议赋予被选择法院管辖权的积极效力和排除非被选择法院管辖权的消极效力。管辖协议的有效性(validity)审查管辖协议自身是否合法、是否可以约束当事人，而管辖协议

① 参见徐卉:《涉外民商事诉讼管辖权冲突研究》，中国政法大学出版社2001年版，第195—196页。

的效力则体现管辖协议是否具有外在效果、是否可以约束法院管辖权的行使。依据管辖协议具有的效力不同，可以将其分为排他性管辖协议和非排他性管辖协议两个种类。排他性管辖协议既有积极效力也有消极效力，非排他性管辖协议只有积极效力而无消极效力。目前“一带一路”沿线各个国家（地区）对管辖协议效力的态度差别很大，有的国家（地区）并不区分排他性管辖协议和非排他性管辖协议，即便进行区分的国家（地区）对两种管辖协议效力的态度也存在很大差别。对管辖协议效力的认定直接决定了法院管辖权行使的适当性，这是协议管辖制度的核心问题，也是协议管辖纠纷中最为常见的问题。

管辖协议的有效性包括形式有效性和实质有效性，其认定依各法域实体法对合同有效性的规范来处理，各法域实体法的差异必然导致管辖协议有效性的冲突。国际商事争议中的当事人是否应受管辖协议的约束取决于管辖协议是否有效，各个国家（地区）对管辖协议有效性认定的冲突直接影响“一带一路”商事纠纷解决中协议管辖机制的作用和效果。

协议管辖是国家公权力向私权利让渡的结果，因此当事人选择管辖法院的权利应受到合理的限制。例如，协议管辖不得违反域内法中的专属管辖要求、公共秩序条款、强制性规则，协议管辖应该保护缔约地位不平等的弱方当事人利益，有的国家（地区）法律还要求协议选择的法院与案件具有实质性联系。由于公共秩序和强制性规则是国际私法中普遍的、基本的问题，因此本书不予展开，只就专属管辖、实际联系要求、弱者利益保护三个方面进行详细论述。

本书从上述四个问题入手，分析了中国的协议管辖制度，探讨了“一带一路”沿线国家和地区包括新加坡、英国、中国香港、土耳其、比利时、捷克、希腊、罗马尼亚、南非的协议管辖制度，结合欧盟布鲁塞尔管辖权体系和

《海牙选择法院协议公约》的规定进行系统性的比较研究，试图为“一带一路”纠纷解决中协议管辖制度的协调提供思路，以期使“一带一路”建设中国际商事争端的解决更为顺畅、有效。

第二章
管辖协议准据法的选择

管辖协议对国际民商事案件管辖权的分配及一国法院所作判决的承认与执行影响深远。从冲突法的逻辑上分析，管辖协议的有效性问题，即由什么法律来决定管辖协议的形式有效性和实质有效性，当然存在法律适用问题。管辖协议的法律适用直接关系到管辖协议有效性的确定，并由此影响到相关国家法院的管辖权。[①]然而，纵观各国国际民事诉讼法的理论及实践，管辖协议的准据法问题一直都没有定论，也没有统一的实践，学者各执一词，法院各行其是。管辖协议往往处在确定与不确定的摇摆之间，这使得我们尊重当事人意思自治和便利诉讼的期望陷入落空的境地，当事人合意选择法院机制的实效也被极大减损。

第一节　管辖协议的定性

管辖协议准据法的不确定性与管辖协议的定性有关。管辖协议以普

① 参见杨晓强、闫杰雄：《刍议排他性选择法院协议的法律适用》，《中国国际私法与比较法年刊（第十三卷）》，北京大学出版社2010年版，第299页。

通的合同法为基础，同时又受到冲突法规则以及主审法院所拥有的主权的限制。①虽然管辖协议是当事人合意选择的结果，本质上是一种合同，但合同法上的合意原则并没有对管辖协议这个特殊的合同给予足够的回应，相比之下程序法通常会对协议管辖制度予以规范。管辖协议兼具合同因素和程序因素，在性质上是合同性质还是程序性质，是自由属性主导还是强制属性主导，不同的法律定性决定了不同的制度展开，并决定了不同的法律适用。②管辖协议可归于与程序有关的协议，反映的是当事人同法院之间的关系，选择法院的行为属于诉讼法上的行为，具有公法性质，因此适用被选法院地法或者法院地法，大陆法系国家多为此做法，如比利时、捷克、希腊、罗马尼亚；管辖协议也可归于与实体合同有关的协议，管辖协议作为合同条款之一，构成合同不可分割的一部分，因此适用主合同准据法，如英国、新加坡；而将管辖协议视为混合型契约，如德国，则导致其同时受制于两种不同的制度，即被选法院地法(或法院地法)和主合同的准据法支配。③早在1960年第九次海牙国际私法会议上，关于管辖协议定性对管辖协议准据法的决定性作用问题，各国代表就有过激烈的争辩。一种观点认为管辖协议是管辖权的协议，应适用法院地法；另一种观点则认为管辖协议是实体合同的一部分，应适用合同准据法。④对管辖协议的定性不同并适用不同的准据法，也反映了不同的价值目标，即：如果倾向于保护当事人利益，

---

① 参见[美]William Woodward, Jr.:《法律选择协议探微》，陈芝兰、谢新胜、牟笛译，《中国国际私法与比较法年刊(第九卷)》，北京大学出版社2006年版，第220页。

② 参见焦燕：《法院选择协议的性质之辩与制度展开》，《法学家》2011年第6期。

③ 参见叶斌：《国际选择法院协议效力的法律冲突与法律适用——海牙“被选法院地法”规则的优与劣》，《中国国际私法与比较法年刊(第十三卷)》，北京大学出版社2010年版，第113页；杨晓强、闫杰雄：《刍议排他性选择法院协议的法律适用》，《中国国际私法与比较法年刊(第十三卷)》，北京大学出版社2010年版，第305、306页；许军珂：《国际私法上的意思自治》，法律出版社2006年版，第263页。

④ See R.H.Graveson, “The Ninth Hague Conference of Private International Law”, 10 I. C. L. Q. 18(1961).转引自焦燕：《法院选择协议的性质之辩与制度展开》，《法学家》2011年第6期。

则可能会适用合同准据法；如果侧重于保护法院所在地的国家利益，则可能会适用法院地法。对管辖协议定性不同是管辖协议准据法不确定的最重要原因，其他因素如国际管辖协议的国际性特征也对其有一定的影响。国际管辖协议同时涉及被选择法院地、受理法院地、被排除法院地的管辖权，当事人选择法院的行为因此可能会受不同国家法律的审查和限制，管辖协议准据法的确定也就出现了困难。

第二节　管辖协议准据法的适用范围

管辖协议的生效要件分为形式要件和实质要件，在研究管辖协议的准据法时需要解决的一个问题为，是否需要分别考察其形式要件的准据法和实质要件的准据法，还是其形式要件和实质要件适用同一个准据法？

在国际私法的普遍实践中，法律行为形式要件和实质要件的法律适用存在着明显的区别，对于法律行为的实质要件，各国大多依法律关系的不同性质和种类分别予以确定；对于法律行为的形式要件，由于其超越了某一类法律关系的范围，也相对容易找出其大致的规律性，因此可以依据统一的、普遍适用的冲突规范来确定其准据法。[①]然而，上述对法律行为实质要件和形式要件分别适用不同准据法的方法并非适用于所有情形，这是因为，第一，法律行为方式的准据法存在例外，例外情况主要出现在物权、债权、登记、票据支付等领域，如 1964 年捷克斯洛伐克《国际私法及国际民事诉讼法》第四条规定："法律行为的方式，除支配该契约的法律规定书面形

① 参见黄进：《国际私法》，法律出版社 2005 年版，第 252 页；涂广建：《澳门国际私法》，社会科学文献出版社 2013 年版，第 215 页。

式是行为的要件外，依意思表示地法。”[①]第二，在合同领域，对形式要件和实质要件适用不同准据法的方法体现了合同法律适用的分割论，与分割论相对立，很多国家的理论、立法和司法实践主张采用单一论，依据单一论，合同形式要件和实质要件应该适用同一个准据法。[②]单一论被英联邦国家及法国、瑞士、比利时、荷兰、卢森堡、斯堪的纳维亚国家的法院所采用，并在20世纪60年代捷克斯洛伐克、波兰、葡萄牙及1975年联邦德国的立法，以及1986年海牙《国际货物销售合同法律适用公约》中有所体现。[③]

中国法律大多不区分管辖协议形式要件和实质要件的准据法，从立法来分析：

第一，虽然我国《民法通则》第五十六条对法律行为形式要件进行专门规定，但《民法通则》涉外编并没有类似的可以统一适用的冲突规范。从这个角度来分析，管辖协议的形式要件没有可以统一适用的冲突规范，可能需要和实质要件适用同一个准据法。

第二，我国《涉外民事关系法律适用法》对法律行为形式要件也没有规定统一的冲突规范。虽然该法第三条规定，“当事人依照法律规定可以明示选择涉外民事关系适用的法律”，但其只规范协议选择准据法的方式，不规范具体法律关系的形式要件问题。从《涉外民事关系法律适用法》对各种法律关系准据法的规定来看，除个别法律关系（结婚、收养、遗嘱）中对形式要件的准据法有单独规定外，大多法律关系（如物权、债权、知识产权）的

---

① 参见黄进：《国际私法》，法律出版社2005年版，第254页。

② 分割论和单一论之间的对立包含两个层面的内容：(1)对于不同性质的合同，单一论主张不分割合同类型，采用同一个冲突规则来指引准据法，而分割论主张区分合同的不同种类分别来选择准据法；(2)对于同一合同，单一论主张对整个合同适用同一个准据法，分割论主张可以对合同诸因素（如缔约能力、合同形式以及合同的成立和效果三大方面）加以分割，甚至合同的不同部分予以分解，分别选择适用不同的法律。参见李双元、欧福永、金彭年、张茂：《中国国际私法通论》（第三版），法律出版社2007年版，第300页。

③ 参见赵相林主编：《国际私法》，中国政法大学出版社2002年版，第233页。

准据法未区分形式要件和实质要件。

第三,《民法通则》第一百四十五条规定:"涉外合同的当事人可以选择处理合同争议所适用的法律,法律另有规定的除外。涉外合同的当事人没有选择的,适用与合同有最密切联系的国家的法律。"该条并未明确合同准据法是否可以同时适用于合同形式有效性和实质有效性问题。虽然1987年最高人民法院《关于适用〈涉外经济合同法〉若干问题的解答》(以下简称1987年解答)已经失效,但其对"合同争议"的解释在一定程度上可以反映中国司法解释对合同准据法的适用范围这一问题的态度。1987年解答规定:"'合同争议'应作广义的理解,凡是双方当事人对合同是否成立、合同成立的时间、合同内容的解释、合同的履行、违约的责任,以及合同的变更、中止、转让、解除、终止等发生的争议,均应包括在内。"由此可以推断中国法律不区分合同形式要件和实质要件的法律适用。

从中国香港来看,权威学者主张合同法律适用的单一论以保持合同的整体协调性,①法院在判例中明确管辖协议的有效性(包括形式有效性和实质有效性)和效力问题属于实体问题,②因此管辖协议形式要件和实质要件的准据法为同一个法律即主合同准据法。

现阶段"一带一路"沿线国家和地区大多不对管辖协议形式要件和实质要件的准据法进行区分(下文有相关论述),随着国际私法的发展与完善,管辖协议准据法的确定将与法律行为准据法的确定一样,形式要件适用统一的冲突规范或者统一实体规范,而其实质要件则需要区分不同的法律关系适用不同的准据法。如《布鲁塞尔条例Ⅰ(重订)》和《海牙公约》专

① See Dicey, Morris and Collins, *The conflict of laws*, 13th edn, London: Sweet & Maxwell, 2000, pp.1257—1260; Graeme Johnston, *The Conflict of Laws in Hong Kong*, London: Sweet & Maxwell Asia, 2005, p.199.

② See Graeme Johnston, *The Conflict of Laws in Hong Kong*, London: Sweet & Maxwell Asia, 2005, p.118, note 385.

门规定了管辖协议的形式要件，对实质要件则适用被选法院地法。

第三节　可供选择之法律

管辖协议的有效性可能受不同国家法律的支配。管辖协议的准据法无论由当事人自由选择，或者由国际公约规定，或者由受理法院地的国际私法规则确定，可能涉及的法律包括当事人协议选择的法律、主合同的准据法、受理法院地法、被选法院地法、有合法管辖权却被排除的法院所在地法。[①]当事人协议选择的法律是管辖协议准据法的首要选择，不过通常情况下当事人没有专门就管辖协议的准据法进行约定，只对主合同准据法进行选择，当然如果当事人有明确约定的，法院一般会予以尊重。有合法管辖权却被排除的法院所在地法只限于理论探讨，因为实践中有合法管辖权却被排除的法院通常为两个或两个以上，适用这些法院所在地法将会使问题复杂化，实践中几乎没有法院接受这种做法。下文将分别探讨主合同的准据法、受理法院地法、被选法院地法的适用及其合理性问题。

一、主合同准据法

这部分对合同准据法的论述以英国为例。英国脱欧后宣布继续受《卢加诺公约》和海牙国际私法会议相关公约的约束。由于《卢加诺公约》是《布鲁塞尔公约》的前身，两者对民商事管辖权和判决承认与执行的规定大体相同，加之海牙公约继续适用，因此英国大部分商事争议的管辖权问题

① See MÓNICA HERRANZ BALLESTEROS, “The Regime of Party Autonomy in the Brussels I Recast: The Solutions Adopted for Agreement on Jurisdiction”, 10 J. Priv. Int'l L. 291(2014)；叶斌：《国际选择法院协议效力的法律冲突与法律适用——海牙“被选法院地法”规则的优与劣》，《中国国际私法与比较法年刊（第十三卷）》，北京大学出版社 2010 年版，第 112 页。

不受脱欧影响。[1]英国的管辖权体系有两个部分，一部分是依据布鲁塞尔体制(脱欧后基于《卢加诺公约》)确立的管辖权，另一部分是依普通法规则确立的管辖权。因此在英国，对管辖协议效力的判断要区分是适用公约的案件，还是适用普通法规则的案件。公约案件适用公约规定，非公约案件则适用普通法协议管辖规则。这部分只介绍普通法规则对管辖协议准据法问题的处理，布鲁塞尔体系的规则将在"被选法院地法"部分论述。依据普通法规则，英国法院倾向于适用主合同准据法判断管辖协议的效力。

(一) 一般原则：主合同准据法为管辖协议的准据法

管辖条款是合同的一部分，英国普通法规则对管辖条款的审查采取的是和审查普通合同一样的方法，即通常情况下管辖条款的有效性像合同其他条款一样适用合同准据法。这意味着合同准据法支配管辖协议的成立和解释，并且至少在原则上也将支配协议的原始有效性(original validity)，包括当事人主张主合同无效或不可执行时管辖协议的有效性。[2]

英国依据合同准据法判断管辖协议有效性的做法根源于英美法系国家对管辖协议的定性。大陆法系国家和普通法系国家对管辖协议的定性有云泥之别。大陆法系国家侧重将管辖协议识别为程序问题，相比之下，英美法系国家则比较认同将管辖协议识别为实体问题，并对其效力适用合同准据法。[3]英美法系国家认为，管辖协议是合同主要条款之一，是实质性

---

① European Commission issues pre-Brexit reminder to EU lawyers on civil justice arrangements, https://www.lexology.com/library/detail.aspx?g = 0da22d66-1c31-455f-b7e3-82636e2babe2, 2019 年 12 月 27 日。

② See Dicey, Morris, Collins, *The conflict of laws*, 13th edn, London: Sweet & Maxwell, 2000, pp.426, 427, 429.

③ 参见杨晓强、闫杰雄：《刍议排他性选择法院协议的法律适用》，《中国国际私法与比较法年刊(第十三卷)》，北京大学出版社 2010 年版，第 305—306 页。

规定的附件,作为一个经济和法律的统一体,构成合同不可分割的部分。它根本不是程序性行为,它的效果是程序性的,而它有效性的条件是实质性的。[①]合同准据法利于维护合同的整体性和统一性。因此在英国法中,管辖协议的有效性由管辖协议所在合同的准据法决定。

英国法院一直以来的做法为,在依据合同准据法判断管辖协议的有效性时,若依据准据法无效的管辖协议,英国法院不会承认其有效性;如果依据准据法管辖协议有效,但该协议违反英国强制规则,英国法院也会认定其无效。[②]这是因为支配管辖协议有效性(validity)的法律和支配法院是否接受管辖协议的效力(effect)的法律是不同的,前者为管辖协议的准据法,后者为受理法院地法。实质是在判断管辖协议效力时,以管辖协议的准据法为主,同时受理法院也会考虑本国的强制性规则并决定这个管辖协议是否为本国法律所接受。[③]

(二)法律推定原则:推定被选法院地法为合同准据法和管辖协议的准据法

《罗马公约》允许当事人自由选择合同的准据法,并要求当事人的选择必须是明确的或者“合同条款和案件情况表明当事人的选择具有合理确定性”。[④]一些案件中当事人选择了某一法院可能意味着他们以非常确定的方式意图选择被选法院地法为合同的准据法,当然如果存在相反理由,这个推断是可以被推翻的。[⑤]在排他性管辖协议中推定此意图是没有疑问的,但在非排他性管辖协议中能推定出当事人的这种意图吗?对这个问题好像

① 参见许军珂:《国际私法上的意思自治》,法律出版社2006年版,第263页。

② See Dicey, Morris, Collins, *The conflict of laws*, 13th edn, London: Sweet & Maxwell, 2000, p.429.

③ 参见许军珂:《国际私法上的意思自治》,法律出版社2006年版,第264页。

④ 参见《罗马公约》第三条第(1)款。

⑤ See The Giuliano-Lagarde Report on the Convention on the law applicable to contractual obligations(OJ 1980 No C282/1), p.16.

没有权威观点，但原则上讲答案是肯定的。从管辖协议中推定当事人选择准据法意图的潜在逻辑是，选择在某一法院起诉的当事人会认为被选择的法院将适用本地法解决当事人提交的争议。①非排他性管辖协议中，当事人选择在一地法院起诉当然并未排除在其他国家诉讼的可能性，但是如果诉讼程序已经在被选择法院进行，当事人会认为法院将适用本地法。即便法院认为该条款未赋予其排他性管辖权，当事人违反约定去其他国家法院起诉也需要有“强有力的理由”，而这是较难证明的。由此可见，不论管辖协议为排他性的还是非排他性的，当事人推断被选法院地法为管辖协议准据法的意图是一样的。②在没有相反理由的情况下，如果当事人没有选择合同准据法而只选择了管辖法院，那么可以推定被选法院地法就是合同准据法，同时也是管辖协议的准据法。

（三）管辖协议独立性原则

如果当事人以不存在合意、主合同无效或终止为由主张管辖协议无效，则问题会比较复杂。在麦金德诉菲达案（Mackender v. Feldia A.G.）中，③当事人在合同中约定了比利时法院排他性管辖，并约定合同适用比利时法律，但原告以合同违反公共政策（涉案珠宝是走私物品）及被告未尽充分披露义务（被告未将走私事实告诉原告）并导致合同无效为由在英国法院起诉。英国上诉法院拒绝授予境外送达的许可（即拒绝行使管辖权），法院对选择外国法院管辖条款的判决为，合同非法只能表明主合同基于公共政策因素不可执行（unenforceable），并不能据此认为管辖协议无效（invalid），也不能得出主合同自始无效（void *ab initio*）的结论。

---

① Egon Oldendorff v. Liberia Corp.［1995］2 Lloyd's Rep.64，69(Mance，J.).

② See James Fawcett，"Non-exclusive Jurisdiction Agreement in Private International Law"，［2001］LMCLQ 234. Edwin Peel，"Exclusive Jurisdiction Agreement：Purity and Pragmatism in the Conflict of Laws"，LMCLQ 182(1998).

③ ［1967］2 Q.B. 590(C.A.).

从麦金德诉菲达案的判决可知，当事人以不存在合意、主合同无效或终止为由主张选择外国法院的管辖协议无效时，英国法院首先考虑的不是管辖协议的效力问题，而是先对主合同的效力进行判断。主合同的效力当然适用主合同准据法，但即便依据主合同准据法管辖协议有效，英国法院也会依据本国法审查主合同是否存在、是否可执行。当然，即便合同不符合有效性要件管辖协议也不一定无效，因为管辖协议独立于主合同已是被广泛认可的原则。[①]由此可见，当事人提出的不存在合意、主合同无效或终止并不能构成管辖协议无效的理由，英国法院会依据主合同准据法辅之以本国强制性规则判断上述因素是否导致主合同无效，同时尊重管辖协议独立性原则。

从本部分的论述可知，合同准据法为管辖协议的准据法是英国普通法的一般原则。大多数英国法院管辖的案件中，当事人选择英国法院管辖的同时约定英国法为合同准据法，所以管辖协议的准据法为英国法；如果当事人选择英国法院管辖但约定外国法为合同准据法，那么英国法院会适用该外国法判断管辖协议的效力，同时英国国内法中的强制性规则也会适用；如果当事人选择英国法院管辖但未约定合同准据法，则依据《罗马公约》或普通法规则确定合同的准据法来判断管辖协议的效力；通常情况下，英国法院会接受被选法院地法为合同准据法和管辖协议准据法的推定。当然，当事人明示选择了管辖协议准据法时，尊重当事人合意是最基本的原则，只是当事人很少专门就管辖协议的准据法作出选择。但需要注意的是，当出现当事人主张主合同无效并导致管辖协议无效的情形时，英国法

---

① See Dicey, Morris, Collins, *The conflict of laws*, 13th edn, London: Sweet & Maxwell, 2000, pp.429—430.适用管辖协议独立性原则的案例还有 FAI 通用保险有限公司诉海事共同诉讼与赔偿协会案，FAI General Insurance Co. Ltd. v. Ocean Marine Mutual Procetionand Indemnity Assn [1998] Lloyd's Rep I.R. 24, (1997) 41 N.S.W.L.R. 559(N.S.W.S.C.), Case C-269/95，贝宁卡萨诉登塔尔基特案，Benincasa v. Dentalkit S.r.l. [1997] E.C.R. I-3767。

院会遵循管辖协议独立性原则对主合同的效力作出裁判，主合同无效并不一定导致管辖协议无效。

然而，合同准据法为管辖协议的准据法也存在一些缺陷与不足。一方面，合同准据法为管辖协议的准据法这一做法忽视了管辖协议的独立性原则。英国虽然承认管辖协议独立于主合同，但却没有尊重管辖协议法律适用的独立性，因此是不合理的。另一方面，合同准据法为管辖协议的准据法这一做法没有兼及管辖协议的公法性质，没有考虑国家主权因素，缺乏内在合理性。

二、受理法院地法

在实践中，大多数国家法院对管辖协议效力的准据法问题往往不作法律选择分析，而直接适用法院地法。[①]适用法院地法简单、明确，避免查明和适用外国法，可以减轻司法负担，是管辖协议准据法的传统选择和保守做法。[②]许多将管辖协议界定为程序性质的大陆法系国家适用法院地法解决管辖协议的效力问题，如中国、捷克、希腊、罗马尼亚、土耳其[③]以及 20 世纪 60 年代之前的德国。[④]有的英美法系国如美国虽然承认管辖协议的合同性质，但在法律适用问题上仍囿于传统而采用法院地法的做法。在历史上，美国法院在决定管辖协议的效力时，往往不作法律适用上的分析，而直接适用法院地法。如在布莱梅诉扎帕塔离岸公司案中，美国法院依据“初步表面有效”规则来衡量管辖协议的有效性，而不去考虑管辖

---

① 参见叶斌：《国际选择法院协议效力的法律冲突与法律适用——海牙“被选法院地法”规则的优与劣》，载《中国国际私法与比较法年刊(第十三卷)》，北京大学出版社 2010 年版，第 113 页。

② 参见焦燕：《法院选择协议的性质之辩与制度展开》，《法学家》2011 年第 6 期。

③ 本章第四节会有详细论述。

④ See Arthur Lendhoff, “The parties’ Choice of A Froum: ‘Prorogation Agreements’”, 15 Rutgers Law Review(1961).

协议是否会由于合同准据法的某些规定而无效，即使主合同中存在选择法律条款。[①]在从20世纪90年代初至2015年的20多年里，虽然美国法院在一小部分案件中适用了法律选择条款所指定的法律，但是在大多数案件中都自觉或不自觉地适用了受理案件的法院地法律。[②]据西蒙尼德斯(Symeonides)教授的统计，2015年美国法院只在一起案件适用了被选择的法律，一起案件同时适用了被选择的法律和法院地法律，其他所有案件都适用了法院地法。由此可见，美国法院的做法为法院地法占据绝对优势。[③]

然而，适用法院地法解决管辖协议的有效性也面临很多批判。法院地法为管辖协议的准据法对国际民事管辖权的行使而言并没有什么不合理之处，但就国际民事管辖权的协调来说，管辖协议适用法院地法显然会导致当事人在起草合同时无所适从，并且会导致挑选法院现象。[④]想要规避管辖协议的当事人可能选择到诉讼程序漫长的国家法院去起诉，以达到拖延诉讼的目的。这会引发平行诉讼，加剧管辖权行使上的不一致，损害协议管辖制度存在的基础，并会造成浪费诉讼资源、无法保护对方当事人利益

---

① 407 U.S. 1. (1972).参见叶斌：《国际选择法院协议效力的法律冲突与法律适用——海牙“被选法院地法”规则的优与劣》，《中国国际私法与比较法年刊(第十三卷)》，北京大学出版社2010年版，第113—114页。

② 参见杜涛：《论选择法院协议的排他性——兼论我国批准〈选择法院协议公约〉的可行性问题》，载《〈海牙选择法院协议公约〉与中国立法和司法实践研讨会会议资料集》，第96页；杜涛：《法院选择条款的可执行性——中美法院实践比较》，微信公共号《华政国际私法评论》2016年2月8日。

③ See S.Symeonides, Choice of law in the American Courts in 2015: the 29th Annual Survey, 64 AM. J. COMP. L. (2016).转引自杜涛：《法院选择条款的可执行性——中美法院实践比较》，微信公共号《华政国际私法评论》2016年2月8日。这里需要强调两点：第一，对于管辖协议的准据法，美国历史上不区分管辖协议的有效性、可执行性和解释而都适用同一个法律，但近年来美国法院处理的少数案件区分了可执行性问题与解释问题，前者适用法院地法，而后者适用被选择的法律(即合同准据法)。第二，西蒙尼德斯教授的统计是非被选择的州(国家)法院受理的、主合同中存在法律选择条款的案例。

④ 参见甘勇：《〈布鲁塞尔条例Ⅰ〉有关协议管辖制度的完善及启示》，载《中国国际私法学会2014年年会论文集(下)》，第127页。

的严重后果。另外，在民事诉讼目的整体上向私人利益倾斜的今天，管辖权是主要体现私人利益的民事诉讼的一个环节，当事人应当享有通过合同来处分管辖权问题的自由，而适用受理法院地法无法保护当事人的自由选择权。①

有些国家如法国、1968年后的德国都存在反对法院地法适用的观点。法国最高法院民一庭认为，法院地法并不"当然或完全地"调整管辖协议的效力，并不"当然或完全地"不考虑对双方都有管辖权的法律。在学说上，法国国际私法学者皮埃尔·梅耶(Pierre Mayer)建议，被选法院地法和被排除法院地法都可以用来判断管辖条款的合法性，但对于协议的最终效力，与所有合同一样适用当事人选择的法律。②1968年，德国最高法院推翻了之前将管辖协议定性为诉讼契约的观点，主张管辖条款是众多合同条款之一，是实体条款，虽然其效果是程序性的，但其有效与否则是实体性的，因此，其准据法就是主合同的准据法。③德国将管辖协议视为混合型契约，即"对程序问题的实体协议"，④依据普通的合同冲突法规则确定管辖协议的法律适用问题，只对管辖协议的形式有效性适用德国法(法院地法)的特别规定。⑤

---

① 参见焦燕:《法院选择协议的性质之辩与制度展开》,《法学家》2011年第6期。

② 参见叶斌:《国际选择法院协议效力的法律冲突与法律适用——海牙"被选法院地法"规则的优与劣》,《中国国际私法与比较法年刊(第十三卷)》,北京大学出版社2010年版,第115页。

③ See Otto Kahn-Freund, "Jurisdiction Agrements: Some Reflections", 26 I. C. L. Q. 825, 830—831(1977).转引自焦燕:《法院选择协议的性质之辩与制度展开》,《法学家》2011年第6期。

④ 1980年《罗马公约》将仲裁条款和管辖条款排除在公约适用范围之外,而德国在将《罗马公约》转化为国内立法时,并未将仲裁条款和管辖条款排除,是因为德国将这类条款视为"对程序问题的实体协议"。参见 Comment on the conversion of the Rome Convention of 1980 on the law applicable to contractual obligations into a Community instrument and its modernization, Max Planck Institute for Foreign Private and Private International Law, pp.23—25。

⑤ 参见叶斌:《国际选择法院协议效力的法律冲突与法律适用——海牙"被选法院地法"规则的优与劣》,《中国国际私法与比较法年刊(第十三卷)》,北京大学出版社2010年版,第115—116页。

三、被选法院地法——主流趋势

管辖协议的效力问题适用被选法院地法是后发展起来的一种观点。在1981年埃莉凡特·舒赫诉杰克曼案(Elefanten Schuh v. Jacqmain)中,欧洲法院佐审官(Advocate General)戈顿·斯林(Gordon Slynn)讨论了管辖协议有效性的法律适用问题。他建议,为了保证司法确定性,协议的有效性应该适用被选法院地法。[①]2005年《海牙公约》采纳了被选法院地法的做法,这使欧洲法院佐审官戈顿·斯林的建议付诸实践。2012年《布鲁塞尔条例Ⅰ重订》也接受了被选法院地法的做法。虽然被选法院地法也面临很多批判,但从《海牙公约》和《布鲁塞尔条例Ⅰ重订》的规定来看,被选法院地法作为管辖协议的准据法已经成为国际主流趋势。

(一)《海牙公约》的规定及分析

《海牙公约》第五条“被选择法院的管辖权”第一款规定,“在一项排他性选择法院协议中指定的某缔约国的一个或者多个法院对于该协议适用的争议有管辖权,除非根据该国法律该协议是无效的”。第六条“未被选择法院的义务”规定,“被选择法院以外的缔约国法院应当中止或者放弃排他性选择法院协议适用的诉讼程序,除非:a.根据被选择法院所在地国家的法律,该协议是无效的;b.根据受理案件的法院所在地国家的法律,一方当事人缺乏缔结该协议的能力”。从《海牙公约》的规定来看:

1. 统一法律适用,避免挑选法院

依据《海牙公约》第五条和第六条的规定,被选择的法院和未被选择的法院都应依据被选法院地法判断管辖协议的效力,这有利于受案法院和被

① 参见叶斌:《国际选择法院协议效力的法律冲突与法律适用——海牙“被选法院地法”规则的优与劣》,《中国国际私法与比较法年刊(第十三卷)》,北京大学出版社2010年版,第115页。

选择法院都对选择法院协议作出一致的判决，避免适用法院地法可能导致当事人挑选法院的危险。[①]然而需要注意的是，虽然第五条和第六条规定的都是被选法院地法原则，但两者还是存在区别的，即前者对协议进行判断的法院是受理法院，后者则是被选择法院，也就是说前者由受理法院运用，后者由被选择法院运用。所以，尽管这两条确立的法律适用规则相同，但是所产生的结果却不一定相同，因为两个法院对被选择法院地法的理解不同，进而可能作出不同的认定，何况该法律还可能涉及冲突规则。[②]不过公约解释报告称，应对选择法院协议无效作非常有限的解释，应当把协议无效的实质事项限定在有限的方面如欺诈、错误、胁迫、缺乏缔约能力等，而不应任意扩大到其他的实质无效性事项。[③]由此可见，《海牙公约》统一适用被选法院地法作为管辖协议的准据法，并持尽量使其有效的立场。

2. 反致规则的灵活性及不确定性

根据《海牙公约》解释报告，公约中的缔约国法律(law of the state)包括该国的冲突法规则，[④]这其实就是《海牙公约》隐含的反致规则。《海牙公约》的反致规则使选择法院协议准据法的确定具有灵活性，受理法院地法及未被选择的法院地法都可能因为被选法院地的冲突规则而发挥实际作用，反致规则的存在也将增加选择法院协议准据法的不确定性，并导致司法实践不统一。

---

① 参见叶斌：《国际选择法院协议效力的法律冲突与法律适用——海牙"被选法院地法"规则的优与劣》，《中国国际私法与比较法年刊(第十三卷)》，北京大学出版社 2010 年版，第 119 页。

② 参见王吉文：《2005 年海牙〈选择法院协议公约〉研究》，东南大学出版社 2008 年版，第 139 页。

③ See Hartley/Dogauchi Explanatory Report on Convention of 30 June 2005 on Choice of Court Agreement(2007), para. 126.

④ Ibid., para 49.根据解释报告第 94 段及其脚注 124 可知，公约第五条第一款、第六条第一款 a 项、第九条第一款 a 项中提到的缔约国法律都包括该国的冲突法规则在内。

3. 缔约能力问题的特殊性

《海牙公约》第五条第一款和第六条第一款(a)项规定了管辖协议的准据法为被选法院地法，公约解释报告指出，对管辖协议无效的判断，无论被选择法院、未被选择法院、被请求认可与执行法院，所有缔约国法院都必须统一适用被选法院地法。与此同时，由于当事人缔约能力问题的特殊性，公约第六条第一款(b)项规定受理法院有权依据本地法(包括其冲突法规则)决定当事人是否有缔约能力。当事人缔约能力构成管辖协议的实质要件，当事人缺乏缔约能力会导致协议无效，因此结合公约第五条第一款、第六条第一款(a)项、(b)项的规定可知，当事人缔约能力问题重叠适用被选法院地法和受案法院地法，上述两地法律中任何一地法律认定当事人没有缔约能力的，管辖协议均无效。①公约第五条(被选择法院的管辖权)没有将当事人缔约能力问题单独规定，是因为在第五条的情形下，被选择法院就是受案法院，对当事人缔约能力问题重叠适用被选法院地法和受理法院地法，实质为同一地法律。

4. 与《纽约公约》的比较②

《纽约公约》第二条第三款规定：“当事人就诉讼事项订有本条所称之协定者，缔约国法院受理诉讼时应依当事人一造之请求，命当事人提交仲裁，但前述协定经法院认定无效、失效或不能实行者不在此限。”③《海牙公约》解释报告称《海牙公约》第六条第一款(a)、(b)项的规定与《纽约

---

① See Hartley/Dogauchi Explanatory Report on Convention of 30 June 2005 on Choice of Court Agreement(2007), para. 150.

② 1958年《承认及执行外国仲裁裁决公约》，本书简称《纽约公约》。

③ Article II(3) of the 1958 New York Convention on the Recognition and Enforcement of Foreign Arbitral Awards: The court of a Contracting State, when seized of an action in a matter in respect of which the parties have made an agreement within the meaning of this article, shall, at the request of one of the parties, refer the parties to arbitration, unless it finds that the said agreement is null and void, inoperative or incapable of being performed.

公约》第二条第三款中的“null and void”是一致的,《海牙公约》第六条第一款(c)项的规定与《纽约公约》第二条第三款中的“inoperative or incapable of being performed”是一致的。因此,适用《纽约公约》的判例对《海牙公约》的解释有一定的参考价值。①在上述一致性的基础上,《海牙公约》还有一个进步,即《纽约公约》没有明确规定仲裁协议有效性的准据法,而《海牙公约》通过明确选择法院协议的准据法为被选法院地法,这有利于受案法院和被选择法院就协议有效性问题作出一致的判决。②

(二)布鲁塞尔体系的规定及分析

2012年之前《布鲁塞尔公约》和《布鲁塞尔条例Ⅰ》对管辖协议的准据法问题没有规定,而是交由各国国内法处理,2012年《布鲁塞尔条例Ⅰ(重订)》确立了被选法院地法原则,这与《海牙公约》的做法一致。

1.《布鲁塞尔公约》和《布鲁塞尔条例Ⅰ》没有规定

在《布鲁塞尔公约》和《布鲁塞尔条例Ⅰ》中,管辖协议的准据法没有被提及,管辖协议的实质要件也比较模糊,只有管辖协议的形式要件有明确的规定。

《布鲁塞尔公约》第十七条规定了协议管辖原则,成员国国内法不能补充(supplement)或否定(override)公约的规定。公约条款决定管辖协议的形式,并在一定程度上决定协议的内容。③遵守上述形式要件的管辖协议,

---

① See Hartley/Dogauchi Explanatory Report on Convention of 30 June 2005 on Choice of Court Agreement(2007), para. 147.

② Ibid., para. 149;王吉文:《2005年海牙〈选择法院协议公约〉研究》,东南大学出版社2008年版,第139页。《纽约公约》第五条第一款第一项规定“……依当事人作为协定准据之法律系属无效,或未指明以何法律为准时,依裁决地所在国法律系属无效……”,该条表明,在申请承认与执行仲裁裁决阶段,依据当事人选择的法律或如果没有选择的适用裁决地国(即仲裁裁决作出地国)法律认定仲裁协议的有效性。但在仲裁裁决作出前,仲裁庭和法院依据何国法律判断仲裁协议的有效性则并不明确。

③ See Dicey, Morris, Collins, *The conflict of laws*, 13th edn, London: Sweet & Maxwell, 2000, pp.426, 434.

不能因为它未能符合成员国国内法(它与欧盟法律相对而言)的一些不同规定(不管是形式上的[①]还是实质上的[②])而被剥夺效力。[③]

确定管辖协议的有效性需要一个统一的冲突法规则。如果一方当事人宣称其书面同意是通过误解、欺诈或胁迫而获得的,而协议形式完全符合公约要求,则必须允许有关法院查明当事人对管辖协议是否存在合意,这样做才符合公约的基本目标。法院决定这个问题时依据何地法律,目前尚无定论。[④]

实践中欧盟各成员国的司法实践则倾向于适用国内法(即法院地法)解决管辖协议的合意问题,由上文对法院地法的论述可知,这个做法的合理性有待斟酌。[⑤]也有个别法院主张适用被选法院地法,如在埃莉凡特·舒赫诉杰克曼案中法官指出,管辖协议的合意问题不应受法院地法支配,而是应受被选法院地法支配。[⑥]但莫里斯认为如果一方当事人主张其并非自愿同意管辖选择,而是基于误解、欺诈或胁迫,那么适用被选法院地法也是不妥当的。[⑦]

还有观点认为,依据《布鲁塞尔条例Ⅰ》第二十三条,管辖协议的实质有效性不一定受合同规则的约束。比如,合同是否存在胁迫、误述等情形应受合同准据法的支配,而管辖协议是否存在此类情形则不能适用主合同准据法。对此问题,有一个虽然没有权威依据但却比较合理的解释,即条例并没有把管辖协议的性质界定为合同。管辖协议是一种协议但不是合

① Case 150/80 Elefanten Schuh Gmbh v. Jacqmain [1981] ECR 1671(管辖协议中的错误语言)。转引自欧福永:《英国民商事管辖权制度研究》,法律出版社2005年版,第97页。

② Case25/79 Sanicentral Gmbh v. Collin [1979] ECR 3423(排除当地劳工法庭管辖权的协议是非法的)。转引自欧福永:《英国民商事管辖权制度研究》,法律出版社2005年版,第97页。

③ 参见欧福永:《英国民商事管辖权制度研究》,法律出版社2005年版,第97页。

④ 同上书,第96、97页。

⑤ See Louise Merrett, “Article 23 of the Brussels I Regulation: A Comprehensive Code for Jurisdiction Agreements?”, 58 Int'l & Comp.L.Q. 545(2009).

⑥ Case 150/80 Elefanten Schuh GmbH v. Jacqmain [1980] E.C.R. 1671.

⑦ See Dicey, Morris, Collins, *The conflict of laws*, 13th edn, London: Sweet & Maxwell, 2000, p.431.

同性质的协议,准确地讲是接受某国法院管辖的协议。如果上述逻辑是正确的,管辖协议就没有契约性质,不受任何准据法的支配。当然上述观点的合理性也存在争议。①

遗憾的是,《布鲁塞尔条例Ⅰ》第二十三条的规定与《布鲁塞尔公约》第十七条的规定基本一致,也没有解决管辖协议的准据法问题。由于公约和条例都没有统一规定,加之《罗马条例Ⅰ》将管辖协议的法律适用问题排除在外,②所以有可能产生这样的结果,即同类管辖协议在一个国家是有效的,而在另一个国家则是无效的,③这加剧了管辖协议法律适用的不确定性,致使各国对同类管辖协议适用不同的准据法并导致案件的审理结果不同。④

虽然《布鲁塞尔公约》和《布鲁塞尔条例Ⅰ》都没有解决管辖协议的准据法问题,但后来《海德堡报告》(Heidelber Report)和《欧盟委员会提案》(Commission Proposal)都曾有研究和建议,⑤《布鲁塞尔条例Ⅰ(重订)》最终采纳了被选法院地法的做法。下文分别考察《海德堡报告》和《欧盟委员会提案》的建议,以及《布鲁塞尔条例Ⅰ(重订)》的规定。

---

① See Adrian Briggs, Peter Rees, *Civil jurisdiction and judgments*, London: Informa, 2009, pp.172—174.

② 参见《罗马条例Ⅰ》第一条第二款(e)项。

③ See Hess & Pfeiffer & Schlosser, The Brussels I-Regulation(EC) No.44/2001-The Heidelberg Report on the Application of the Regulation Brussels I in 25 Member States(Study JLS/C4/2005/3) (2008), p.159; Proposal for a Regulation of the European Parliament and of the Council on jurisdiction and the recognition and enforcement of judgments in civil and commercial matters of 14. 12. 2010, Article 23(1).

④ 参见甘勇:《〈布鲁塞尔条例Ⅰ〉有关协议管辖制度的完善及启示》,载《中国国际私法学会2014年年会论文集(下)》,第121页;Christian Heinze, "Choice of Court Agreements, Coordination of Proceedings and Provisional Measures in the Reform of the Brussels I Regulation", Max Planck Private Law Research Paper No.11/5, p.584。

⑤ Hess & Pfeiffer & Schlosser, The Brussels I-Regulation (EC) No. 44/2001-The Heidelberg Report on the Application of the Regulation Brussels I in 25 Member States(Study JLS/C4/2005/3) (2008); Proposal for a Regulation of the European Parliament and of the Council on jurisdiction and the recognition and enforcement of judgments in civil and commercial matters of 14. 12. 2010, COM(2010) 748 final.

2.《海德堡报告》和《欧盟委员会提案》的建议

《海德堡报告》中指出，有三种方法可以选择，分别是统一实体法的解决方法、统一冲突法的解决方法、统一实体法和冲突法同时规范的方法。①

《欧盟委员会提案》与《海德堡报告》的第二个方案一致，即引入统一的冲突法规则解决管辖协议的有效性问题（harmonised conflict of law rule for the validity of jurisdiction agreements）。②具体来说，就是在《布鲁塞尔条例Ⅰ》第二十三条第一款中加入“除非该协议依据被选法院地法实质上是无效的”（unless the agreement is null and void as to its substance under the law of that Member State）。③这个提案与《海牙公约》第五条第一款和第六条第（a）项的规定是一致的。提案的建议有两个效果：第一，“除非”（unless）一词表明事先推定管辖协议实质上有效；第二，认定管辖协议实质上无效的依据应该为被选法院地法。④

3.《布鲁塞尔条例Ⅰ（重订）》的规定

《布鲁塞尔条例Ⅰ（重订）》采纳了《海德堡报告》和《欧盟委员会提案》的建议，规定当事人协议将特定法律关系产生的争议提交给某成员国法院管辖，该法院即享有管辖权，除非根据该成员国法律协议实质上是无效的

---

① See Heidelberg Report, p.160.统一实体法方法是指由《布鲁塞尔条例Ⅰ》明确规定管辖协议的准据法是欧洲统一合同法；统一冲突法方法是指借鉴《海牙公约》的被选法院地法规则。

② Commission Proposal 9(3.1.3.). See Christian Heinze, “Choice of Court Agreements, Coordination of Proceedings and Provisional Measures in the Reform of the Brussels I Regulation”, Max Planck Private Law Research Paper No.11/5, p.584.

③ See Commission Proposal Article 23(1), “If the parties ... have agreed that a court or the courts of a member states are to have jurisdiction to settle any disputes which have arisen or which may arise in connection with a particular leaal relationship, that court or those courts shall have jurisdiction, unless the agreement is null and void as to its substance under the law of that Member State.”

④ See Christian Heinze, “Choice of Court Agreements, Coordination of Proceedings and Provisional Measures in the Reform of the Brussels I Regulation”, Max Planck Private Law Research Paper No.11/5, p.584; Simon Patrick Camilieri, “Article 23: Formal Validity, Material Validity or both?”, 7 J. Priv. Int'l L. 297(2011).

(unless the agreement is null and void as to its substantive validity under the law of that Member State)。[①]《布鲁塞尔条例Ⅰ(重订)》与《欧盟委员会提案》的表述有细微差别,即前者为"as to its substantive validity",而后者为"as to its substance",前者将"实质"具体界定为"实质有效性",这有助于明确被选法院地法的适用范围,而且和《海牙公约》保持一致。[②]

(三) 被选法院地法原则存在的问题

虽然目前很少有国家国内法规定管辖协议的准据法为被选法院地法,但《海牙公约》和《布鲁塞尔条例Ⅰ(重订)》的规定可以代表国际社会主流趋势。尽管如此,被选法院地法原则仍存在一些问题。[③]

1. 被选法院地法的适用范围——形式有效性和实质有效性还是仅仅后者

布鲁塞尔体系和《海牙公约》中被选法院地法仅用来解决管辖协议的实质有效性问题,而各国(地区)适用法院地法或者合同准据法决定管辖协议的有效性时,既审查形式有效性,也审查实质有效性。由此可知,如果有国家(地区)接受被选法院地法为管辖协议的准据法,那么需要注意其对被选法院地法的适用范围与布鲁塞尔体系和《海牙公约》是不同的。

2. 未对管辖协议的实质有效性进行解释

《布鲁塞尔条例Ⅰ(重订)》第二十五条明确规定了管辖协议应该符合的形式要件,同时出现了管辖协议实质有效性这一表述(substantive validity)。

---

① 《布鲁塞尔条例Ⅰ(重订)》第二十五条第一款。

② 参见甘勇:《〈布鲁塞尔条例Ⅰ〉有关协议管辖制度的完善及启示》,载《中国国际私法学会2014年年会论文集(下)》,第122页。

③ 除下文论述的三点外,学界对被选法院地法也有很多批判。参见陈隆修:《2005年海牙选择法院公约评析》,五南出版社2009年版,第4—6页;陈隆修:《2005年〈海牙选择法院协议公约〉——是福还是祸?》,《中国国际私法与比较法年刊(第十二卷)》,北京大学出版社2009年版,第3—28页;刘仁山:《关于我国加入海牙〈选择法院协议公约〉的评估报告》,载《〈海牙选择法院协议公约〉与中国立法和司法实践研讨会会议资料集》,第54页;杜涛:《论选择法院协议的排他性——兼论我国批准〈选择法院协议公约〉的可行性问题》,载《〈海牙选择法院协议公约〉与中国立法和司法实践研讨会会议资料集》,第97—100页。

然而，对管辖协议实质有效性如何解释，《布鲁塞尔条例Ⅰ（重订）》并没有进一步的规定。《海牙公约》第六条列举了管辖协议无效的几个情形，但也未解决管辖协议实质有效性的解释问题。从《海牙公约》的解释报告来看，管辖协议实质上无效一般是指导致管辖协议实质上无效的、被广泛认可诸如欺诈、胁迫、错误、误导以及当事人欠缺行为能力等理由。[①]由《布鲁塞尔条例Ⅰ（重订）》第二十五条和《海牙公约》第五条可知，管辖协议被赋予较强的效力，即“除非依据被选法院地法管辖协议是无效的”，否则视为管辖协议具有实质有效性。由此可以推断，为了确保协议管辖机制能有效发挥作用，两大机制都倾向于对“null and void”作有限的解释。然而应该注意的是，这样做会有过于信任当事人的管辖合意之嫌，因为管辖协议也可能是伪造的。[②]对管辖协议的实质有效性如何解释是实践中经常遇到的问题，也是管辖协议的准据法必须解决的问题，著名国际私法学者克里斯蒂安·海因斯(Christian Heinze)认为，出于法律确定性考虑，应将这个问题纳入布鲁塞尔体系的规范之中。[③]

3. 被选法院地法原则隐含的反致规则是否合理

《海牙公约》解释报告表明《海牙公约》中的被选法院地法包括该国的冲突规范，这其实就是《海牙公约》隐含的反致规则。[④]由于《布鲁塞尔条例Ⅰ（重订）》的规定与《海牙公约》第五条第一款和第六条第一款第(1)项的规定基本相同，所以如果《布鲁塞尔条例Ⅰ（重订）》第二十五条也作同样理

---

① See Hartley/Dogauchi Explanatory Report on Convention of 30 June 2005 on Choice of Court Agreement(2007), para. 125(at n.158).

② See Simon Patrick Camilieri, “Article 23: Formal Validity, Material Validity or both?”, 7 J. Priv. Int'l L. 297(2011).

③ 参见甘勇:《〈布鲁塞尔条例Ⅰ〉有关协议管辖制度的完善及启示》,载《中国国际私法学会2014年年会论文集(下)》,第122页。

④ See Hartley/Dogauchi Explanatory Report on Convention of 30 June 2005 on Choice of Court Agreement(2007), para. 126.

解的话，那么其并未真正引入统一的冲突法规则。[①]因为在这种隐含的反致规则下，受理案件的法院选择适用被选择法院地的冲突法还是实体法，会由于没有明确规定而导致司法实践不能统一。为了实现统一法律适用规则的目标，两大机制都应该包含一套独立的有关管辖协议的准据法规则。[②]其中，当事人明确选择管辖协议的准据法即被选法院地法仅指其实体法而不包括冲突法。[③]《罗马条例Ⅰ》第二十条排除反致，虽然布鲁塞尔体系和《海牙公约》允许反致有利于协调管辖权冲突且具有灵活性，但却与《罗马条例Ⅰ》的做法越走越远。

综上所述，尽管主合同准据法和受理法院地法在实践中被一些国家法院采纳，但这两种做法都有其缺陷。虽然被选法院地法规则仍有诸多不足甚至法律漏洞，也尚未在国内法层面被广泛接受，但布鲁塞尔体系和《海牙公约》都已接受其为管辖协议效力的准据法，因此可以说被选法院地法原则是管辖协议准据法选择的国际主流发展趋势，在未来很有可能被广泛接受。

第四节　“一带一路”倡议下各国（地区）对管辖协议准据法之选择

一、中国的做法

对管辖协议的准据法问题，中国立法规范尚不完善，[④]司法实践也并不

---

① See Christian Heinze, “Choice of Court Agreements, Coordination of Proceedings and Provisional Measures in the Reform of the Brussels I Regulation”, Max Planck Private Law Research Paper No.11/5, p.585.

② 参见甘勇：《〈布鲁塞尔条例Ⅰ〉有关协议管辖制度的完善及启示》，载《中国国际私法学会2014年年会论文集（下）》，第122页。

③ See MÓNICA HERRANZ BALLESTEROS, “The Regime of Party Autonomy in the Brussels I Recast: The Solutions Adopted for Agreement on Jurisdiction”, 10 J. Priv. Int'l L. 291(2014).

④ 各国法律均很少对管辖协议的准据法问题在成文法中予以规范。

统一。不过从近年来法院判决书中的法律推理来看,其更倾向于采纳法院地法的做法。

(一) 立法规范尚不完善

中国《民事诉讼法》及其司法解释有关管辖协议的规定,①是有关管辖协议有效性问题的国内法规范,这些规范均未提及管辖协议的准据法问题。

通过考察中国司法解释性质的文件 2005 年最高人民法院《第二次全国涉外商事海事审判工作会议纪要》(以下简称《2005 年纪要》),及中国法规解读性质的文件 2008 年最高人民法院《涉外商事海事审判实务问题解答》(以下简称《涉外商事审判解答》)可以发现,两个文件也没有对管辖协议的准据法问题予以规范,而是直接规定具体情形如何处理:

《2005 年纪要》第 12 条:

12. 涉外商事纠纷案件的当事人协议约定外国法院对其争议享有非排他性管辖权时,可以认定该协议并没有排除其他国家有管辖权法院的管辖权。如果一方当事人向我国法院提起诉讼,我国法院依照《中华人民共和国民事诉讼法》的有关规定对案件享有管辖权的,可以受理。(对外国非排他性管辖协议,我国法院有管辖依据的,可以管辖。)

《涉外商事审判解答》第一部分涉外商事程序部分,有关管辖的解答中第 5 个和第 6 个问题:

5. 当事人协议约定其他国家或者地区的法院非排他性管辖的,人民法院如何办理?

答:当事人在涉外合同中约定其他国家或者地区的法院对其争议具有

---

① 参见中国《民事诉讼法》第二十三条、第二百六十五条,《最高人民法院关于适用〈中华人民共和国民事诉讼法〉的解释》第五百三十一条相关条文。

非排他性管辖权的，只要一方当事人起诉到人民法院且该人民法院对该案具有管辖权，则人民法院可以受理有关案件。（对外国非排他性管辖协议，我国法院有管辖依据的，可以管辖。）

6. 境外当事人就发生在我国境外的商事纠纷起诉到我国法院的如何办理？

答：对于发生在我国境外的商事纠纷，除涉及不动产物权的纠纷外，当事人书面协议选择到我国法院进行诉讼的，我国法院就取得对该案的管辖权。如果当事人间没有书面协议，只要一方当事人起诉到人民法院，对方当事人应诉并就实体问题答辩的，亦视为当事人承认人民法院的管辖权。（选择中国法院的管辖协议构成中国法院的管辖依据；要求管辖协议为书面协议；接受应诉管辖。）

由上述文件可以看出，对选择外国法院的非排他性管辖协议，当事人起诉且中国依据本国民事诉讼法有管辖权的，中国法院可以受理，其并未提及管辖协议的效力问题，更不用谈管辖协议效力的准据法；对选择中国法院管辖的协议，不考虑其排他性质，也不考虑是否与中国有实际联系，只要符合书面协议要求（中国法律对管辖协议形式要件的要求），中国法院即享有管辖权；即便不符合书面协议要求当事人应诉且对实体（entity）进行答辩的，中国法院也享有管辖权。因此可以说，中国立法规范没有规定管辖协议的准据法问题，而是直接规定某种具体情形如何处理，实质上可以这样推断：中国法院默认管辖协议的准据法为本国法即法院地法。

（二）司法实践由不一到统一

由于立法规范的缺失，要探究中国对管辖协议准据法的态度就需要考察其法院在司法实践中的做法。1999 年，最高人民法院审理的住友银行有

地法进行判断。

中国法院适用中国法律确定管辖协议的有效性这一司法意见在其他相关的案件中也得到了适用。2010年，上海市高级人民法院判决的赖某诉荷兰银行公司(ABN AMRO Bank N.V.)财产损害赔偿纠纷案中，①原告赖某、刘某与被告荷兰银行有限公司签订的《个人外汇及衍生品交易主协议》有关适用法律和司法管辖权条款明确约定：(a)此协议适用于英国法律，并相应由英国法律解释；(b)关于任何起诉、诉讼或与此协议相关的诉讼程序以及为了银行自身的利益，合约方不可撤销地将有关诉讼提交给香港法院裁决，但并不限制银行将诉讼提交到任何其他的司法辖区。被告在一审提交答辩状期间依据上述协议提出管辖权异议；原告主张：“根据英国法律，《个人外汇及衍生品交易主协议》约定的排他性管辖条款应为无效。”对此，一审法院认为：“管辖权的确定属于程序性问题，对于程序性问题的争议，应适用法院地法。双方当事人在《个人外汇及衍生品交易主协议》中虽选择适用英国法律作为准据法，但该准据法仅为实体法，并不包括冲突法和程序法。”“双方的管辖约定(依据中国法)具有明显的排他性，且合法有效。”一审法院因此认可了管辖协议的效力，并裁定管辖异议成立，一审法院不具有管辖权。上海市高级人民法院维持了一审裁定。

2011年，最高人民法院再审的上海衍六国际货物运输代理有限公司案再次重申了上述立场。②该案中，上海衍六公司不服一审法院和二审法院关于大连海事法院对本案具有管辖权的裁定，向最高人民法院申请再审。最高人民法院指出：“管辖权属于诉讼程序问题，应适用法院地法进行审理。

---

① (2010)沪一中民六(商)初字第6号，(2010)沪高民五(商)终字第49号。
② 最高人民法院(2011)民提字第301号民事裁定书。

因此,应适用中华人民共和国法律,判断涉案管辖条款能否排除中国法院的司法管辖权,以及一审法院对本案是否具有管辖权。长荣公司主张应适用美国法律和司法制度,确定涉案提单管辖条款是否有效的主张没有法律依据,本院不予支持。"该案中最高人民法院再次重申管辖条款的效力问题属于程序问题,并应该适用法院地法即中国法,不能适用合同准据法即美国法。最高人民法院在多个案例中均持此立场,①据此可以推断以后各级人民法院可能都将遵循这一做法。

中国法院适用法院地法为管辖协议的准据法,其法律推理是比较严谨、有说服力的,即管辖协议的效力问题属于管辖权问题,管辖权问题属于程序问题,而程序问题适用法院地法。很明显,中国将管辖协议定性为程序性质,这和大陆法系的传统是一样的。

(三) 中国香港的做法——合同准据法为一般原则

中国香港法院将管辖协议的有效性问题识别为实体问题而非程序问题,②因此适用受理法院地法或被选法院地法解决管辖协议的有效性问题可能存在一些争议,反映当事人合理期待的法律(即合同准据法)才是正确的、可以接受的。

在中国香港地区,除非当事人明示或暗示地作出其他约定,管辖协议的准据法通常即为协议所在主合同的准据法。如在T&K电子有限公司诉太平洋保险公司案(T & K Electronics Ltd v. Tai Ping Insuance Co Ltd)

---

① 最高人民法院审理的类似案件还有,德国亚欧交流有限责任公司与绥芬河市青云经贸有限公司合作协议纠纷案,(2006)民四终字第8号;玛尔斯合作有限公司、阿德尔伯特·F.雅默瑞与海尔集团电器产业有限公司债务及保证纠纷管辖权异议案,(2009)民申字第1095号;先进氧化铁颜料有限公司与HOP投资有限公司居间合同纠纷管辖权异议案,(2010)民申字第417号;德力西能源私人有限公司(Delixy Energy PteLtd)与东明中油燃料石化有限公司买卖合同纠纷案,最高人民法院(2011)民提字第312号民事裁定书;徐某某与张某某股权转让纠纷案(2015)民申字第471号。

② The Iran Vojdan [1984] 2 Lloyd's Rep 380. See Graeme Johnston, *The Conflict of Laws in Hong Kong*, London: Sweet & Maxwell Asia, 2005, p.118.

中，法官指出管辖协议的性质问题属于合同解释问题，应该适用合同准据法。[①]又如在温尼特斯投资有限公司诉牛津产品公司案（Winnitex Investment Company Limited v. Oxford Products）中，法官指出对管辖协议性质的判断应该依据合同准据法（该案中当事人选择了美国纽约州法律）来进行，但由于外国法无法查明，因此适用本地法。[②]如果外国法为管辖协议的准据法，且中国香港法院依据该法认定管辖协议无效（这种情况可能经常发生，因为一些国家的法律对合同自由的规定没有中国香港宽泛），那么中国香港法院将不执行管辖协议，而是依据本地法中的管辖依据行使管辖权。实践中，个别情况下即便依据外国法管辖协议是有效的，但如果该协议违反中国香港的强制性规定，那么中国香港法院也不认可其效力。[③]由此可知，中国香港法院通常依据合同准据法判断管辖协议的有效性，但同时管辖协议也要接受中国香港本地强制性规则的审查。

中国香港法律对合同自由的限制较少，因此依据中国香港法律管辖协议通常都是有效的，只是在排他效力的判断问题上，法官自由裁量权行使的空间比较大。在适用中国香港法判断管辖条款效力时，主要的法律规则很简单：只要协议满足普通的合同有效性规则、有限的诉讼标的例外即为有效；协议可以是书面的或口头的；[④]对协议措辞没有严格要

---

① ［1998］1 HKLRD.

② ［2005］HKEC 44.类似案件还有 Yu Lap Man v Good First investment Ltd［1999］1 HKC 622；VANDER LIMITED v P&O NEDLLOYD BV（FORMERLY KNOWN AS NEDLLOYD LIJNEN BV）AND P&O NEDLLOYD（HK）LIMITED（FORMERLY KNOWN AS NEDLLOYD（HK）LIMITED）［1998］HKCU 396；PT BALI HOSPITALITY UTAMA v MATHIAS ECHENE & ORS［2010］HKCU 346；RICH VILLAGE LTD v GRAND PRIDE HOLDINGS LTD & ANOR［2013］HKCU 181。

③ See Graeme Johnston, *The Conflict of Laws in Hong Kong*, London: Sweet & Maxwell Asia, 2005, pp.118—120.

④ 口头管辖协议必须有书面证明，否则协议不成立。

求，依据一般的合同原则进行解释，且要求对当事人的措辞运用"商业常识"（business common sense）来判断，然而为了保持确定性也会引入一些标准措辞。①

二、其他国家和地区的做法

"一带一路"沿线国比利时、捷克、希腊、罗马尼亚都是欧盟成员国。欧盟成员国之间的法律争议，依据《布鲁塞尔条例Ⅰ（重订）》第二十五条适用被选法院地法确定管辖协议的实质有效性问题。非成员国之间多数适用法院地法，如捷克、罗马尼亚、希腊，少数国家适用合同准据法，如比利时。比利时 2004 年《国际私法》第九十八条第一款规定，《罗马条例Ⅰ》适用于被条例排除的事项。管辖协议属于被排除事项，因此比利时法院确定管辖协议实质有效性时适用的是合同准据法。②捷克法律虽然将管辖协议认定为具有程序效力的协议，但同时也承认其具有为当事人创设权利义务的私法性质。基于此，当事人可以选择管辖协议的准据法，不过通常情况下适用法院地法。③罗马尼亚法律中，对管辖协议的性质认定和解释都适用法院地法，由此可以推断对管辖协议实质有效性的认定也适用法院地法。此外，虽然罗马尼亚法院依据被选法院地法确定成员国之间管辖协议的实质有效性问题，但罗马尼亚国内法

① See Graeme Johnston, *The Conflict of Laws in Hong Kong*, London: Sweet & Maxwell Asia, 2005, pp.118—120.

② See Geert Van Calster, Michiel Poesen, "Belgium: optional choice of court agreements, legal uncertainty despite a modern legal framework", in Mary Keyes(eds), *Optional Choice of Court Agreements in Private International Law*, Ius Comparatum-Global Studies in Comparative Law, vol 37. Springer, Cham, 2019, p.89.

③ See Naděžda Rozehnalová, Silvie Mahdalová, Lucie Zavadilová, "Czech Republic: the treatment of optional and exclusive choice of court agreements", in Mary Keyes(eds), *Optional Choice of Court Agreements in Private International Law*, Ius Comparatum-Global Studies in Comparative Law, vol 37. Springer, Cham, 2019, p.178.

也会干预，尽管欧盟法院主张尽量不要适用国内法，而是应该由法院自治解释。①

新加坡现行法律体系以英国普通法为基础，与英国法律一样，新加坡法律中管辖协议的法律适用本质上为协议的解释问题，适用合同准据法。虽然从原则上讲当事人可以对管辖协议和主合同约定不同的准据法，但大多数人通常不这么选择。②

南非法律中，管辖协议的解释和效力都受合同准据法支配，但也经常依据协议字面意思来解释。③

土耳其法律中，对管辖协议有效性的法律适用，取决于当事人选择了哪个法院。如果当事人选择外国法院，则适用土耳其《国际私法法典》，如果当事人选择土耳其法院，则适用土耳其《民事诉讼法典》。由此可见，土耳其法院适用法院地法确定管辖协议的有效性问题。④

第五节　管辖协议准据法选择之协调机制

对管辖协议的准据法问题，大陆法系国家(地区)大多适用法院地法，

① See Elena-Alina Oprea, “Romania: interpretation and effects of optional jurisdiction agreements in international disputes”, in Mary Keyes(eds), *Optional Choice of Court Agreements in Private International Law*, Ius Comparatum-Global Studies in Comparative Law, vol 37. Springer, Cham, 2019, pp.291, 296, 297.

② See Adeline Chong, “Singapore: a mix of traditional and new rules”, in Mary Keyes(eds), *Optional Choice of Court Agreements in Private International Law*, Ius Comparatum-Global Studies in Comparative Law, vol 37. Springer, Cham, 2019, p.327.

③ See Elsabe Schoeman, “South Africa: Time for Reform”, in Mary Keyes(eds), *Optional Choice of Court Agreements in Private International Law*, Ius Comparatum-Global Studies in Comparative Law, vol 37. Springer, Cham, 2019, p.352.

④ See Zeynep Derya Tarman, Meltem Ece Oba, “Turkey: optional choice of court agreements in Turkish Law”, in Keyes M. (eds), *Optional Choice of Court Agreements in Private International Law*, Ius Comparatum-Global Studies in Comparative Law, vol 37. Springer, Cham, 2019, p.438.

普通法系国家(地区)大多适用合同准据法。准据法的不同根源于对管辖协议的定性不同,而定性反映的是一个法系以及一国法律的基本理念,基本理念难改变,因此法院地法和合同准据法之间是难以协调的。虽然被选法院地法原则尚存在很多问题,亟待进一步修正和完善,但该原则可以兼顾法院地法和意思自治原则,已是管辖协议准据法选择的国际主流发展趋势。被选法院地法原则本身具有合理性和可行性价值,值得各国和地区域内法参考和借鉴。不过需要强调的是,仅仅适用被选法院地法原则也是不合理的,这是因为即便实践中当事人很少专门就管辖协议的准据法问题作出约定,但契约法律适用中最重要的意思自治原则仍应该被列为管辖协议准据法选择的首要原则。此外,《布鲁塞尔条例Ⅰ(重订)》和《海牙公约》中隐含的尽量使其有效立场,也对管辖协议有效性的判断具有重要意义。

鉴于此,管辖协议准据法选择的协调机制可以设计为:法院对管辖协议有效性的判断首先应该适用当事人自由选择的法律;当事人没有选择的,适用被选法院地法;不论适用何地法律,法院都应遵循尽量使其有效的立场。

一、意思自治原则优先

意思自治具有内在的合理性基础和优点以及对现代社会高度的适应性,在国际私法体系中具有稳固的、毋庸置疑的地位。[①]国际私法学者罗文菲尔德(Andreas F.Lowenfeld)指出:合乎情理地说,意思自治——包括协议选择法律以及协议选择法院和仲裁庭——现在已成为解决争议的国际习惯法的一部分。[②]当事人意思自治原则于契约法律适用的地位堪比诚实

---

① 参见宋晓:《当代国际私法的实体取向》,武汉大学出版社2004年版,第53、64页。

② See Andreas F.Lowenfeld, *International Litigation and the Quest for Reasonableness*, Oxford: Clarendon Press, 1996, at 208, 209.转引自宋晓:《当代国际私法的实体取向》,武汉大学出版社2004年版,第64页。

信用原则之于民法之帝王条款。尽管管辖协议在性质上烙上了司法管辖权的印记,但其本质终究是合同,否则协议管辖制度就失去了存在的基础。[①]因此,当事人意思自治原则应该成为确定管辖协议准据法的首要原则。布鲁塞尔体系和《海牙公约》对管辖协议的法律适用都没有引入意思自治原则,这无疑是存在缺陷的。

管辖协议准据法的确定可以参考《纽约公约》对仲裁协议准据法的处理。[②]《纽约公约》第五条第一款列举了拒绝承认和执行的情形,其中第一项规定:“第二条所述的协议的双方当事人,根据对他们适用的法律,当时是处于某种无行为能力的情况之下;或者根据双方当事人选定适用的法律,或在没有这种选定的时候,根据作出裁决的国家的法律,下述协议是无效的。”这实际上就是判断仲裁协议效力的初步准据法规范。从该规定可知,仲裁协议准据法的确定中,当事人缔约能力问题单独判断,适用属人法;其他问题首先允许当事人自由选择,当事人无明示选择时适用仲裁地法。1985年《联合国国际贸易法委员会商事仲裁示范法》(以下简称《示范法》)第三十四条的第二款“……仲裁裁决仅在下列情况下才可以……被法院撤销”,第(A)项第(a)则规定:“第七条所指仲裁协议的当事人有某种无行为能力情形;或者根据各方当事人所同意遵守的法律或在未指明法律的情况下根据本国法律,该协议是无效的。”[③]从该规定可知,对仲裁协议效力进行判断时,当事人行为能力单独处理,其他问题的处理则首先由当事人自由选择,当事人没有选择的适用仲裁作出地法。由《纽约公约》和《示范法》的

① 参见杨晓强、闫杰雄:《刍议排他性选择法院协议的法律适用》,《中国国际私法与比较法年刊(第十三卷)》,北京大学出版社2010年版,第317页。

② 参见刘仁山:《关于我国加入海牙〈选择法院协议公约〉的评估报告》,载《〈海牙选择法院协议公约〉与中国立法和司法实践研讨会会议资料集》,第53—56页。

③ 联合国国际贸易法委员会网站,http://www.uncitral.org/pdf/chinese/texts/arbitration/ml-arb/07-86997_Ebook.pdf.,2019年12月30日。

规定可知，国际社会对仲裁协议效力准据法问题的处理，通行做法是意思自治原则优先。

对于《海牙公约》的规定，有学者认为《海牙公约》规定适用被选法院地法来确定管辖协议的效力已经兼顾了当事人意思自治原则。理由为当事人合意选择法院意味着合意接受被选法院地法律的约束。[①]但这只是一种学理解释，并不能说明《海牙公约》在确定管辖协议准据法时认可了意思自治原则优先。克里斯蒂安·海因斯主张《布鲁塞尔条例Ⅰ》第二十三条单列一个条款专门规定管辖协议的准据法问题，并主张管辖协议首先应该适用当事人自己选择的法律，[②]但该建议并没有被《布鲁塞尔条例Ⅰ(重订)》采纳。

《海牙公约》与《布鲁塞尔条例Ⅰ(重订)》都没有规定当事人意思自治原则优先，这无疑是两大机制的一个缺陷。对管辖协议准据法问题的协调应该在借鉴两大机制做法的基础上，确立意思自治原则优先。采纳意思自治原则优先这一做法，既可以满足契约法律适用的基本要求，也可以弥补两大机制的不足，还可以与仲裁协议法律适用的国际通行做法相一致。

当然，意思自治原则优先在实践中也会遇到问题。如当事人很少专门约定管辖协议的准据法，从这个角度来看，似乎意思自治原则优先并没有存在的必要。然而，实践中当事人很少进行专门约定并不是忽视意思自治原则的理由，因为当事人进行专门约定的情形还是有可能出现的。不论当事人是否约定，都应明确确立意思自治优先原则，这样才能确保当事人自由选择权利的行使。又如出现管辖协议包含在公司章程中或者第三方当

---

① 参见叶斌：《国际选择法院协议效力的法律冲突与法律适用——海牙"被选法院地法"规则的优与劣》，《中国国际私法与比较法年刊(第十三卷)》，北京大学出版社 2010 年版，第 119 页。

② See Christian Heinze, "Choice of Court Agreements, Coordination of Proceedings and Provisional Measures in the Reform of the Brussels I Regulation", Max Planck Private Law Research Paper No.11/5, p.587.

事人继承合同权利和义务的情形。由于在这两种情形下，管辖条款相对于主合同具有独立地位次于合同整体性价值，因此依据意思自治原则优先的做法将管辖协议准据法确定为主合同准据法可能比较妥当，这样做可以解决该特殊情形下被选法院地法引发的难题。

二、被选法院地法原则

依据被选法院地法决定管辖协议的有效性有其内在合理性。首先，适用被选法院地法可以避免适用法院地法或者合同准据法的不足。法院地法原则可能导致当事人忽视管辖协议并挑选法院的现象，进而引发平行诉讼，同时法院地法原则也没有尊重当事人在法律适用问题上的自由选择权，而被选法院地法原则可以实现管辖协议准据法适用的确定性和统一性，避免冲突判决，也在一定程度上尊重了当事人自由意志。合同准据法原则忽视了管辖协议的独立性，忽视了管辖协议是关涉管辖权的协议这一特征，而被选法院地法原则尊重了管辖协议的独立性和被选择法院的管辖权。其次，被选法院地法原则可以兼顾当事人意思自治和法院管辖权，当事人合意选择被选择法院管辖，意味着其愿意接受被选择法院地法律的约束。当受理法院就是被选择法院时，被选法院地法即为法院地法。最后，被选法院地法原则可以平衡法院地法或合同准据法两种做法。适用法院地法的国家则难以接受依据合同准据法判断管辖协议的有效性，反之亦如此。而不论适用法院地法的国家还是适用合同准据法的国家，都有接受被选法院地法原则的可能。

三、尽量使其有效之立场

从《布鲁塞尔条例Ⅰ(重订)》第二十五条中“unless”一词的表述可以看

出，其预先假定管辖协议具有实质有效性。《布鲁塞尔条例Ⅰ(重订)》通过前欧盟委员会提案(Commission Proposal)也是这样规定的。[①]为了确保管辖协议的实施，欧洲法院会对“null and void”作宽泛的解释。[②]《海牙公约》也使用了“unless”这样的表述，此外公约解释报告称，应对管辖协议无效作非常有限的解释。[③]由此可见《布鲁塞尔条例Ⅰ(重订)》和《海牙公约》对管辖协议实质有效性的态度均为尽量使其有效。尽量使其有效之立场的目的在于促进法律行为有效成立，具有实现现代国际私法所追求的实质正义的功能。就合同而言，“有利原则”是为了交易的安全及其顺利进行。[④]管辖协议本质上为一种合同，尽量使管辖协议有效的做法利于当事人管辖合意的实现，利于确保协议管辖制度在纠纷解决中发挥其应有的价值。

---

① 欧盟委员会提案第二十三条的表述为“unless the agreement is null and void as to its substance under the law of that Member State”。

② 参见叶斌：《国际选择法院协议效力的法律冲突与法律适用——海牙“被选法院地法”规则的优与劣》，《中国国际私法与比较法年刊(第十三卷)》，北京大学出版社2010年版，第120页。

③ See Hartley/Dogauchi Explanatory Report on Convention of 30 June 2005 on Choice of Court Agreement(2007), para.126.

④ 参见于飞：《国际私法“有利原则”之界定——兼谈我国〈涉外民事关系法律适用法〉有关规定》，《中国国际私法与比较法年刊(第十五卷)》，北京大学出版社2012年版，第61页。

第三章
管辖协议的效力

第一节　概　　述

一、排他性/非排他性管辖协议

管辖协议的效力(effectiveness)是指管辖协议是否具有使当事人承担只能在被选择法院起诉的义务并排除其他国家法院对案件行使管辖权的效果。使当事人承担只能在被选择法院起诉的义务并且能排除其他国家法院对案件行使管辖权的协议为排他性管辖协议(exclusive jurisdiction agreement),反之为非排他性管辖协议(non-exclusive jurisdiction agreement)。前者具有较强效力,后者具有较弱效力。管辖协议是否具有排他性效力的问题,虽然不是涉外民事诉讼理论上的重大问题,却是涉外民商事审判实践中经常遇到的问题。[①]

两种性质的管辖协议各自有其优点与不足。第一,排他性管辖协议为当事人纠纷的解决提供了最大的确定性,减少了平行诉讼发生,当事人在

① 参见奚晓明:《论我国涉外民商事诉讼中的协议管辖条款的认定(下)》,《法律适用》2008 年 4 月总第 193 期。

非被选择法院起诉即为违约。与之相比,非排他性管辖协议通常导致纠纷解决的不确定性和平行诉讼的发生,但是非排他性管辖协议中当事人可以自由选择追诉被告及其财产的管辖法院,避免了在未被选择法院起诉而违约的风险。[①]第二,但在协议管辖制度发展的早期,有些国家不承认排他性管辖协议可剥夺其管辖权的效力,认为这种消极效力违反公共政策。相比之下,非排他性管辖协议并不减损一国法院的管辖权,不会对一国法院的管辖权构成挑战,因此不会违反一国公共政策。第三,排他性管辖协议缺乏弹性,在协商中不易获得。与之相反,非排他性管辖协议则容易被当事人接受。

二、管辖协议的效力及其相关问题

(一) 管辖协议的效力

管辖协议的效力对协议管辖制度的运作具有关键作用,管辖协议效力纠纷是协议管辖实践纠纷中最常见的一种类型。排他性管辖协议和非排他性管辖协议具有不同的效力。

从积极效力和消极效力角度来分析,积极效力体现为当事人遵守协议的约定只在被选择法院起诉,且不会对被选择法院的管辖权提出异议;消极效力体现为当事人承诺不去其他国家法院起诉,一旦一方当事人去外国法院起诉则属于违反协议。排他性管辖协议既有积极效力也有消极效力,非排他性管辖协议则只有积极效力而无消极效力。排他性管辖协议强加给一方或多方当事人只能在某一法院起诉的合同义务,当事人只能在被选择法院起诉,如果去其他国家法院起诉则违反协议。相比之下,非排他性

---

① 参见吕晓莉:《国际民事诉讼中的协议管辖制度》,《河北法学》2002 年第 6 期。

管辖协议的当事人只是承认一国法院的管辖权并同意在该国法院起诉，但并没有创设只能在该国法院起诉的合同义务，也没有排除去其他国家法院起诉的可能。当事人可以明示或默示同意一方有权在外国法院提起诉讼，这并不违反协议。①

从义务的可传递性角度分析，排他性管辖协议中的义务是可传递的(transitive)，要求当事人之间的所有纠纷都只能在协议选择的法院起诉，协议中规定的义务在各种情形下都对当事人有拘束力。非排他性管辖协议中的义务是不可传递的，对方当事人选择在另一地法院起诉并不违反义务，协议中规定的义务只有在当事人在被选择法院起诉时对其有拘束力，其他情形下协议规定的义务并没有可传递的效力。当事人想要设定不同的义务，就需要选择不同的管辖协议。如果为了确保诉讼只能在被选择法院提起，当事人会选择排他性管辖协议。如果允许当事人在被选择法院之外的其他有管辖权的法院起诉，当事人会选择非排他性的管辖协议。②

(二) 管辖协议效力相关的问题

本章研究“一带一路”倡议下与管辖协议效力相关的四个问题，一是管辖协议性质的认定标准，二是被选择法院与非被选择法院对排他性管辖协议和非排他性管辖协议分别持何种态度和立场，三是单边管辖协议，四是基于排他性管辖协议所作判决的承认与执行。单边的管辖协议是一种特殊的管辖协议类型，其不同于单纯的排他性管辖协议或非排他性管辖协议。单边管辖协议对一方当事人是排他性管辖协议，而对另一方当事人则是非排他性管辖协议，由于其特殊性本章第五节将单独论

---

①② See James Fawcett, “Non-exclusive Jurisdiction Agreement in Private International Law”, [2001] LMCLQ 234.

述。由于排他性管辖协议具有较强的效力，因此基于排他性管辖协议所作判决是否更容易获得承认与执行为值得探究的问题，对此本章第六节将予以展开。

三、影响管辖协议效力的两个机制

（一）不方便法院原则

不方便法院原则（Forum non conveniens）是法院基于适合审理案件的法院是外国法院，或本国法院是不适合审理案件的法院而拒绝或放弃行使管辖权所享有的一般自由裁量权。其中，conveniens 不是“方便、便利”的意思，[①]判断方便法院时，关注的不仅仅是便利性问题，而是寻找适当的法院。

英国法院的管辖权取决于传票的送达，传票的送达一般基于被告在管辖区内的出现，如果被告在管辖区之外，则传票的送达要视情况取得法院的许可。在境内送达案件中当事人可以对管辖权提出两种抗辩，一是针对送达不合法或者英国法院没有管辖权，被告可以提出管辖异议；二是针对英国法院管辖权不适当，被告可以申请中止诉讼。在境外送达案件中，当事人可以申请法院中止诉讼进而拒绝境外送达。英国法院在处理当事人的中止诉讼申请时享有宽泛的自由裁量权，会比较本地法院与外国法院中何地为更适合审理案件的法院，并依据不方便法院原则作出裁决。管辖协议案件中的中止诉讼与一般的中止诉讼案件不同，前者由违反管辖协议的原告承担举证责任，后者则由申请中止诉讼的被告承担举证责任。[②]此外，

① See Spiliada Maritime Corp. v. Cansulex Ltd. [1987] A.C. 460，474，475.

② 参见欧福永：《英国民商事管辖权制度研究》，法律出版社 2005 年版，第 185 页。Edwin Peel, "Exclusive Jurisdiction Agreement: Purity and Pragmatism in the Conflict of Laws", [1998] LMCLQ 182。

在有些情形下当事人不仅申请在英国法院起诉,而且希望禁止对方当事人在其他国家法院起诉。如果英国法院认为案件涉及择地诉讼以及外国诉讼对被告不公正时,可能会行使自由裁量权颁发禁诉令,法院在决定是否授予禁诉令时也会适用不方便法院原则。[①]禁诉令是英国法院行使自由裁量权时采取的一种非常具有侵犯性的方法,布鲁塞尔体系下英国法院不能授予禁诉令。由上述分析可知,英国法院处理当事人对管辖权的抗辩时通过中止诉讼程序和禁诉令程序来处理,这两种程序中法院运用的都是不方便法院原则。

中国法院的管辖权规则是由法律明文规定的,法官没有太多自由裁量权。但实际上在审判实践中,尤其是在涉外协议管辖案件中,如果被告对管辖协议存在异议或者被告主张其他非被选择法院更适合审理案件时,中国法院经常直接或含蓄地运用不方便法院原则。2015 年《最高人民法院关于适用〈中华人民共和国民事诉讼法〉的解释》第五百三十一条也在立法上明确允许法院可以不方便法院为由驳回起诉。

(二) 未决诉讼原则

在涉外协议管辖案件中,约定管辖与法定管辖之间的冲突时有发生。虽然当事人协议选择了管辖法院,但其他有管辖权的法院可能在被选择法院之前、同时、或之后也受理了案件,这就产生了平行诉讼问题。涉及管辖协议的平行诉讼纠纷的解决需要考虑当事人意思自治原则与未决诉讼原则(即先受理原则)之间在优先次序上的冲突关系。大多数国家(地区)都默认平行诉讼,这使得协议管辖与未决诉讼的冲突更为明显。《布鲁塞尔条例Ⅰ(重订)》和《海牙公约》的做法值得我们研究和借鉴。

---

① 参见[英]J.J.Fawcett:《国际私法中弱化管辖权问题研究》,刘兴莉译,黄进校,《中国国际私法与比较法年刊(第十一卷)》,北京大学出版社 2008 年版,第 545 页。

第二节 管辖协议的性质认定

世界各国(地区)对管辖协议性质的认定不同,对同一个管辖协议,有的国家(地区)可能认定为排他性的,而有的国家(地区)则可能认定为非排他性的,或者相反。

一、管辖协议性质认定之标准

(一) 依据文义解释方法判断

对管辖协议性质的判定首先要考虑协议措辞的意思。语言学或者文义的解释,往往最能符合一般期待,也最有助于实现安定价值。[①]

虽然是否采用"排他性"用语不是普通法系国家(地区)法院判断管辖协议排他性质的决定性因素,但协议措辞仍是法院考虑的重要因素之一。很多案件中管辖条款本身会指明争议受一国法院的排他或非排他管辖,通常情况下这类管辖协议的性质是明确的。[②]虽然这种明确的措辞不必然导致法院对管辖协议性质作出认定,但法院一般会尊重当事人的意志并认定其为排他性的或者非排他性的。在莫里森诉 Panic Link 有限公司案(Morrison v. Panic Link Ltd)中管辖条款规定"proceedings may be brought in any court of competent jurisdiction",法院认为"may"一词表明当事人约定的是非排他性管辖协议。[③]在乌尔蒂索诉布依盖案(Ultisol v. Bouygues)中,法院指出"shall"一词的使用表明管辖协议是排他性的。[④]中国香港法院

---

① 参见张利民:《非排他性管辖协议探析》,《政法论坛》2014 年第 5 期。
② See James Fawcett, "Non-exclusive Jurisdiction Agreement in Private International Law", [2001] LMCLQ 234.
③ 1994 S.L.T. 232.
④ [1996] 2 Lloyd's Rep.140,146.

审理的余立文案(Yu Lap Man v. Good First Investment Ltd.)中,管辖条款规定为“所有相关的纠纷受中华人民共和国法院管辖”。庭审中各方对“受……管辖”究竟应译为“shall be subject to ”还是“be subject to ”存在争议。一审法院认为管辖协议为非排他性的,上诉法院予以认可,上诉法院指出“合同中的‘受’字并没有施加只能在中国内地起诉的义务。事实上,该条款仅具宣示或者许可功能,仅是两个外方当事人对中国内地法院管辖权的认可”。[①]此外,对“all”“any”“irrevocably”等提示性质文字的使用都有助于法院认定当事人之间存在排他性的管辖协议。[②]是否“一致同意”将争议提交到被选择法院管辖,在保险合同、个别买卖合同等双方缔约地位不平等的合同中(保险人和卖方一般不会起诉)是法院判断管辖条款是否具有排他效力的关键因素。如果当事人一致同意将争议提交到被选择的法院,那么可以认为管辖条款是排他性的。相反,如果当事人之间缺乏一致同意,则管辖条款是非排他性的。在新罕布什尔保险公司案(S & W Berisford PLC v. New Hampshire Insurance Co.)中,虽然理论上讲管辖条款对双方当事人平等适用,但实际上如法官所言,保险人几乎不可能起诉被保险人的事实至关重要。因此,将管辖条款理解为要求当事人只在英国起诉将超出条款的自然本意,法院最终认定管辖条款为非排他性的。[③]2013 年英国依利安工业案(Cuccolini SRL v. Elcan Industries)中,尽管管辖条款没有使用“排他”或“非排他”的用语,但有“The parties shall nonetheless retain the right ... to institute proceedings in any court

① [1998] HKLRD(Yrbk) 104.

② Sinochem(No.2) [2000] 1 Lloyd's Rep.670, 676; British Aerospace v. Dee Howard[1993] 1 Lloyd's Rep.368, 375. See James Fawcett, “Non-exclusive Jurisdiction Agreement in Private International Law”, [2001] LMCLQ 234, p.237. BNP Paribas SA v. Anchorage Capital Europe LLP & ors [2013] EWHC 3073(Comm)案中,原告方代表主张考察“irrevocably”一词的作用和意义,以及“submit”施加的义务是可传递的还是不可传递的。

③ [1990] 1 Lloyds Rep 454.

having jurisdiction”的表述，法院从这个表述判断当事人对管辖权的约定具有非排他性质。[①]

中国法院在审判实践中严格尊重管辖协议中的“排他性”用语来判断管辖协议的性质，如2017年香港丰田通商有限公司诉肇庆大旺奇昌化工有限公司买卖合同纠纷案，2016年中国工商银行（亚洲）有限公司诉广东盛通融资租赁有限公司金融借款合同纠纷案，2001年中安置业有限公司与招商银行等借款、担保合同纠纷案，2001年郭叶律师行诉厦门华祥影音公司代理合同纠纷管辖权异议，1999年住友银行有限公司与新华房地产有限公司贷款合同纠纷管辖权异议案，1999年香港回丰有限公司与香港新中地产有限公司等融资合同纠纷上诉案中，法院都依据当事人管辖协议中“非排他”的表述直接认定管辖协议为非排他性的。[②]在1994年银森轮船有限公司诉华侨银行厦门分行租船合同运费担保案中，法院依据当事人管辖协议中“排他性”的表述直接认定管辖协议为排他性的。[③]如果管辖协议没有采用“排他性”用语的，中国法院会通过对管辖协议进行文义解释来判断，如2010年赖某诉荷兰银行公司（ABN AMRO Bank N.V.）财产损害赔偿纠纷上诉案中，法院指出“解析上述协议管辖之文义”可知其具有明显的排他性。[④]又

---

① [2013] EWHC 2994(QB).

② (2017)粤12民初5号。(2016)粤01民初310号。最高法(2001)民四终字第1号。《中华人民共和国最高人民法院公报》2004年第7期，第32—34页。(1999)经终字第194号。(1999)经四终字第317号。

③ (1994)闽经终字第158号。

④ (2010)沪高民五(商)终字第49号；(2010)沪一中民初字第6号。该案中赖某、刘某与荷兰银行有限公司签订的《个人外汇及衍生品交易主协议》有关适用法律和司法管辖权条款明确约定：(a)此协议适用于英国法律，并相应由英国法律解释；(b)关于任何起诉、诉讼或与此协议相关的诉讼程序以及为了银行自身的利益，合约方不可撤销地将有关诉讼提交给香港法院裁决，且搁置在任何时候都可能会有的对在任何这样的法院的诉讼程序地点选择的反对意见，限制对认为在一个不方便的法庭进行的这样的诉讼程序任何主张，并进一步免除反对这样的法庭没有相应的与此诉讼程序相关的司法审判权的权力。协议中没有规定不许银行将此诉讼提交到任何其他的司法辖区，同时将此诉讼提交到另外一个或多个司法辖区也不会妨碍将诉讼提交到任何其他的司法辖区。

如钻石租赁公司诉荣辉科技公司等租赁合同纠纷案中，法院依据“出租人可在任何其他主管的司法管辖区法庭强制执行本合同”之约定而认定管辖条款为非排他性的。[①]由此可知，中国法院对管辖协议的“排他性”用语完全尊重，没有采用“排他性”用语的则依据文义解释方法来判断。

（二）依据合同整体解释方法判断

管辖协议为一种程序合同，管辖协议的排他性问题可以归为合同解释问题，因此可以依据合同解释规则阐明当事人之真实意思，并进一步判断管辖协议的性质。在实践中，有些管辖条款的规定可能不完整或者彼此矛盾，但通过对合同进行整体解读就有可能对其作出完整、合理的解释。英国法院需要决定将管辖条款解释为可传递的（transitive）还是不可传递的（intransitive），并依此判断管辖协议是排他性的还是非排他性的。若法院将管辖条款解释为不可传递的，那么管辖条款必然是非排他性的。但如果法院将管辖条款解释为可传递的，仅此并不一定能说明管辖条款是排他性的。[②]因为如果合同中的其他措辞表明一方当事人有权在任何其他国家提起诉讼，则这个措辞意味着对该方当事人来说管辖条款为非排他性的，主张存在排他性管辖协议的另一方应承担举证责任。[③]

中国香港法院运用合同整体解释方法来判断管辖协议的排他性质。在锡科创业有限公司案（Siko Venture Ltd v. Argyll Equities，LLC）中，双方当事人之间的抵押协议中约定得克萨斯州肯德尔县法院非排他管辖。被告以贷款协议中约定“借款人（原告）同意得克萨斯州法院管辖，并放弃管辖异议”以及抵押协议中也约定“抵押人（原告）放弃管辖异议，并放弃在

① “租赁合同纠纷　内地法院首用相关法律判案”，载中国法院网 https://www.chinacourt.org/article/detail/2007/06/id/252292.shtml，2019 年 12 月 30 日。

② See James Fawcett，“Non-exclusive Jurisdiction Agreement in Private International Law”，[2001] LMCLQ 234.

③ Continental Bank v. Aeakos [1994] 1 W.L.R. 588.

其他不方便法院申诉的权利”为由，主张管辖协议对原告是排他性的，原告只能在得克萨斯州肯德尔县法院起诉，被告则还可以在原告有财产的法院起诉。而原告主张，抵押协议中明确使用了“非排他性”用语，而且抵押协议中的规定只能证明在得克萨斯州法院起诉时原告才放弃管辖异议。法院同意原告的主张，并将管辖协议认定为非排他性的。[①]在果园资本有限公司案（Orchard Capital I Ltd v. Ravindra Kumar Jhunjhunwala）中，新加坡上诉法院法官指出：“如果适用合同解释规则能判断出当事人存在缔结排他性管辖协议的真实合意，那么即便管辖协议表述为非排他性的，法院也会认定为排他性的。”[②]

中国法院在徐某某诉张某某股权转让合同纠纷再审案中，再审申请人认为双方当事人约定“如违约则可向蒙古国法院起诉”，这里“可”字表示授权而非强制，双方当事人只是约定可以向蒙古国法院起诉，并不禁止向其他国家法院起诉，当事人也可以选择向其他国家法院起诉。而最高人民法院认为，涉案管辖条款表明在当事人行使诉讼权利时可以向蒙古国法院起诉，但并没有表明当事人有权选择向蒙古国以外的其他国家法院起诉，涉案股权转让合同没有载明蒙古国法院对有关纠纷享有非排他性管辖权。结合案件的具体情况，可以推断双方当事人当时具有选择蒙古国法院管辖的真实意思和特定意图，而难以推断双方当事人还具有可以向其他国家法院起诉的意思。[③]最高人民法院结合文义解释及合同整体解释方法认定该案中的管辖协议为排他性的。

依据合同整体解释规则来判断管辖协议的排他性质是一个合理的方

① HCA 3645/2003.
② [2012] SGCA 16.
③ (2015)民申字第471号。

法，虽然中国法院在审判实践中也会运用这个方法，但仍限于个案，这可能与中国法官自由裁量权较小有关。

(三) 依据协议对当事人施加的义务判断

在英国，很多案件中当事人都指明争议受一国法院的排他性或非排他性管辖，这种情况下法院一般认为管辖协议的性质是明确的。然而，即便管辖条款以明示的用语表明约定的法院具有排他性或非排他性的管辖权，法院也不一定据此作出排他性或非排他性管辖条款的认定。因为法院还会结合合同中的其他条款以及管辖条款是否被解释为其使当事人承担了去被选择法院起诉的义务来判断。①由此可以说，管辖条款对当事人施加了何种义务在管辖条款性质的判定中发挥着最关键的作用，这是一种对实质问题进行判断的认定方法。管辖协议使当事人承担向被选择法院起诉义务的为排他管辖协议，反之为非排他管辖协议。英国法院审理的巴黎银行案(BNP Paribas SA v. Anchorage Capital Europe LLP & ors)中法官指出，通过对管辖条款的合理解释可知，被告承担了在英国法院起诉的义务，原告则没有这个义务，从这个意义上说管辖条款是非排他性的。②

中国香港法院在2004年温尼特斯投资有限公司诉牛津产品公司案、1998年余立文案、1998年T & K电子有限公司诉太平洋保险公司案中都通过判断协议对当事人施加的义务来判断管辖协议是排他性的还是非排他性的。③T & K电子有限公司诉太平洋保险公司案中法官通过三个方面来判断义务问题：第一，案件主要事实发生在中国香港，因此当事人没有必

① See James Fawcett, “Non-exclusive Jurisdiction Agreement in Private International Law”, [2001] LMCLQ 234.
② [2013] EWHC 3073(Comm).
③ [2005] HKEC 44. [1998] HKLRD(Yrbk) 104. [1998] 1 HKLRD.

须去英国法院起诉的义务；第二，从法律适用来看，涉案的中国香港法律与英国法律没有区别，这也可以证明当事人不需要承担去英国法院起诉的义务；第三，如果当事人的意愿是只受英国法院管辖，其可以在协议中采用排他性用语，但其并没有。

中国法院在赖某诉荷兰银行公司（ABN AMRO Bank N.V.）财产损害赔偿纠纷上诉案判决原文中指出："解析上述协议管辖之文义，双方无论发生合同纠纷还是侵权之诉均无法脱离该协议之管辖约定，因此，在两上诉人与荷兰银行有限公司就适用法律和司法管辖权有明确约定的情况下，双方一旦发生争议就应当提交约定的香港特别行政区法院管辖。"①虽然从语言表述来看该案法官运用的是文义解释方法，但从"应当提交……管辖"来看，此法律推理隐含了这样一个逻辑，即法官判断管辖协议性质时考虑了当事人应承担的义务。无论依据排他性用语还是依据合同解释方法，认定管辖协议具有排他性效力的本质都是协议使当事人承担了只能在约定法院起诉的义务。

（四）选择的唯一性和明确性问题

在判断管辖协议是排他性的还是非排他性的过程中，需要考虑一个问题，即排他性是否意味着唯一性。当一方或双方当事人协议选择两个或两个以上的法院都有管辖权时，这个问题就产生了。如果排他性意味着唯一性，那么这种管辖协议无疑是非排他性的。然而，英国法院判例表明排他性问题不应该给予如此严格的定义。②排他性管辖协议的关键是其排除当事人选定的法院之外的其他国家的管辖权，或者如果当事人选择了两个或两个以上的法院，其排除当事人选定的几个法院之外的其他国家的管辖

① (2010)沪高民五(商)终字第49号。
② 库尔兹诉斯特拉案，Kurz v. Stella(Musical Veranstaltungs GmbH) [1992] Ch. 196, 203。

权。当事人指定两个或两个以上的法院与指定一个法院,性质是一样的。如果当事人必须在A或B法院起诉,并排除了A或B法院之外其他法院的管辖权,那么这两个法院都有排他性管辖权。这就是说,如果在A法院起诉,那么A法院排他性管辖,如果在B法院起诉,那么B法院排他性管辖。如果当事人没有义务在选定的A或B法院起诉,且有权在其他任何有管辖权的法院起诉,那么A或B法院没有排他性管辖权。①这涉及当事人意图的考察,因此当事人可能需要明确表达其意思,比如英国判例中当事人约定“争议可以由借方选择在英国或瑞典法院起诉,所选择的法院有非排他性管辖权”,即明确表达了赋予被选择的法院以非排他性管辖权。②由此可知,排他性管辖协议不要求选择的唯一性,非排他性管辖协议也没有这个要求。《布鲁塞尔条例Ⅰ》第二十三条和《海牙公约》第三条也都规定当事人可以选择“某个缔约国的一个或多个法院”。

对于选择的明确性问题,通常情况下能确定特定的将行使管辖权的法院的管辖条款是适当的。指向“英联邦法院”则可能引起争议,因为这种宽泛的约定不能不明确是中国或英联邦的哪个法院。③

中国立法对管辖协议中法院选择的明确性和唯一性问题经历了由严格到宽松的发展过程。1992年《最高人民法院关于适用〈中华人民共和国民事诉讼法〉若干问题的意见》(已失效)第二十四条规定:“合同的双方当事人选择管辖的协议不明确或者选择民事诉讼法第二十五条规定的人民法院中的两个以上人民法院管辖的,选择管辖的协议无效,依照民事诉讼法第二十四条的规定确定管辖。”1999年《最高人民法院关于当事人在合同

① See James Fawcett, “Non-exclusive Jurisdiction Agreement in Private International Law”, [2001] LMCLQ 234.

② Gamlestaden Plc v. Casa De Suecia SA and Hans Thulin [1994]1 Lloyd's Rep.433.

③ See Graeme Johnston, *The Conflict of Laws in Hong Kong*, London: Sweet & Maxwell Asia, 2005, p.121.

中协议选择管辖法院问题的复函》中规定，当事人约定选择列举的两个以上人民法院管辖的，该选择管辖的协议无效。[①]由此可知，上述规定严格要求当事人协议选择法院必须符合明确性、唯一性要求。新《民事诉讼法》出台后，最高人民法院颁布实施的《最高人民法院关于适用〈中华人民共和国民事诉讼法〉的解释》第三十条改变了以往的严格立场，该条规定："根据管辖协议，起诉时能够确定管辖法院的，从其约定；不能确定的，依照民事诉讼法的相关规定确定管辖。管辖协议约定两个以上与争议有实际联系的地点的人民法院管辖，原告可以向其中一个人民法院起诉。"由《最高人民法院关于适用〈中华人民共和国民事诉讼法〉的解释》第三十条的规定可知：一方面，对管辖法院不明确的管辖协议，只要依据法定管辖依据可以确定管辖的则有效；另一方面，不再要求当事人协议选择的法院必须唯一。

中国法院对管辖协议明确性的判断存在不同做法，对唯一性的判断与立法趋势一致。[②]对管辖协议选定的地点比较宽泛，也就是辖区内存在多个基层法院的情况，不同法院间存在相反判决。内蒙古高院认为"可向吉林省法院起诉""可向呼和浩特市法院起诉"有效，不违反管辖协议的明确性要求。上海一中院认为合同签订地为上海市并且双方约定"如双方发生争议，可提交签约地法院裁决"的约定有效。[③]然而，长沙法院和南宁中院则认为，"向广州市人民法院起诉解决"的条款不明确具体，因而无效。[④]虽然不同法院间存在相反的判决，但这恰恰证明中国法院对管辖协议明确性判断

---

① 法函(1995)157号。该司法解释性文件规定："根据《中华人民共和国民事诉讼法》第二十五条规定，合同的双方当事人可以在书面合同中协议选择被告住所地、合同履行地、合同签订地、原告住所地、标的物所在地人民法院管辖。如果当事人约定选择上述列举的两个以上人民法院管辖的，依据本院《关于适用〈中华人民共和国民事诉讼法〉若干问题的意见》二十四条的规定，该选择管辖的协议无效……"

② 参见周翠：《协议管辖问题研究》，《中外法学》2014年第2期。

③ (1995)内经初字第17号。(2011)沪一中民四(商)终字第1476号。类似案件还有(2010)桂立民终字第20号、(2012)粤高法立民终字第272号。

④ (2012)长中立民终字第1739号。(2013)南市立民终字第26号。

标准存在宽松化发展趋势。对于管辖协议的明确性，司法实践中还会遇到各种问题，如绍兴中院认为，“甲、乙双方可向各自所在地司法机关寻求解决”因不包含选择诉讼的明确意思而无效。①长沙中院认为，“守约方有权向所在地人民法院起诉”的约定超出法律规定范围而无效。②“守约方”不是一个明确的概念，因此法院认为其超出法律规定范围，并认为其是管辖协议无效的理由。浙江省高院认为，当事人约定“协商不成可向当地人民法院起诉”显然不符合明确性要求。③阿拉山口公司诉宁夏秦毅公司买卖合同纠纷管辖权异议案中，法院认定“双方可向各自住所地人民法院起诉”实质为“双方约定原告住所地法院管辖”，这种约定符合明确性要求。④此外，如果管辖协议规定原告对管辖地有宽泛的选择权，如“其他纠纷由需方指定法院管辖解决”被杭州中院视为约定不明而无效。⑤但如果管辖协议赋予原告在若干个法律允许的管辖法院之间作出选择的权利，如“因本合同所生争议应当由合同签订地或原告住所地的法院替代性排他管辖，由原告择一而诉”，这样的管辖条款原则上满足明确性要求。⑥

中国法院对管辖协议唯一性的处理与立法规定一致，也就是认可“原告在两个乃至多个与争议有实际联系地点的法院之间作出选择”的管辖条款原则上满足唯一性要求。如中山市食神网络科技有限公司与奥利系统有限公司合同纠纷上诉案中，法院认为：“由于本案双方当事人在《分销合同》中约定争议由内地及香港特别行政区法院非排他管辖，且内地与香港

---

① (2011)浙绍辖终字第82号。
② (2012)长中立民终字第1173号。
③ (2013)浙辖终字第43号。
④ (2005)民二终字第94号。类似案例还有(2011)长中立民终字第3210号，(2011)长中立民终字第1549号。
⑤ (2011)浙杭辖终字第319号。
⑥ 参见周翠：《协议管辖问题研究》，《中外法学》2014年第2期。

都与争议有实际联系，故……该协议管辖条款有效。”[①]又如上述“因本合同所生争议应当由合同签订地或原告住所地的法院替代性排他管辖，由原告择一而诉”的管辖约定有效也符合唯一性要求。

(五) 依据法律推定规则判断

中国国际私法学者主张，在当事人对管辖协议的排他性质约定不明确的情况下应推定管辖协议为排他性的。[②]有学者分析《最高人民法院关于适用〈中华人民共和国民事诉讼法〉的解释》第三十条似乎隐含着中国法律将协议管辖默认为排他性的。[③]虽然这种默认管辖协议具有排他性质的做法面临“没有合理的判断标准”的批判，[④]但其可以提升性质认定的确定性和可预见性。[⑤]中国个别法院将管辖协议推断为排他性管辖协议，如2010年渣打银行有限公司苏州分行与佘春泰金融借款合同纠纷上诉案中，法院认为：“当事人(对管辖协议的性质)未另作明确规定，应认定为排他性管辖协议。”[⑥]又如，徐某某与张某某股权转让纠纷再审案中，法院也默认约定不明确的管辖协议具有排他性质。[⑦]从中国《民事诉讼法》第三十四条的文意出发，我国当事人显然不能仅排除某一法院的管辖权，而是应当订立积极的合意管辖，但这样的合意却可与排除管辖结合使用。而且，从当事人约定的法院地点包括法定的管辖地如被告住所地、合同履行地(《民事诉讼法》

---

① (2004)粤高法民四终字第239号。

② 参见涂广建：《论2005海牙〈协议管辖公约〉：我国进退之抉择》，载《〈海牙选择法院协议公约〉与中国立法和司法实践研讨会会议资料集》，第24页；奚晓明：《论我国涉外民商事诉讼中的协议管辖条款的认定(下)》，《法律适用》2008年4月总第193期；王吉文：《2005年海牙〈选择法院协议公约〉研究》，东南大学出版社2008年版，第202页。

③ 参见涂广建：《论2005海牙〈协议管辖公约〉：我国进退之抉择》，载《〈海牙选择法院协议公约〉与中国立法和司法实践研讨会会议资料集》，第24页。

④ See Edwin Peel, “Exclusive Jurisdiction Agreement: Purity and Pragmatism in the Conflict of Laws”, [1998] LMCLQ 182.

⑤ 参见张利民：《非排他性管辖协议探析》，《政法论坛》2014年第5期。

⑥ (2010)苏商外终字第0052号。

⑦ (2015)民申字第471号。

第二十三条)，以及《最高人民法院关于适用〈中华人民共和国民事诉讼法〉的解释》第三十条等规定中可推知，立法者和最高人民法院甚至在一定程度上期待当事人订立“排他性管辖协议”。①

英国法院虽然不会明显地支持排他性管辖协议，但是会变相地予以支持，一些管辖协议性质尚不明确的案件显示法院会这样做。②

(六) 其他

对管辖条款性质的判断，可以结合合同中的法律选择条款来进行。管辖条款通常与法律选择条款同时存在，法律选择条款可以辅助证明当事人存在排他性或非排他性管辖协议的意图。③例如，中国最高人民法院在香港回丰有限公司与香港新中地产有限公司等融资合同纠纷上诉案和住友银行有限公司与新华房地产有限公司贷款合同纠纷管辖权异议案中都结合准据法条款认可了中国香港法院的非排他性管辖权。④不过法律选择条款只是判断管辖协议排他性质的一个考虑因素，其还要结合其他因素来分析。如在余立文案中法官指出，中国内地法律为合同准据法并不能表明选择中国内地法院管辖的条款具有排他性质。该案涉及公司股东的任命和股权分配，这些问题要受中国香港法律支配，由此判断管辖条款并没有给当事人施加只能在中国内地法院起诉的义务。⑤

合同订立的背景与历史也可以用于分析管辖协议的排他性质。在英国法院审理的索希奥供应公司诉 Gatoil(美国)公司案中，法官考虑到合同在熟悉商业交易过程的两个商人之间订立，因此认定管辖条款具有排他性

① 参见周翠:《协议管辖问题研究》,《中外法学》2014 年第 2 期;涂广建:《论 2005 海牙〈协议管辖公约〉:我国进退之抉择》,载《〈海牙选择法院协议公约〉与中国立法和司法实践研讨会会议资料集》,第 24 页。

②③ See James Fawcett, “Non-exclusive Jurisdiction Agreement in Private International Law”, [2001] LMCLQ 234.

④ (1999)经四终字第 317 号。(1999)经终字第 194 号。

⑤ [1998] HKLRD(Yrbk) 104.

效力。[1]当事人之间缔结的其他协议中的管辖条款可以用来解释争议的管辖条款的排他性质。[2]在中国香港法院审理的锡科创业有限公司案中，法官指出："由于抵押协议第二十三条约定的是非排他性管辖协议，因此贷款协议第8.14条无论独立解释还是结合抵押协议第二十三条解释，都为非排他性管辖协议。"[3]管辖协议之订约过程及历史资料，有助于推知当事人对管辖协议排他性效力的真实意图。一切订约过程中形成的资料，如草案、谈判记录、来往函电等，均是认定之参考。例如，原合同草案中有排除其他法院管辖之表述，后经一方提议，另一方同意，删除了该词句。这一情节表明，当事人删除了排他意思，不想赋予协议以排他效力，该事实支持非排他性的认定结论。通常，在管辖协议语义含糊时，为了解释留下的条款，需要考虑被删除的条款。关于订约资料之价值，应依时间远近予以评估。一般而言，与签订管辖协议越近的订约资料愈有参考价值，反之，则参考价值愈少。[4]

二、中国的法律规定和实践

中国《民事诉讼法》对协议管辖制度的规定没有区分排他性管辖协议和非排他性管辖协议。中国法院在司法实践中对国内和涉外管辖协议区别对待，国内案件中法院一般认定当事人之间的管辖协议具有排他效力，而涉外案件中法院对当事人之间管辖协议排他性效力的判断则视情况而不同。[5]这可能是因为对管辖协议排他性效力和非排他性效力的区分在涉

---

① [1989] 1 Lloyd's Rep.588 Official Transcript.

② See James Fawcett, "Non-exclusive Jurisdiction Agreement in Private International Law", [2001] LMCLQ 234.

③ HCA 3645/2003.

④ 参见张利民：《非排他性管辖协议探析》，《政法论坛》2014年第5期。

⑤ 参见周翠：《协议管辖问题研究》，载《中外法学》2014年第2期。

外案件中才有意义，在境内案件中并没有区分的必要。由于移送管辖规则的存在，不可能出现两个法院同时对同一案件行使管辖权而不能协调的情形，因此境内案件中非排他性管辖协议并没有实际意义。虽然中国最高人民法院司法解释性质的文件即《2005 年纪要》第十二条对境外非排他性管辖协议进行了规定，①但遗憾的是该规定仅仅提及了“非排他性”概念，并未涉及管辖协议性质与效力的判断问题。

与立法态度不同，中国法院在涉外审判实践中常常会对涉外管辖协议的性质进行判断和区分。中国法院首先依据中国法律对管辖协议进行解释，以此考察当事人的真实意图。②如果当事人真实合意无法确定，则法院的做法会比较混乱。③有的法院认定为排他性管辖协议，④有的法院则认定为非排他性管辖协议。⑤中国法院往往通过对协议文本进行解释乃至参照《海牙公约》来判断管辖协议属于排他性的还是非排他性的，⑥除此之外，法院也会适当运用其他判断标准(详见上文论述)。

中国国际私法学者主张，如果当事人对管辖协议的性质有明确约定的，以当事人双方的明确约定为准；双方没有明确约定的，视双方约定的管辖协议为排他性管辖协议。也就是原则上推定管辖协议具有排他性质，除非双方当事人在合同中明确规定管辖协议为非排他性的，这借鉴了《布鲁

① 《2005 年纪要》第十二条规定：涉外商事纠纷案件的当事人协议约定外国法院对其争议享有非排他性管辖权时，可以认定该协议并没有排除其他国家有管辖权法院的管辖权。如果一方当事人向我国法院提起诉讼，我国法院依照《中华人民共和国民事诉讼法》的有关规定对案件享有管辖权的，可以受理。

②③ See Guangjian Tu, Zeyu Huang, “People's Republic of China (PRC): Optional Choice of Court Agreements in the Vibrant Age”, in Mary Keyes (eds), *Optional Choice of Court Agreements in Private International Law*, Ius Comparatum-Global Studies in Comparative Law, vol 37. Springer, Cham, 2019, p.158, 159.

④ 徐某某诉张某某股权转让合同纠纷再审案，(2015)民申字第 471 号。亚成汽车配件有限公司诉汇丰控股有限公司股权转让合同纠纷案，(2006)锡民三初字第 23 号。

⑤ 智利南美轮船有限公司与轩辉国际物流有限公司合同纠纷上诉案，(2013) 浙辖终字第 142 号民事裁定书。

⑥ 参见周翠：《协议管辖问题研究》，载《中外法学》2014 年第 2 期。

塞尔条例Ⅰ》和《海牙公约》的做法。[①]

三、英国的法律规定和实践

国际私法权威学者莫里斯指出，如果协议受英国法支配，那么英国法的态度为，除非协议赋予一法院排他性管辖权，否则如果一法院在没有管辖协议的情况下也拥有管辖权，那么管辖协议被视为非排他性的。[②]英国《1982年民事管辖权及判决法案附件4》对协议管辖的规定为，法院对公约案件涉及的排他性问题依据公约条文进行判断，对英联邦内部案件依据普通法规则进行判断。[③]《1982年民事管辖权及判决法案附件4》与公约第十七条的规定不同，依据其条文，被选择法院的管辖权是非排他性的，被选择法院可以拒绝管辖，其他法院可以不尊重管辖协议并受理案件。[④]

英国的权威学者和诸多判例都接受如下观点，即管辖条款本身会指明争议受一国法院排他或非排他管辖，这种情况下管辖协议的性质是明确的。但管辖权条款是排他性还是非排他性，和当事人是否在合同中采用“排他性”或“非排他性”字样没有必然联系。也就是说，当事人使用排他性用语的管辖协议法院一般予以尊重，但有时候也不尊重；当事人没使用排他性用语的管辖协议也不一定不具有排他性效力，法院也可能将其认定为

---

① 参见奚晓明：《论我国涉外民商事诉讼中的协议管辖条款的认定（下）》，《法律适用》2008年4月总第193期；王吉文：《2005年海牙〈选择法院协议公约〉研究》，东南大学出版社2008年版，第202页；涂广建：《论2005海牙〈协议管辖公约〉：我国进退之抉择》，载《〈海牙选择法院协议公约〉与中国立法和司法实践研讨会会议资料集》，第24页。

② 即除非另有规定，否则默认管辖协议为非排他性的。See Dicey, Morris, Collins, *The conflict of laws*, 13th edn, London: Sweet & Maxwell, 2000, p.427.

③ 《1982年民事管辖权及判决法案附件4》，http://www.legislation.gov.uk/ukpga/1982/27/schedule/4，2019年12月20日。

④ See Dicey, Morris, Collins, *The conflict of laws*, 13th edn, London: Sweet & Maxwell, 2000, p.440.

排他性管辖协议。[①]在英国的判例法中，即使当事人在合同中写明所选择的法院享有排他性管辖权，也不代表法院的管辖权是排他性的。判断管辖协议排他性与否的标准是协议是否使原告有义务在双方约定的管辖法院起诉，即协议是否对原被告双方设置了强制性义务。[②]

结合英国的成文法和判例法规则可知，英国对管辖协议性质的认定标准为：管辖协议的性质与是否适用“排他性”或“非排他性”用语无关；协议对原被告双方设置了强制性义务的为排他性管辖协议，不符合此要求的为非排他性管辖协议；除非协议赋予一法院排他性管辖权否则默认管辖协议为非排他性的。不过由前文论述可知，英国实质上并不是很看重管辖协议性质的区分，管辖协议是排他性的还是非排他性的并不是影响其决定的关键因素，其更多关注管辖协议使当事人承担的义务，并依据当事人对义务的合意来决定是否中止诉讼。

四、“一带一路”沿线其他国家的法律规定及实践

对排他性管辖协议和非排他性管辖协议的区分，有的国家有此做法，有的国家尤其是近些年才允许协议管辖的国家并没有明确的成文法规或判例。如中国《2005 年纪要》才首次提及“非排他性管辖”，但并未在立法上进行区分，只是司法实践中会区分管辖协议是排他性的还是非排他性的。南非法律中没有“选择性管辖协议”(optional choice of court agreement)的概念，也不明确区分排他性管辖协议和非排他性管辖协议。[③]《布鲁塞尔条

① See James Fawcett, “Non-exclusive Jurisdiction Agreement in Private International Law”, [2001] LMCLQ 234.

② Sohio Supply Company v. Gatoil(USA) Inc. [1989] 1 Lloyd's Rep.588 Official Transcript.

③ See Elsabe Schoeman, “South Africa: Time for Reform”, in Mary Keyes(eds), *Optional Choice of Court Agreements in Private International Law*, Ius Comparatum-Global Studies in Comparative Law, vol 37. Springer, Cham, 2019, text to note 26.

例Ⅰ》推定管辖协议为排他性的，其或多或少影响了欧盟成员国国内法，如比利时2004年《国际私法》第六条和第七条只适用于排他性管辖协议，对非排他性管辖协议没有明确规定，但司法实践和学界都有非排他性管辖协议的概念；[①]捷克2012年《国际私法》的条文隐含了管辖协议为排他性的，未明确非排他性管辖协议的效力；[②]希腊国内法也推定管辖协议为排他性的，且对排他性管辖协议和非排他性管辖协议区别对待；[③]罗马尼亚国内法区分管辖协议的排他性和非排他性，但对非排他性管辖协议的规定不完善。[④]新加坡法律和土耳其法律不区分排他性管辖协议和非排他性管辖协议。[⑤]

管辖协议是否需要区分为排他性的和非排他性的，学界观点不一。布里格斯(Briggs)教授认为区分排他性管辖协议和非排他性管辖协议没有意义，因为有些管辖协议既不是排他的也不是非排他的。尤其是大多国家普遍对排他性管辖协议进行界定，并认为其他的管辖协议都是非排

---

① See Geert Van Calster, Michiel Poesen, "Belgium: Optional Choice of Court Agreements, Legal Uncertainty Despite a Modern Legal Framework", in Mary Keyes(eds), *Optional Choice of Court Agreements in Private International Law*, Ius Comparatum-Global Studies in Comparative Law, vol 37. Springer, Cham, 2019, p.92.

② See Naděžda Rozehnalová, Silvie Mahdalová, Lucie Zavadilová, "Czech Republic: The Treatment of Optional and Exclusive Choice of Court Agreements", in Mary Keyes(eds), *Optional Choice of Court Agreements in Private International Law*, Ius Comparatum-Global Studies in Comparative Law, vol 37. Springer, Cham, 2019, p.175.

③ 参见希腊《民事诉讼法典》第四十四条。

④ See Elena-Alina Oprea, "Romania: Interpretation and Effects of Optional Jurisdiction Agreements in International Disputes", in Mary Keyes(eds), *Optional Choice of Court Agreements in Private International Law*, Ius Comparatum-Global Studies in Comparative Law, vol 37. Springer, Cham, 2019, pp.285—324.

⑤ See Adeline Chong, "Singapore: A Mix of Traditional and New Rules", in Mary Keyes(eds), *Optional Choice of Court Agreements in Private International Law*, Ius Comparatum-Global Studies in Comparative Law, vol 37. Springer, Cham, 2019, p.328. See Zeynep Derya Tarman, Meltem Ece Oba, "Turkey: Optional Choice of Court Agreements", in Mary Keyes(eds), *Optional Choice of Court Agreements in Private International Law*, Ius Comparatum-Global Studies in Comparative Law, vol 37. Springer, Cham, 2019, pp.409—441.

他的，这导致很多管辖协议都被归类为非排他性的，①如简单的非排他性管辖协议（指定一国法院管辖，且其管辖权没有排他性）、混合性管辖协议（将法院管辖权与仲裁员或专家干预相结合）、多边管辖协议（指定2个或2个以上法院）、单边管辖协议（一方当事人有管辖选择权）。②与此相反，有学者认为排他性和非排他性管辖协议的区分具有重要意义，因为其对布鲁塞尔体系和《海牙公约》的规定非常重要，且上述两个机制发展了很多只适用于排他性管辖协议的特定规则。③笔者认为，虽然目前很多国家和地区对管辖协议的性质不作区分，但区分说应该是主流观点，也是国际发展趋势。

第三节　布鲁塞尔体系和《海牙公约》的规定及启示

布鲁塞尔体系和《海牙公约》接受管辖协议的排他性推定，两大机制的做法具有合理性价值，代表了国际主流发展趋势。《布鲁塞尔条例Ⅰ（重订）》规定了管辖权规则的层级，解决了平行诉讼问题，为《海牙公约》和其他国家（地区）提供了范本。

---

① See Mary Keyes, “Optional Choice of Court Agreements in Private International Law: General Report”, in Mary Keyes(eds), *Optional Choice of Court Agreements in Private International Law*, Ius Comparatum-Global Studies in Comparative Law, vol 37. Springer, Cham, 2019, p.13.

② See Elena-Alina Oprea, “Romania: Interpretation and Effects of Optional Jurisdiction Agreements in International Disputes”, in Mary Keyes(eds), *Optional Choice of Court Agreements in Private International Law*, Ius Comparatum-Global Studies in Comparative Law, vol 37. Springer, Cham, 2019, p.294.

③ See Mary Keyes, “Optional Choice of Court Agreements in Private International Law: General Report”, in Mary Keyes(eds), *Optional Choice of Court Agreements in Private International Law*, Ius Comparatum-Global Studies in Comparative Law, vol 37. Springer, Cham, 2019, p.46.

一、布鲁塞尔体系与《海牙公约》对管辖协议效力的规定

《布鲁塞尔条例Ⅰ(重订)》第二十五条第一款与《海牙公约》第三条第二款都认可管辖协议具有推定的排他性,这两款都规定:“除非当事人另有明示约定……管辖协议应被视为排他性的。”对于管辖协议的效力问题,《布鲁塞尔条例Ⅰ(重订)》第二十五条第一款规定:“……被选择的法院应当行使管辖权,除非依据被选择法院地法律该管辖协议实质上是无效的(that court or those courts shall have jurisdiction, unless the agreement is null and void as to its substantive validity under the law of that Member State)……”《布鲁塞尔条例Ⅰ(重订)》第三十一条第二款规定:“在不违反第二十六条应诉管辖的情形下,如果被当事人选择的缔约国法院受理案件,那么其他缔约国法院必须中止诉讼,除非被选择法院认为其不享有管辖协议所赋予的管辖权。(Without prejudice to Article 26, where a court of a Member State on which an agreement as referred to in Article 25 confers exclusive jurisdiction is seised, any court of another Member State shall stay the proceedings until such time as the court seised on the basis of the agreement declares that it has no jurisdiction under the agreement.)”由此可见,在布鲁塞尔体系下,除非依据被选法院地法管辖协议实质上无效,否则被选择法院必须管辖;除非当事人在非被选择法院应诉,否则非被选择法院必须中止诉讼。

《海牙公约》对管辖协议效力的态度与《布鲁塞尔条例Ⅰ(重订)》一致。《海牙公约》第五条第一款规定:“在一项排他性管辖协议中指定的某缔约国的一个或者多个法院对于该协议适用的争议有管辖权,除非根据该国法律该协议是无效的。”第五条第二款规定:“根据第一款享有管辖权的法院不应以争议应由另一国家的法院审理为由拒绝行使管辖权。”上述规定表

明被选择的法院必须行使管辖权，虽然第一款采用“有管辖权”这一表述，而不是“必须管辖”或者“应当管辖”，但这是为了表明被选择法院行使管辖权既是一种权利，也是一种义务，是为了保护当事人的合理愿望。①《海牙公约》第六条规定：“被选择法院以外的缔约国法院应当中止或者放弃排他性选择法院协议适用的诉讼程序，除非……”该规定表明非被选择的法院应当承担不行使管辖权的义务。也就是说，如果非被选择法院业已受理案件则其应该中止审理，如果非被选择法院尚未受理案件则其应该拒绝受理。需要强调的是，《海牙公约》第六条的“除非”文本中列举了非被选择法院行使管辖权的五种例外情形，这属于不受成员国国内法影响的、可以统一适用的规定，可以防止排他性管辖协议被滥用。

二、两大机制对平行诉讼冲突的处理

（一）《布鲁塞尔条例Ⅰ》的规定及问题

《布鲁塞尔条例Ⅰ》第二十三条规定，被选择法院有行使管辖权的义务，非被选择法院有放弃管辖权的义务，这表明尊重当事人意思自治是一般原则。②

然而依据《布鲁塞尔条例Ⅰ》第二十七条关于未决诉讼的规定可知，条例接受绝对的先受理机制，在先受理法院确定行使管辖权之前，后受理法

---

① 参见徐国建：《建立国际统一的管辖权判决承认与执行制度——海牙〈选择法院协议公约〉述评》，载《〈海牙选择法院协议公约〉与中国立法和司法实践研讨会会议资料集》，第7—9页。

② 该条原文为：“If the parties, one or more of whom is domiciled in a Member State, have agreed that a court or the courts of a Member State are to have jurisdiction to settle any disputes which have arisen or which may arise in connection with a particular legal relationship, that court or those courts shall have jurisdiction. Such jurisdiction shall be exclusive unless the parties have agreed otherwise...”

院(不论是否为被选择法院)必须中止诉讼。[①]

对于上述第二十三条的意思自治原则和第二十七条的未决诉讼原则哪个优先适用,《布鲁塞尔条例Ⅰ》并没有规定避免或者解决管辖冲突的方法。[②]

(二) 英国、欧盟案例及其引发的冲突

英国法院在1994年大陆银行(the Continental Bank)案中主张第二十三条规定的当事人意思自治原则优先,不需要咨询欧洲法院,[③]但这个做法遭到大量学者的批判。[④]

欧洲法院在2003年的加瑟案(Erich Gasser GmbH v. MISAT Srl)中则主张未决诉讼原则优先。[⑤]在加瑟案中,一方当事人在被选法院之外的法院起诉,这时管辖条款和未决诉讼规则产生冲突。欧洲法院认为先受理的非被选择的法院对排他性管辖条款适用性的判断会和被选择法院一样,因此第二十七条的未决诉讼规则优先适用。[⑥]从加瑟案的判决来看,欧洲法院严格遵守未决诉讼规则,并主张未决诉讼规则没有例外。但加瑟案引起很大的争议,很多学者也对其进行批判。[⑦]

---

① 该条原文为"1. Where proceedings involving the same cause of action and between the same parties are brought in the courts of different Member States, any court other than the court first seised shall of its own motion stay its proceedings until such time as the jurisdiction of the court first seised is established.

2. Where the jurisdiction of the court first seised is established, any court other than the court first seised shall decline jurisdiction in favour of that court."

② Louise Merrett, "The Enforcement of Jurisdiction Agreement within the Brussels Regime", 55 Int'l & Comp.L.Q. 315 2006.

③ [1994] 1 WLR 588.

④ See Dicey, Morris and Collins, *The conflict of laws*, 13th edn, London: Sweet & Maxwell, 2000, p.445.

⑤ C-116/02 Erich Gasser GmbH v. MISAT Srl [2003] ECR I-14693.

⑥ 但问题是,先受理的非被选择法院对排他管辖条款适用性的判断和被选择法院的判断不一定一致。See Louise Merrett, "The Enforcement of Jurisdiction Agreement within the Brussels Regime", 55 Int'l & Comp.L.Q. 315 2006.

⑦ See Jonas Steinle and Evan Vasiliades, "The Enforcement of Jurisdiction Agreement under the Brussels Ⅰ Regulation: Reconsidering the Principle of Party Autonomy", 6 J. Priv. Int'l L. 565 (2010).

意思自治原则优先和未决诉讼规则优先的对抗使得布鲁塞尔体系遭受批判，也促使欧盟完善这个体制。欧洲法院对未决诉讼规则的严格立场之所以受到批判，是因为这种做法会引发实践难题。①

加瑟案的判决给管辖协议带来的难题有：第一是被选择法院的管辖权被减损。按加瑟案的判决，欧盟成员国法院平等和相互信任是《布鲁塞尔条例Ⅰ》存在的基础，后受理法院在任何情形下都不能优于先受理法院受理案件，也无权决定先受理法院是否有管辖权。如果被选择法院后受理案件，那么其管辖权将被极大减损。第二是管辖协议的效力变得不确定。按加瑟案的判决，先受理法院有权自己决定管辖协议的效力问题，即便其决定与被选择法院的决定不同，这会剥夺被选择法院本应享有的权力，并导致管辖协议效力的不确定性。由于《布鲁塞尔条例Ⅰ》并未规定管辖协议的准据法，管辖协议的效力依据各国国内法解决，因此有的国家适用法院地法，有的国家适用合同准据法，这加剧了管辖协议效力的不确定性。第三是鱼雷诉讼问题。如果第二十七条规定的未决诉讼规则具有优先于当事人意思自治的效力，那么当事人会挑选到对自己有利的法院抢先起诉。其实在加瑟案之前，当事人违反管辖协议去其他缔约国法院起诉的情形就有发生，有人认为英国等普通法系国家的反诉禁令可以救济。②但 2004 年特纳案(Turner v. Grovit)的判决表明，反诉禁令干涉外国法院管辖权，不能作为有效救济。③因此，可以说在布鲁塞尔体系下，对于当事人违反管辖协议导致平行诉讼发生时，不但体制之内没有救济，而且成员国的国内程序法救济也被禁止。

---

①② See Jonas Steinle and Evan Vasiliades, "The Enforcement of Jurisdiction Agreement under the Brussels Ⅰ Regulation: Reconsidering the Principle of Party Autonomy", 6 J. Priv. Int'l L. 565(2010).

③ Case C-159/02 Turner v. Grovit [2004] ECR I-3565.

从欧洲法院在加瑟(Gasser)案和特纳(Turner)案中的态度来看,意思自治原则在管辖协议和未决诉讼规则的交织中被忽视。《布鲁塞尔条例Ⅰ》中管辖条款执行的不确定性可能会严重损害欧盟的目标。由于条例没有规定控制或者解决管辖冲突的方法,为了促进司法公正、确保程序经济、保障当事人意思自治,有必要提升管辖条款这一重要的程序工具的地位并加强其作用。①

(三)《布鲁塞尔条例Ⅰ(重订)》的规定及分析

1.《布鲁塞尔条例Ⅰ(重订)》的规定及意义

欧盟委员会 2009 年发布的关于审查《布鲁塞尔条例Ⅰ》的绿皮书(Green Paper),②以及 2010 年发布的关于《布鲁塞尔条例Ⅰ》的提案(Commission Proposal)都主张协议管辖规则优先于未决诉讼规则。③之后通过的 2012 年《布鲁塞尔条例Ⅰ(重订)》第二十九条即采纳了这种做法,规定了先受理法院原则,但同时规定排他性管辖协议是先受理法院原则的例外。该条规定:"在不违反第三十一条第二款规定的情形下,相同当事人间就同一诉因在不同缔约国法院起诉时,先受理法院以外的其他法院在先受理法院决定行使管辖权之前,应中止诉讼。"其中第三十一条第二款规定:"在不违反第二十六条(应诉管辖)的情形下,当事人协议选择的法院受理

---

① See Jonas Steinle and Evan Vasiliades, "The Enforcement of Jurisdiction Agreement under the Brussels Ⅰ Regulation: Reconsidering the Principle of Party Autonomy", 6 J. Priv. Int'l L. 565 (2010).

② Green Paper on the review of Council Regulation(EC) No 44/2001 on jurisdiction and the recognition and enforcement of judgments in civil and commercial matters, COM(2009) 175 final.绿皮书建议平行诉讼发生时,如果其中一个法院是被选择法院,那么这个法院有权决定管辖协议的效力,其他法院必须中止诉讼,即便其为先受理法院。

③ Proposal for a Regulation of the European Parliament and of the Council on jurisdiction and the recognition and enforcement of judgments in civil and commercial matters of 14. 12. 2010, COM (2010) 748 final.欧盟委员会提案第三十二条第二款规定:"除了本章第三、四、五部分的规定外,依据第二十三条管辖协议赋予排他管辖权的成员国法院决定拒绝管辖之前,其他成员国法院不得管辖。"

案件的，任何其他法院都应该中止诉讼，直到被选择法院决定其没有管辖权。”

《布鲁塞尔条例Ⅰ(重订)》的规定有重要意义：第一，赋予被选择法院优先权能充分尊重当事人的意思自治。当事人协商一致赋予被选择法院管辖权，即赋予被选择法院在对管辖协议效力作出判断之前排除其他法院管辖的权力。虽然管辖条款不一定是有效的，但出于尊重当事人意志和鼓励诉讼效率之考量，除非被选择法院判决管辖协议无效，否则假定管辖协议是有效的。第二，赋予被选择法院优先权使得中止诉讼的义务由先受理法院承担，这可以支持被选择法院的管辖权而不是先受理法院的管辖权，确保案件只在一个法院被诉。非被选择法院不能受理案件可以直接、有效地解决管辖冲突，这符合《布鲁塞尔条例Ⅰ》避免平行诉讼的目标追求。①

2.《布鲁塞尔条例Ⅰ(重订)》中管辖权规则的层级

结合《布鲁塞尔条例Ⅰ(重订)》第二十六条(应诉管辖)、第二十九条(未决诉讼)、第三十一条第二款(协议管辖与应诉管辖、未决诉讼的关系)的规定可知，《布鲁塞尔条例Ⅰ(重订)》中管辖权规则的层级为：

第一，如果被告先在被选择法院起诉，那么被选择法院决定管辖协议的效力，不论之后有两个、三个甚至更多的受理法院。当被选择法院认为管辖协议有效时，其他法院必须中止诉讼；当被选择法院决定认为管辖协议无效时，一般的未决诉讼规则适用，案件由最先受理的法院管辖。被选择法院在认定管辖协议无效后不能以其他管辖依据为由行使管辖权。这

① See Jonas Steinle and Evan Vasiliades, “The Enforcement of Jurisdiction Agreement under the Brussels Ⅰ Regulation: Reconsidering the Principle of Party Autonomy”, 6 J. Priv. Int'l L. 565 (2010).

种情况下第二十九条赋予先受理法院优先的管辖权，后受理法院在先受理法院管辖权确立前应该中止诉讼。①

第二，如果被告先在未被选择的其他缔约国法院起诉，之后才在被选择法院起诉，则受理法院不得不决定管辖协议的效力。由于《布鲁塞尔条例Ⅰ(重订)》并未禁止未被选择法院判断管辖协议的效力，因此有以下两种可能：一是被选法院先决定；二是先受理的未被选法院先决定。

如果是第一种可能，则被选择法院被赋予了优先权。虽然这种观点有支持者，但也存在反对观点，即：

一方面，主张不受管辖协议约束的当事人必须首先在被选择法院证明其不受约束，且不能首先在其他有管辖权的法院起诉，如合同义务履行地法院。这无疑是不合理的。

另一方面，相互信任原则已经在欧洲法院的判决中得到广泛运用。如果这个原则在所有成员国适用，那么任何一个缔约国法院作出管辖协议无效的决定后，其他缔约国法院都必须遵守。但是欧盟委员会对不同成员国司法体制的报告表明，各个国家和地区诉讼程序长短不同，公众对遏制司法腐败的信心也不同，因此以相互信任原则为由主张被选择法院有决定管辖协议效力的优先权是令人怀疑的。被选择法院对管辖协议效力的裁决不一定能被其他非被选择法院接受和遵守。

如果是第二种可能，即先受理的未被选法院先决定管辖协议的效力赋予未被选择法院决定是否存在有效的管辖协议的机会。被选择法院并未被赋予决定自己管辖权的绝对权利，因为虽然其为被选择法院，但其并未先受理案件。

---

① See MÓNICA HERRANZ BALLESTEROS, “The Regime of Party Autonomy in the Brussels Ⅰ Recast: The Solutions Adopted for Agreement on Jurisdiction”, 10 J. Priv. Int'l L. 291(2014).

因此，对《布鲁塞尔条例Ⅰ(重订)》的正确理解应该为，如果被告没有首先在被选择法院起诉，那么先受理法院将不得不决定管辖协议的有效性问题，这意味着被选法院并不是在所有案件中都享有决定管辖协议效力的优先权。当然，被告在未被选择法院应诉时适用第二十六条的应诉管辖规则而不是这里的规则。①

第三，由《布鲁塞尔条例Ⅰ(重订)》第二十四条和第三十二条第二款的规定可知，在布鲁塞尔体系下，虽然协议管辖优先于未决诉讼规则，但从效力层级上讲，协议管辖却在排他管辖、应诉管辖之后。依据现行规则，非被选择法院受理案件后，如果被告出现在受理法院境内，那么在其第一次抗辩之前或至少同时，必须对管辖权提出抗辩，否则可能会被视为应诉管辖而使管辖协议无法发挥作用。②

第四，管辖协议优先于未决诉讼规则仅仅针对的是排他性管辖协议，非排他性管辖协议并不适用，也就是排他性管辖协议优先于未决诉讼规则，而非排他性管辖协议则要遵守未决诉讼规则。③

3.《布鲁塞尔条例Ⅰ(重订)》的不足及完善

《布鲁塞尔条例Ⅰ(重订)》的规定虽然解决了管辖协议与未决诉讼的关系，但并未对被选择法院的管辖权予以限制。如果被告在被选择法院起诉，则被选择法院被赋予绝对的权力，即便另一方当事人存在拖延诉讼或者恶意诉讼的情形，当事人也没有被救济的机会。

为此欧盟委员会曾建议对被选择法院的审理期限进行限制，即“六个月”规则。有学者认为审查管辖协议是否存在的程序成本较大，尤其是依

① See MÓNICA HERRANZ BALLESTEROS, “The Regime of Party Autonomy in the Brussels Ⅰ Recast: The Solutions Adopted for Agreement on Jurisdiction”, 10 J. Priv. Int'l L. 291(2014).

②③ See Tena Ratkovic and Dora ZgrabljicRotar, “Choice-of-Court Agreements under the Brussels Ⅰ Regulation(Recast)”, 9 J. Priv. Int'l L. 245(2012).

据国际贸易惯例或者习惯证明形式有效性问题，因此需要设置“六个月”规则加以限制。但是也有一些学者认为，设置截止期的规则并不合理，因为不同的案件需要不同的审理期限，不同国家的诉讼程序也各不相同。尽管如此，对涉及管辖协议的平行诉讼案件适用时间规则还是合理的，因为“六个月”规则只用来决定管辖协议的存在问题，并且欧盟成员国依据欧盟法律在其他程序事项中已经有成功适用时间规则的先例。[①]新的时间规则只适用于两个法院同时受理的、管辖协议案件中的管辖权问题，其他规则都保持不变。具体操作方法为，成员国国内法院对这类问题给予优先权，适用现有程序中最迅速的程序。对管辖权问题的审理程序施加时间限制利于尊重当事人意思自治，这也是《布鲁塞尔条例Ⅰ(重订)》序言中追求的价值目标。遗憾的是，《布鲁塞尔条例Ⅰ(重订)》并没有采纳“六个月”规则。[②]

(四)《海牙公约》的规定及分析

《海牙公约》第五条和第六条分别规定被选择法院必须行使管辖权、未被选择法院必须中止或者放弃管辖权，这体现了《海牙公约》承认被选择法院的管辖权具有绝对的优先性、不允许平行诉讼的态度。虽然公约没有类似《布鲁塞尔条例Ⅰ(重订)》第二十九条那样明确的条文对未决诉讼予以规范，但其不允许平行诉讼的态度是明显的。

需要注意的是，与《布鲁塞尔条例Ⅰ(重订)》不同，《海牙公约》第六条规定了非被选择法院拒绝中止诉讼或者放弃排他性管辖协议适用的五种情形，这对被选择法院的管辖权构成限制，使得当事人享有抗辩的权利和

① 欧盟成员国间在相互交互证据问题上接受时间规则。See E Ivanova, “Choice of Court Clauses and Lis Pendens under Brussels Ⅰ Regulation” 27 Merkourios Utrecht Journal for International and European Law 12(2010).转引自 Tena Ratkovic and Dora ZgrabljicRotar, “Choice-of-Court Agreements under the Brussels Ⅰ Regulation(Recast)”, 9 J. Priv. Int'l L. 245(2012)。

② See Tena Ratkovic and Dora ZgrabljicRotar, “Choice-of-Court Agreements under the Brussels Ⅰ Regulation(Recast)”, 9 J. Priv. Int'l L. 245(2012).

被救济的机会。上述五种情形包括：协议无效、当事人缺乏缔约能力、承认协议有效将导致明显的不公正或者明显违反受理案件法院所在地国家的公共政策、协议不能合理得到履行、被选择法院决定不再受理案件。上述情形没有剥夺未被选择法院决定管辖协议效力、当事人缔约能力的机会，只是免除了未被选择法院应该承担的尊重管辖协议并中止诉讼的义务。当出现上述情形时，不论非被选择法院是先受理法院还是后受理法院，其都可以不尊重当事人之间的排他性管辖协议，拒绝中止诉讼并行使管辖权。这样做既可以限制被选择法院的管辖权，又可以避免平行诉讼的发生。与《布鲁塞尔条例Ⅰ(重订)》相比，《海牙公约》第六条的例外规定体现了其进步之处。

(五)《布鲁塞尔条例Ⅰ(重订)》和《海牙公约》的融合

《布鲁塞尔条例Ⅰ(重订)》赋予被选择法院优先权不应该是绝对的，先受理法院尊重被选择法院的管辖权并中止诉讼应该有例外情形，唯此才可以防止被选择法院优先权的滥用。《海牙公约》和《布鲁塞尔条例Ⅰ(重订)》有共同的目标，即通过统一管辖权及判决承认与执行规则努力提升国际贸易和投资，鉴于此许多人主张将《布鲁塞尔条例Ⅰ(重订)》与《海牙公约》规则靠近。《海德堡报告》建议“无论欧盟是否加入(海牙)公约，公约条款都可以用来作为条例的参考”。事实上《海牙公约》是《布鲁塞尔条例Ⅰ(重订)》的重要来源，《布鲁塞尔条例Ⅰ(重订)》中有关管辖协议的规定与《海牙公约》是一致的，这无疑利于欧盟批准公约。①从两大机制的目标、渊源关系及共同发展情况来看，《布鲁塞尔条例Ⅰ(重订)》借鉴《海牙公约》的规定对被选择法院的管辖权进行限制是合理的，也是可行的。与此同时，

① See Tena Ratkovic and Dora ZgrabljicRotar, “Choice-of-Court Agreements under the Brussels Ⅰ Regulation(Recast)”, 9 J. Priv. Int'l L. 245(2012).

《海牙公约》也应该借鉴《布鲁塞尔条例Ⅰ(重订)》的做法,确立管辖权规则的层级,在排他性管辖协议优先的前提下引入未决诉讼规则,这有助于完善《海牙公约》的规定,吸引更多的国家和地区加入《海牙公约》。

第四节　"一带一路"倡议下排他性/非排他性管辖协议的效力

排他性管辖协议既有积极效力也有消极效力,非排他性管辖协议只有积极效力而无消极效力。排他性管辖协议中,当事人承担只能在被选择法院起诉的义务,被选择法院可能依据其国内法的规定原本就对争议具有管辖权,也可能依据其国内法对争议没有管辖权。而非排他管辖协议只是在原有管辖依据的基础上强调或者增加一个管辖连接点,被选择法院可以取得管辖权,但并不排除其他国家法院的管辖权。

协议管辖关涉当事人意思自治这一私权利和法院的管辖权这一公权力,法院对管辖协议的态度体现了其对当事人意志的尊重程度。[①]对排他性/非排他性管辖协议的效力是否应该予以尊重,各个国家和地区态度与做法不同。本节分别考察中国及"一带一路"沿线大陆法系、普通法系、混合法系国家和地区的态度与做法,试图促进"一带一路"建设中跨境民商事管辖争议的解决。

一、中国的态度与做法

在考察排他性/非排他性管辖协议的效力之前,有一个问题需要明确,即法院对选择本地法院管辖的协议和选择外地法院管辖的协议态度是不

① See Edwin Peel, "Exclusive Jurisdiction Agreement: Purity and Pragmatism in the Conflict of Laws", [1998] LMCLQ 182.

一样的。

在中国，法官在司法实践中大多接受这样一种观点，即选择本地法院管辖的协议具有绝对的赋权效力，中国法院一定会行使管辖权。[①]笔者认为中国法院对选择本地法院管辖的协议持绝对认可立场可能有三个潜在的原因：

第一，最高人民法院发布的《全国沿海地区涉外涉港澳经济审判工作座谈会纪要》第三部分第(一)个问题“1.管辖权问题”中规定：“对于发生在境外的我国法院没有管辖权的经济纠纷案件，除涉及不动产物权的纠纷外，只要双方当事人有书面协议，约定到中国法院进行诉讼的，我国人民法院依据当事人提交的书面协议，取得对该项诉讼的管辖权。”虽然上述《纪要》是1989年发布的，但目前仍然有效。由该条规定可知，即便案件与中国没有实际联系，只要当事人书面协议由中国法院管辖，中国法院也认可其效力。这反映了中国法院对选择本国法院管辖协议积极的态度和立场。

第二，依据《2005年纪要》第十一条的规定，当事人之间存在选择我国法院管辖的协议时，法院不能适用不方便法院原则驳回起诉。这表明，对于当事人选择我国法院管辖的案件，即便其他国家法院审理案件更为方便，我国法院也必须行使管辖权，不能驳回起诉。

第三，虽然目前尚未搜索到选择本地法院管辖协议的案件，但这至少可以证明这类案件比较少。这在某种程度上表明，实践中选择中国法院管辖的当事人很少对中国法院的管辖权提出异议，也隐含了中国法院对选择本地法院管辖的协议持强烈支持立场。

由此可以推断，对选择中国法院管辖的协议，只要符合书面形式要求，

---

① See Tang, Zheng Sophia, “Effectiveness of Exclusive Jurisdiction Clauses in the Chinese Courts-A Pragmatic Study”, 61 Int'l & Comp.L.Q. 459(2012).

中国法院通常视为有效并对案件行使管辖权。相比之下，中国法院对选择外国法院管辖的协议，则视具体情况而作不同处理。

(一) 排他性管辖协议

1. 选择本地法院排他性管辖协议

除了最高人民法院发布的《全国沿海地区涉外涉港澳经济审判工作座谈会纪要》和《2005 年纪要》外，中国并无其他法律文件规范选择本地法院管辖的协议，更未区分选择本地法院排他性管辖与非排他性管辖的协议。本书目前尚未搜索到选择本地法院排他性管辖的协议的案件，但从上文分析的三个理由可知，中国法院对选择本地法院排他性管辖的协议的案件应该会行使管辖权。

2. 选择外国(境外)法院排他性管辖协议

中国法律对选择外国(境外)法院排他性管辖的协议没有专门规定，本部分结合大量案例进行实证研究。

对于排他性管辖协议，中国法院尊重当事人的选择，认可排他性管辖协议的积极效力和消极效力。约定某法院排他性管辖的当事人只能在约定法院诉讼，约定外的法院不能受理当事人的诉讼。[①]如渡边淳一诉文化艺术出版社等侵犯著作人身权、财产权纠纷案中，原告渡边淳一与被告文化艺术出版社等就小说集《香囊》一书的出版许可等事宜产生纠纷，法院以合同中约定应提交日本东京地方法院排他管辖为由，认定中国法院并不具有管辖权，从而驳回了原告的起诉。[②]又如赖某诉荷兰银行公司(ABN AMRO Bank N.V.)财产损害赔偿纠纷上诉案中，法院认为，“上述约定系双方当事

① 参见张淑钿:《中国内地与中国香港区际民商事管辖权冲突问题研究》，华东政法大学 2007 年博士学位论文。

② (2008)沪一中民五(知)初字第 210 号。

人的真实意思表示，合法有效，并具有明显的排他性。解析上述协议管辖之文义，双方无论发生合同纠纷还是侵权之诉均无法脱离该协议之管辖约定，因此，在两上诉人与荷兰银行有限公司就适用法律和司法管辖权有明确约定的情况下，双方一旦发生争议就应当提交约定的中国香港特别行政区法院管辖”。①其他案件如银森轮船有限公司诉华侨银行厦门分行租船合同运费担保案、温州市轻工工艺品对外贸易公司诉法国达飞轮船有限公司海上货物运输合同纠纷案、亚成汽车配件有限公司诉汇丰控股有限公司股权转让合同纠纷案、徐某某诉张某某股权转让合同纠纷再审案中，法院在将管辖协议认定为排他性管辖协议之后，都尊重了管辖协议的积极效力和消极效力，认可当事人的管辖约定并放弃行使管辖权。②

不过，中国法院认可排他性管辖协议的效力时有两个例外，第一个例外是排他性管辖协议违反中国强制性规定如实际联系要求的，法院拒绝承认其排他性效力。中国各级各地法院都会遵守强制性规则例外。如郑某某诉威富物流有限公司海上货物运输合同货物交付纠纷案中广州海事法院以当事人选择的境外法院与案件没有实际联系为由否定了排他性管辖协议的效力。③第二个例外是境外法院对排他性管辖协议案件的判决不能被中国法院承认与执行的，中国法院不认可管辖协议的排他性效力，当事人需要在中国法院重新起诉。④中国法律规定中国法院承认与执行境外法院判决的理由只有两个，即依据境外条约或互惠原则。⑤其中互惠原则要求存在事实上的互惠，意思是说，即便依据境外法律中国的判决能在该国(地

① (2010)沪高民五(商)终字第49号。

② (1994)闽经终字第158号。【法宝引证码】CLI.C.21767。(2006)锡民三初字第23号。(2015)民申字第471号。

③ (2005)广海法初字第267号。

④ 判决能否得到承认与执行问题也是中国内地法院决定是否尊重当事人非排他管辖协议的考虑因素之一。

⑤ 参见《民事诉讼法》第二百八十二条。

区)获得承认与执行,但如果两者之间没有适用互惠原则的先例,中国法院也不会承认与执行该国(地区)法院的判决。当事人请求中国法院承认与执行境外判决没有条约或者互惠原则依据的,只能在中国法院重新起诉。①如对温州市轻工工艺品对外贸易公司诉法国达飞轮船有限公司海上货物运输合同纠纷案,厦门海事法院的法官评论道,“并不是有了(排他性)管辖协议,我国法院就必然放弃管辖权,法官还需依公平合理及对等原则(即互惠原则)进行裁量”。②又如日本管材中心株式会社与北京庄胜房地产开发有限公司买卖合同纠纷上诉案中,当事人选择中国香港法院排他性管辖,法院指出,“由于当时中国内地法院与中国香港特别行政区尚无司法协助,中国香港法院作出的判决无法在中国内地执行……故(中国内地)一审法院对本案具有管辖权”。③很明显,在这类案件中,如果法院以存在境外排他性管辖协议为由拒绝管辖,那么当事人即便在境外法院胜诉,胜诉判决也不能被中国法院承认与执行,其救济权利实际上已经被剥夺了。

尽管如此,以外国判决承认与执行存在障碍为由否认外国法院排他性管辖协议效力的做法也会带来不合理的结果和程序困境。第一,原告胜诉后才存在判决承认与执行问题,原告能否胜诉应在审判阶段解决,而不是在先决程序中解决。判决结果不应成为法院决定是否行使管辖权时考虑的因素。第二,这个做法促使当事人在中国起诉,只要被告财产所在地在中国。④可能基于上述原因,中国有些法院拒绝接受上述例外,如渡边淳一诉文化艺术出版社等侵犯著作人身权、财产权纠纷案中,⑤当事人协议选择

①④ See Tang, Zheng Sophia, “Effectiveness of Exclusive Jurisdiction Clauses in the Chinese Courts-A Pragmatic Study”, 61 Int'l & Comp.L.Q. 459(2012).

② 参见北大法宝网,【法宝引证码】CLI.C.21767。

③ (2008)高民终字第919号。当然在《内港判决安排》生效后再有类似案件,中国内地法院就不能否认中国香港法院排他性管辖条款的效力了。类似案例还有俄罗斯国家交响乐团、阿特蒙特有限责任公司申请承认英国高等法院判决案(也称RNO案),(2004)二中民特字第928号。

⑤ (2008)沪一中民五(知)初字第210号。

日本法院排他管辖，原告知晓中国法院拒绝承认与执行日本法院判决的先例，加之依据 1992 年《最高人民法院关于适用〈中华人民共和国民事诉讼法〉若干问题的意见》第三百一十八条的规定，①原告认识到即便其在日本胜诉，判决也不能在中国获得承认与执行，其在承认与执行阶段需要在中国法院重新起诉，因此原告在中国法院起诉。然而中国法院判决“根据合同中的协议管辖条款，人民法院对本案并不具有管辖权。”虽然中国法院对判决承认与执行例外的态度不统一，但不可否认的是涉外管辖权问题要结合判决承认与执行问题综合考虑，否则法院的管辖权即失去实际意义，当事人实体权利的保护也沦为无源之水、无本之木。

（二）非排他性管辖协议

1. 选择本地法院非排他性管辖协议

与选择本地法院排他性管辖协议一样，中国法院对选择本地法院非排他性管辖协议案件应该行使管辖权，不会基于不方便法院原则拒绝管辖，不会支持此类案件中当事人提出的管辖权异议。因此可以说，中国法院赋予选择本地法院非排他性管辖协议很强的效力，一旦当事人依据管辖协议在中国法院启动诉讼程序，该协议即被视为选择中国法院的排他性管辖协议。②

2. 选择外国（境外）法院非排他性管辖协议

（1）中国法院案例

最高人民法院《2005 年纪要》第十二条规定选择外国（境外）法院非

---

① 《最高人民法院关于适用〈中华人民共和国民事诉讼法〉若干问题的意见》（已失效）第三百一十八条规定：“当事人向中华人民共和国有管辖权的中级人民法院申请承认和执行外国法院作出的发生法律效力的判决、裁定的，如果该法院所在国与中华人民共和国没有缔结或者共同参加国际条约，也没有互惠关系的，当事人可以向人民法院起诉，由有管辖权的人民法院作出判决，予以执行。”

② Zheng Sophia Tang, Yongping Xiao and Zhengxin Huo, *Conflict of Laws in the People's Republic of China*, England: Edward Elgar, 2016, p.72.

排他性管辖协议并未排除中国法院的管辖权，除此之外中国法律无其他规定。实践中中国法院对选择境外法院非排他管辖协议的态度也不统一。

有的案件中中国内地法院不认可当事人对中国香港法院非排他性的管辖选择，并依法行使管辖权。如中安置业有限公司与招商银行等借款、担保合同纠纷案中，最高人民法院认为："从当事人管辖条款的约定内容看，中国香港法院拥有的是'非排他管辖权'，当事人选择管辖的法院并非唯一，不应排斥其他有管辖权的法院对案件行使管辖权。因此，当一方当事人在拥有'非排他管辖权'的法院之外的中国内地人民法院提起诉讼时，应依照我国民事诉讼法的有关规定进行审查，并确定相关中国内地人民法院是否对纠纷拥有管辖权……根据《中华人民共和国民事诉讼法》第二百四十三条之规定，原审法院作为借款合同履行地法院对本案纠纷拥有管辖权。"[①]中国香港上海汇丰银行有限公司(英文名称：The Hong kong and Shang hai Banking Corporation Limited)诉雄晖企业有限公司[英文名称：L&CLighting(H)]等借款合同纠纷案中，广东省深圳市中级人民法院也认为中国香港法院非排他性管辖协议并未排除中国内地法院的管辖权，并依据被告住所地(三个被告中的两个被告)在中国内地且在中国内地有可供扣押的财产行使了管辖权。广东省高级人民法院认可了一审法院的裁定。[②]又如郭叶律师行诉厦门华祥影音公司代理合同纠纷管辖权异议案中，厦门市中级人民法院认为"双方当事人在合同上约定了适用中国香港法律并由中国香港法院行使非排他性的管辖权，中国香港法院当然也有权管辖……若由中国香港法院审理本案，一旦判决华洋彩印公司承担义务，由

① (2001)民四终字第1号。
② (2011)深中法民四初字第111号，(2011)粤高法立民终字第280号。

于华洋彩印公司的住所和财产均在中国内地，当事人只有在中国内地重新诉讼才有可能使生效判决得到执行。为避免当事人重复诉讼，及时有效地保障当事人的合法权益，本案由厦门市中级人民法院审理最为合适”。①再如国华商业银行中国香港分行与汕头宏业（集团）股份有限公司等担保合同纠纷案中当事人约定中国香港法院非排他管辖，一审中广东省高级人民法院认为，“依照本案当事人的约定和方便诉讼的原则……由中国香港特别行政区的法院管辖更为适宜”。一审法院考虑的方便诉讼因素包括当事人选择主合同准据法为中国香港的法律且选择中国香港法院非排他管辖、主合同的签订地和履行地均在中国香港、中国香港的诉讼程序已经开始。二审中最高人民法院则主张：“宏业公司和新业公司均为中国内地公司，其财产也在中国内地，中国内地法院受理本案更便于案件的审理和执行。”②

有的案件中中国内地法院则认可当事人对中国香港法院非排他性的管辖选择，裁定驳回起诉。如中国香港回丰有限公司与中国香港新中地产有限公司等融资合同纠纷上诉案中，一审中广东省高级人民法院不认可当事人对中国香港法院的非排他性管辖选择，并依据被扣押财产所在地在中国内地行使管辖权。而二审中最高人民法院则认为：“该纠纷的处理应适用中国香港特别行政区的法律。鉴于该契约的双方当事人均是在中国香港特别行政区注册登记的公司，而且又约定了接受中国香港法院的非排他管辖，因此，依照双方当事人的约定和方便诉讼的原则，新中地产公司与回丰公司之间的融资合同纠纷，应当由中国香港特别行政区的法院管辖。”③

① 《中华人民共和国最高人民法院公报》2004年第七期，第32—34页。
② (2000)粤法经二初字第5号，(2000)经终字第177号。
③ (1998)粤法经二初字第14号，(1999)经四终字第317号。

又如住友银行有限公司与新华房地产有限公司贷款合同纠纷管辖权异议案中,当事人约定,“为了贷款人的利益,借款人不可撤销地同意,中国香港法院享有处理因本协议而产生的或与本协议有关的任何纠纷的非排他管辖权”。一审中广东省高级人民法院不认可当事人对中国香港法院的非排他性管辖选择,并依据被扣押财产所在地在中国内地行使管辖权。而二审中最高人民法院则认为:“由于本案双方当事人均系在中国香港注册登记成立的法人,该融资贷款协议的签订地、履行地均在中国香港,当事人又选择中国香港法作为融资贷款协议的准据法,从方便诉讼的原则考虑,本案由中国香港特别行政区法院管辖更为适宜,广东省高级人民法院不宜受理本案。”①上述两个案件中,一审法院都以被扣押财产所在地在中国内地为由行使管辖权,二审法院都予以推翻,并以尊重当事人约定、方便诉讼为由拒绝受理案件。本书认为,二审法院提出方便诉讼理由的潜在前提为除了被扣押财产所在地外中国内地法院对案件没有其他管辖依据,或者说中国内地法院在没有充分的法定管辖依据的情况下不得已才以方便诉讼为由裁定案件由被选择法院管辖更为适宜。

通过分析上述案件可以发现,对于中国香港法院非排他性管辖协议,中国内地法院不认可当事人的管辖选择,并以存在法定管辖依据为由行使管辖权的理由有:当事人的选择不唯一,未排除其他有管辖权的法院的管辖权(实质为非排他性管辖协议没有排除效力);境外法院的判决在中国内地无法获得认可与执行;中国内地法院审理案件更为方便、适当。中国内地法院认可当事人非排他性的管辖选择,裁定驳回起诉的理由为尊重当事人约定(实质为非排他性管辖协议的赋权效力)和方便法院因素考量(这个

① (1998)粤法经二初字第3号,(1999)经终字第194号。

考量是否应该在中国内地法院没有充分管辖依据的前提下适用，下文将详细论述）。上述理由中，中国内地法院对方便法院的判断比较模糊，没有统一标准。要明确方便法院的判断标准，首先需要分析中国对不方便法院原则的运用及其存在的问题。

（2）中国的不方便法院原则

协议管辖案件中当事人提出管辖异议时，中国法院适用不方便法院原则的文件依据为《2005年纪要》以及2015年新颁布实施的《最高人民法院关于适用〈中华人民共和国民事诉讼法〉的解释》，法院在适用不方便法院原则决定是否认可管辖协议的效力时，最关键的考量因素是案件主要事实发生地。

① 司法解释分析

从性质和效力位阶来分析，《2005年纪要》只是一次重要会议记录的通知。根据《最高人民法院关于司法解释工作的规定》第五、六条的规定，这种通知并不属于司法解释范畴，因此它似乎不应当具有法律约束力。然而，作为司法解释性质的文件，该通知的效力可以说处于中间地带，具有示范效应，可以为各级人民法院的审判活动提供权威的指导。[①]本书通过分析《2005年纪要》和2015年《最高人民法院关于适用〈中华人民共和国民事诉讼法〉的解释》的规定来探究司法解释性文件对不方便法院原则的态度。

《2005年纪要》第十一条规定：

我国法院在审理涉外商事纠纷案件过程中，如发现案件存在不方便管辖的因素，可以根据“不方便法院原则”裁定驳回原告的起诉。“不方便法院原则”的适用应符合下列条件：(1)被告提出适用“不方便法院原则”的请

① 参见涂广建：《再论我国的“不方便法院”原则》，《武大国际法评论》2013年第1期。

求，或者提出管辖异议而受诉法院认为可以考虑适用“不方便法院原则”；(2)受理案件的我国法院对案件享有管辖权；(3)当事人之间不存在选择我国法院管辖的协议；(4)案件不属于我国法院排他管辖；(5)案件不涉及我国公民、法人或者其他组织的利益；(6)案件争议发生的主要事实不在我国境内且不适用我国法律，我国法院若受理案件在认定事实和适用法律方面存在重大困难；(7)外国法院对案件享有管辖权且审理该案件更加方便。

中国2015年《最高人民法院关于适用〈中华人民共和国民事诉讼法〉的解释》第五百三十二条规定：

涉外民事案件同时符合下列情形的，人民法院可以裁定驳回原告的起诉，告知其向更方便的外国法院提起诉讼：

（一）被告提出案件应由更方便外国法院管辖的请求，或者提出管辖异议；

（二）当事人之间不存在选择中华人民共和国法院管辖的协议；

（三）案件不属于中华人民共和国法院排他管辖；

（四）案件不涉及中华人民共和国国家、公民、法人或者其他组织的利益；

（五）案件争议的主要事实不是发生在中华人民共和国境内，且案件不适用中华人民共和国法律，人民法院审理案件在认定事实和适用法律方面存在重大困难；

（六）外国法院对案件享有管辖权，且审理该案件更加方便。

通过比较《2005年纪要》和2015年《最高人民法院关于适用〈中华人民共和国民事诉讼法〉的解释》的条文可以发现，两者的不同点为：第一，《2005年纪要》要求“受理案件的我国法院对案件享有管辖权”，而《最高人民法院关于适用〈中华人民共和国民事诉讼法〉的解释》不作此要求。“受理案件的我国法院对案件享有管辖权”会导致中国法院运用的并不是真正意义上的不方便法院原则,《最高人民法院关于适用〈中华人民共和国民事诉讼法〉的解释》放弃该要求使中国对不方便法院原则的运用更为精确。第二,《2005 年纪要》明文提及了“不方便法院原则”,而《最高人民法院关于适用〈中华人民共和国民事诉讼法〉的解释》则没有出现“不方便法院原则”这个表述。除此之外,《最高人民法院关于适用〈中华人民共和国民事诉讼法〉的解释》的规定与《2005 年纪要》基本相同。

从 2015 年《最高人民法院关于适用〈中华人民共和国民事诉讼法〉的解释》第五百三十二条规定的条件分析,第一个条件表明法院不能主动对自己是否为不方便法院进行审查,必须由被告提出。

第二个条件要求“当事人之间不存在选择中华人民共和国法院管辖的协议”。也就是说,如果我国法院因《民事诉讼法》第三十四条获得管辖权,那么不能适用不方便法院原则。从上文对排他性管辖协议案例的研究可知,如果当事人之间存在选择我国法院排他性管辖的协议,那么我国法院不能适用不方便法院原则。虽然没有案件佐证,但是从《民事诉讼法》第二十五条和第二百四十二条以及《最高人民法院关于适用〈中华人民共和国民事诉讼法〉的解释》第五百三十二条推断,如果当事人之间存在选择我国法院非排他性管辖的协议,我国法院也不能适用不方便法院原则。[①]然而如果当事人之间存在选择外国法院的管辖协议,我国法院则可以自行决定是否适用不方便法院原则。[②]这个规定表明,一方面,我国法院在适用不方便法院原则时存在内外有别的做法,对选择本国法院的管辖协议与选择外国

① 参见涂广建:《再论我国的“不方便法院”原则》,《武大国际法评论》2013 年第 1 期。

② 最高人民法院《2005 年纪要》第十二条的规定:“涉外商事纠纷案件的当事人协议约定外国法院对其争议享有非排他性管辖权时,可以认定该协议并没有排除其他国家有管辖权法院的管辖权。如果一方当事人向我国法院提起诉讼,我国法院依照《中华人民共和国民事诉讼法》的有关规定对案件享有管辖权的,可以受理。”

法院的管辖协议区别对待。另一方面，依据该条规定，如果当事人选择中国法院管辖，即便其他国家法院审理案件明显更为方便，中国法院也不能依据不方便法院原则拒绝管辖。①

第三个条件表明中国法院对排他管辖案件必须行使管辖权，不能依据不方便法院原则拒绝管辖。

第四个条件要求“案件不涉及中华人民共和国国家、公民、法人或者其他组织的利益”。但如果除涉及中国国家、公民、法人或其他组织利益之外，案件与中国没有其他联系，而是与另一国有更为密切的联系，那么这种情况下中国法院也不能适用不方便法院原则驳回起诉。

第五个条件涉及对“案件争议的主要事实”的判断，对于各个管辖依据如原告住所地、被告住所地、合同签订地、合同履行地、主要标的物所在地、代表机构所在地、可供扣押财产所在地是否都可以作为独立的、对认定案件事实有重要影响的因素，中国司法实践中存在很大争议，下一部分“不方便法院之考量因素分析”会有详细论述。中国法律为准据法也是排除不方便法院原则适用的条件之一，这表明准据法因素是不方便法院原则适用过程中较为重要的一个衡量因素。

第六个条件要求外国法院对案件享有管辖权，且审理该案件更加方便。然而，外国法院“更加方便”如何认定、有哪些具体标准，则是一个模糊的问题。实践中中国法院往往通过案件主要事实发生地在外国且中国法院没有管辖权而认定外国法院更加方便，这实质上并不是判断“更加方便”的外国法院。

另外，从第五百三十二条的规定来看，中国法院适用不方便法院原则的效果为驳回起诉。

---

① See Tang, Zheng Sophia, “Effectiveness of Exclusive Jurisdiction Clauses in the Chinese Courts-A Pragmatic Study”, 61 Int'l & Comp.L.Q. 459(2012).

② 实践中不方便法院原则之考量因素——案件主要事实发生地

中国法院在审判实践中通常将“案件主要事实发生地”作为不方便法院原则的考量因素，以此判断外国法院审理案件是否“更加方便”。从《民事诉讼法》第三十四条以及第二百六十五条的规定来看，中国法院认可的“案件主要事实发生地”有被告住所地、原告住所地、标的物所在地、合同签订地、合同履行地、可供扣押财产所在地、代表机构住所地等与争议有实际联系的地点。然而可供扣押财产所在地、代表机构（以及分支机构）住所地这两个联系因素并不能独立地作为法院行使管辖权的充分依据，而其他几个连接点则可以。①有学者曾对中国法院适用不方便法院原则的案例进行过系统的研究，其研究也表明，被告住所地和财产所在地（即标的物所在地）在中国构成“案件主要事实发生地在中华人民共和国境内”，中国法院应该行使管辖权，不能依据不方便法院原则拒绝管辖。仅仅分支机构或者代表机构住所地、可供扣押的财产所在地在中国（当然也是行使管辖权的依据），②并不构成“案件主要事实发生地在中华人民共和国境内”，这种情形下外国法院管辖更为适当，中国法院管辖依据不充分，应该适用不方便法院原则拒绝管辖。《2005 年纪要》发布前与发布后相比，中国法院的司法实践并没有实质性的变化。③

仅仅被扣押财产所在地在中国内地并不构成“案件主要事实发生地在中华人民共和国境内”的案例，如中国香港回丰有限公司与中国香港新中地产有限公司等融资合同纠纷上诉案中，当事人选择中国香港法院非排他

---

① 实际上，实务及理论界对合同签订地为管辖依据的合理性也存在争议。参见焦燕：《涉外民事诉讼的被告财产管辖权：比较法之考察》，《环球法律评论》2011 年第 2 期。

② 涉外案件中，代表机构所在地、分支机构所在地、被扣押财产所在地法院是可以受理案件的，只是受理后当事人提出管辖异议或者不方便法院请求的，如果案件与受理法院所在地再无其他联系，则法院应该驳回起诉。厦门市中级人民法院审理的原告李某某与被告吉丰建设股份有限公司债务纠纷案[（2006）厦民初字第 76 号]中，原被告住所地都在中国台湾，争议所涉债务也发生在中国台湾，该案与中国大陆仅有的联系是被告在中国大陆有可供扣押的提存款，法院以被扣押财产所在地为依据行使了管辖权。

③ 参见涂广建：《再论我国的“不方便法院”原则》，《武大国际法评论》2013 年第 1 期。

性管辖。一审中广东省高级人民法院不认可当事人对中国香港法院的非排他性管辖选择，并依据被扣押财产所在地在中国内地行使管辖权。最高人民法院否认了一审法院的判决，并裁定本案由中国香港法院管辖。①又如住友银行有限公司与新华房地产有限公司贷款合同纠纷管辖权异议案中，当事人约定由中国香港法院非排他性管辖。一审中广东省高级人民法院不认可当事人对中国香港法院的非排他性管辖选择，并依据被扣押财产所在地在中国内地行使管辖权。与中国香港回丰案一样，最高人民法院否认了一审法院的判决，并裁定本案由中国香港法院管辖。②又如三井住友银行有限公司等与广东发展银行违约赔偿纠纷上诉案中，最高人民法院明确指出："原审法院对本案行使管辖权的唯一依据是：被告之一的日本住友银行在广东省广州市设有一分支机构住友银行广州分行，有可供扣押的财产……原审法院以日本住友银行在广州市的分支机构有可供扣押财产行使管辖权，显属不当，应予纠正。"③仅仅有代表机构（以及分支机构）住所地在中国内地并不构成"案件主要事实发生地在中华人民共和国境内"的案例如捷腾电子有限公司（Green Tech Electronics Limited）与时毅电子有限公司（Smar Tech Electronics Company Limited）买卖合同纠纷上诉案中，法院认为虽然被告在中国内地设有代表处，但案件主要事实发生在中国香港，中国内地法院在认定案件事实和适用法律等方面存在重大困难。④

---

① (1998)粤法经二初字第 14 号，(1999)经四终字第 317 号。

② (1998)粤法经二初字第 3 号，(1999)经终字第 194 号。

③ (2001)民四终字第 18 号。

④ 沪一中民五(商)初字第 51-1 号民事裁定，(2009)沪高民四(商)终字第 59 号。类似案件还有艾肯化工株式会社诉宇岩涂料株式会社和内奥特钢株式会社票据追索权纠纷案，江苏省高级人民法院(2010)苏商外终字第 0026 号；东鹏贸易公司诉东亚银行信用证纠纷案，广东省高级人民法院(1995)粤法经二监字第 3 号民事裁定书；佳华国际有限公司与锐亨有限公司诉永侨企业有限公司与中侨国货投资有限公司股东权益纠纷案，最高人民法院(1995)经终字第 138 号民事裁定书；住友银行案，(1999)经终字第 194 号。参见涂广建：《再论我国的"不方便法院"原则》，《武大国际法评论》2013 年第 1 期。

被扣押财产所在地在中国与其他管辖依据结合、或者只有其他管辖依据构成“案件主要事实发生地在中华人民共和国境内”的案例如中国香港上海汇丰银行有限公司(英文名称:The Hongkong and Shanghai Banking Corporation Limited)诉雄晖企业有限公司[英文名称:L&C Lighting(H)]等借款合同纠纷案中,当事人之间存在中国香港法院非排他性管辖协议,一审中广东省深圳市中级人民法院依据被告住所地(三个被告中的两个被告)在中国内地且在中国内地有可供扣押的财产行使了管辖权。广东省高级人民法院认可了一审法院的裁定。[①]又如深圳市能源集团有限公司诉朱兰庭财产权益纠纷管辖权异议案中,当事人之间存在中国香港法院管辖协议,最高人民法院以被告住所地在广东为由行使管辖权,驳回管辖权异议。[②]该案表明“当因被告住所地在我国而获得管辖权时,就算案件与我国没什么其他联系,我国法院也不太可能适用不方便法院原则裁定驳回原告的起诉”。[③]

涉外民商事案件中,可供扣押财产所在地法院对案件享有管辖权是《民事诉讼法》及其司法解释明文规定的,但如上文所述,这个管辖依据却不足以使中国法院与案件事实有足够的联系因而可以适用不方便法院原则驳回原告的起诉。下文将分析中国立法将其规定为涉外民事管辖权依据的理由,以及仅仅有该管辖依据不能适用不方便法院原则驳回管辖异议并受理案件的理由。

在国内民事诉讼中,可供扣押财产所在地一般难以成为法院行使

① (2011)粤高法立民终字第280号。

② 最高人民法院(2006)民四终字第3号。类似案件还有朴某某等八原告诉被告烟台韩亚照明有限公司与被告田林镇民间借贷纠纷案,山东省青岛市中级人民法院(2005)青民初字第23号;郭叶律师行案,载于《最高人民法院公报》2004年第7期,第32—34页;国华商业银行中国香港分行诉汕头宏业(集团)股份有限公司担保合同纠纷案,最高人民法院(2000)经终字第177号。参见涂广建:《再论我国的“不方便法院”原则》,《武大国际法评论》2013年第1期。

③ 参见涂广建:《再论我国的“不方便法院”原则》,《武大国际法评论》2013年第1期。

管辖权的依据，我国《民事诉讼法》也没有将其作为国内案件的管辖依据。这是因为国内诉讼程序中在原告的程序利益与被告的程序利益之间，管辖权的原理与立法一般更多地倾向于保护被告的程序利益，被告应享有避免被原告滥用诉权的权利，因而法院行使管辖权必须以被告或案件与法院所在地存在实质联系为前提条件，法院行使管辖权必须在被告的正当期望范围内。以与案件无实际联系的被扣押财产所在地为管辖依据，这很有可能超出了被告的正当期望。相比之下在涉外民事诉讼中法院则认为被扣押财产所在地法院管辖未超出被告的期望。这是由于法院在涉外诉讼中还需要考虑本国国家和公民的权益以及判决的认可与执行问题，因此对被告程序利益的保护无法像国内民事诉讼中那样到位。这导致国内民事诉讼中无法成立的管辖依据在涉外民事诉讼中却可以成立。①

随着经济全球化的发展，国家之间贸易往来越来越频繁，民事诉讼中被告的财产可能位于很多国家，因此面临在多国被起诉的风险，这不仅无法保护被告的程序利益，而且也将打击被告对外投资的积极性，并损害诸多吸引外资的东道国的利益。②作为"一带一路"倡议的提出者，中国应当以积极的姿态保护外国投资者利益。如果案件与中国的联系只有被扣押财产所在地且被告未提出管辖异议时，法院可以行使管辖权，不需要以不方便法院为由拒绝管辖。如果案件与中国的联系只有被扣押财产所在地且被告提出管辖异议，那么法院不能驳回管辖异议，而应该依据不方便法院原则拒绝管辖。大陆法系的德国即为这种做法，德国法院对被告财产管辖权（包括诉讼标的物所在地法院和被扣押财产所在地法院

①② 参见焦燕：《涉外民事诉讼的被告财产管辖权：比较法之考察》，《环球法律评论》2011年第2期。

管辖权)的态度经历了由允许到限制的过程。1986年以前,德国法院可以依据被告在德国境内有财产(不论是否为诉讼标的物)而对涉外案件行使管辖权,[①]如1975年尼日利亚中央银行案。但这种做法遭到国内外学术界强烈的质疑,批评者认为德国法院行使被告财产管辖权缺乏合理的法理基础。之后,从1986年的莫德罗格案开始德国法院的态度发生了转变,拒绝行使被告财产管辖权。法院认为,虽然被告财产管辖权既不违反宪法,也不违反国际法,但只有诉因和法院地国存在某种联系时,行使被告财产管辖权才是合理的。在被告财产的基础上需要何种联系才能行使管辖,这不能一概而论,但无疑有愈来愈严格的趋势。美国的做法与德国的做法基本一致,对被告财产管辖权采取允许但限制的态度。《布鲁塞尔公约》不承认被告财产管辖权,公约将德国无限制的被告财产管辖权和英国的“出现管辖权”、法国的国籍管辖权相提并论,指责这些管辖权是法院地国任意扩大管辖权的举措,是不适当的过度滥用的管辖权。《布鲁塞尔条例Ⅰ》延续《布鲁塞尔公约》的做法,仍然将被告财产管辖权列在禁止适用的红色清单之内。[②]

我国《中华人民共和国民事诉讼法》第二百六十五条明确承认被扣押财产所在地法院的管辖权,法院在审判中也遵循这种做法,只是在被告提出管辖异议、法院适用不方便法院原则时对被扣押财产所在地这一连接因素有所限制。相比之下,德国和美国法院在所有情形下(不论是否为适用不方便法院原则的案件)对被告财产管辖权都有所限制。再结合《布鲁塞尔条例Ⅰ》完

① 《德意志联邦共和国民事诉讼法》第二十三条规定:“对于在国内无住所的人,因财产上的请求而提起的诉讼,该项财产或诉讼中请求标的位于某一法院管辖区时,该法院有管辖权。如为债权时,以债务人的住所视为财产所在地。如该债权有担保物时,以担保物所在地视为财产所在地。”参见谢怀栻译:《德意志联邦共和国民事诉讼法》,中国法制出版社2001年版,第4页。

② 参见焦燕:《涉外民事诉讼的被告财产管辖权:比较法之考察》,《环球法律评论》2011年第2期;参见欧共体《1968年关于民商事判决的承认与执行的布鲁塞尔公约》第三条第二款;2001年《布鲁塞尔条例Ⅰ》附件一。

全否定的做法，本书认为，中国法院也应该将对被扣押财产所在地法院管辖权的限制扩展适用于所有情形，而不仅仅是适用不方便法院原则的情形。代表机构及分支机构所在地法院管辖权也是如此。被扣押财产所在地、代表机构及分支机构所在地法院的管辖权体现了一国扩大自己国家管辖范围的倾向，如果无条件地行使这类管辖依据会导致管辖权过度滥用的倾向，并阻碍国际贸易的发展，因此应该在保留这些管辖依据的基础上对其予以合理限制。

（三）性质不明确的管辖协议

当事人一般会明确约定管辖协议是排他性的还是非排他性的，如果当事人没有明确约定，那么审判实践中各国（地区）法院或者不指明管辖协议的性质而直接决定是否行使管辖权，或者先对管辖协议的性质进行判定然后再决定是否行使管辖权，对管辖协议性质的判定上文已有论述，这里只研究前一种情况。

中国法院对管辖协议的性质不作判断而直接决定是否行使管辖权时，依据为管辖协议是否符合中国法律要求和/或中国法院原本对案件有没有管辖权这两个明确的标准。在山东聚丰网络有限公司与韩国 MGAME 公司网络游戏代理及许可合同纠纷管辖权异议一案中，当事人协议选择的新加坡法院与案件没有实际联系，管辖协议无效，中国法院为实际联系地法院具有管辖权。最高人民法院指出，“本案当事人协议指向的新加坡，既非当事人住所地，又非合同履行地、合同签订地、标的物所在地，同时本案当事人协议选择适用的法律也并非新加坡法律，上诉人也未能证明新加坡与本案争议有其他实际联系。因此，应当认为新加坡与本案争议没有实际联系。相应地，涉案合同第 21 条关于争议管辖的约定应属无效约定，不能作为确定本案管辖的依据……山东省高级人民法院作为本案合同履行地法院，对本案具有管辖权”①。在日绵株式会社诉肖建宇不正当竞争纠纷案中，当事人协议选择东京地方法院管辖但未明确协议的排他性质，法院以中国无管辖依据为由，尊重了当事人的管辖选择。②

由上文分析可知：中国法院对选择本地法院的管辖协议，不论排他性的还是非排他性的，都予以尊重；对选择外国法院的排他性管辖协议一般也予以尊重，但存在强制性规则例外和判决不能被承认与执行例外；对选择外国法院的非排他性管辖协议，或者以非唯一性、在中国不能获得承认与执行、方便法院为由否认管辖协议的效力并行使管辖权，或者以尊重协议和方便法院原则为由拒绝行使管辖权；对性质不明确的管辖协议，或者通过判断其排他性质来决定，或者通过判断其合法性或本地法院有无法定管辖依据来决定是否行使管辖权。其如下表 3-1 所示。

表 3-1　中国法院对管辖协议的态度

管辖协议	选择本地法院	选择外国法院
排他性	**管辖**	**不管辖**，除非存在强制规则例外和判决承认与执行例外
非排他性	**管辖**	**管辖理由**：非唯一性、判决承认与执行、方便法院 **不管辖理由**：尊重协议、方便法院③
性质不明确	**管辖/不管辖理由**：是否合法、是否有法定管辖依据	

二、“一带一路”沿线大陆法系国家的态度与做法

（一）比利时

欧盟成员国之间对管辖权的法律规定实现了统一，即成员国之间有关

① (2009)民三终字 4 号。类似案件还有北京市滕氏制衣有限责任公司诉大韩民国株式会社 SBF. INC 商标许可合同纠纷案，(2005)高民终字第 98 号；平安保险公司代位诉实际承运人海上货物运输合同货物锈损赔偿案，【法宝引证码】CLI.C.876571；日绵株式会社诉肖建宇不正当竞争纠纷案，(2003)沪二中民五(知)初字第 256 号。

② (2003)沪二中民五(知)初字第 256 号。

③ 从上文列举的案例来看，选择外国法院非排他管辖的协议案件中，只要中国法院有充分的法定管辖依据，其就可以结合其他案件事实并以方便法院为由行使管辖权。只有在中国法院没有充分的法定管辖依据时，其才会以方便法院为由驳回起诉。

管辖权的争议适用布鲁塞尔民商事管辖权体系。①对于非成员国之间的管辖争议，则由各国国内法或其他国际公约（如《海牙公约》）解决。布鲁塞尔体系未明确区分选择本国法院的管辖协议和选择外国法院的管辖协议，基于相互信任原则，推断欧盟成员国之间不区别对待选择本国法院的管辖协议和选择外国法院的管辖协议。②

比利时法律中，在布鲁塞尔体系和其他国际公约不能适用的情况下适用比利时 2004 年《国际私法》，该法第六条和第七条分别规定选择本国法院管辖协议的积极效力和选择外国法院管辖协议的消极效力，且比利时学者认为这两条只适用于排他性管辖协议。③这表明比利时法律明确认可排他性管辖协议的积极效力和消极效力。对于非排他性管辖协议，不论当事人选择的是比利时法院还是外国法院，都没有向被选择法院起诉的义务，即：当事人选择比利时法院非排他管辖的，并没有赋予比利时法院排他性管辖权；当事人选择外国法院非排他管辖的，比利时法院也不需要承担拒绝管辖的义务。然而，比利时学者认为，当事人在非排他性管辖协议约定的法院起诉后，该协议就转变为排他性管辖协议。④

---

① See Geert Van Calster, Michiel Poesen, "Belgium: Optional Choice of Court Agreements, Legal Uncertainty Despite a Modern Legal Framework", in Mary Keyes(eds), *Optional Choice of Court Agreements in Private International Law*, Ius Comparatum-Global Studies in Comparative Law, vol 37. Springer, Cham, 2019, p.88.

② See Naděžda Rozehnalová, Silvie Mahdalová, Lucie Zavadilová, "Czech Republic: The Treatment of Optional and Exclusive Choice of Court Agreements", in Mary Keyes(eds), *Optional Choice of Court Agreements in Private International Law*, Ius Comparatum-Global Studies in Comparative Law, vol 37. Springer, Cham, 2019, p.181.

③ See Geert Van Calster, Michiel Poesen, "Belgium: Optional Choice of Court Agreements, Legal Uncertainty Despite a Modern Legal Framework", in Mary Keyes(eds), *Optional Choice of Court Agreements in Private International Law*, Ius Comparatum-Global Studies in Comparative Law, vol 37. Springer, Cham, 2019, p.88, 90, 92.

④ See Geert Van Calster, Michiel Poesen, "Belgium: Optional Choice of Court Agreements, Legal Uncertainty Despite a Modern Legal Framework", in Mary Keyes(eds), *Optional Choice of Court Agreements in Private International Law*, Ius Comparatum-Global Studies in Comparative Law, vol 37. Springer, Cham, 2019, p.94.

(二) 捷克

布鲁塞尔体系和《海牙公约》都对管辖协议进行排他性推定。捷克2012年《国际私法》虽然没有明确规定,但学界支持排他性推定,这是捷克《国际私法》的出发点。捷克法律并未规定非排他性的管辖协议,因此该类协议是否具有减损管辖权的消极效力并不确定。[①]捷克国内法未明确区分选择本国法院的非排他性管辖协议和选择外国法院的非排他性管辖协议,但基于相互信任原则,在欧盟成员国之间,应该是不加区分的。[②]由此可见,捷克认可排他性管辖协议的积极效力和消极效力,但对非排他性管辖协议的效力则需要在立法上予以明确。

(三) 希腊

希腊是对管辖协议的态度比较积极的国家,对欧盟成员国和非欧盟成员国同等对待,对选择本国法院的管辖协议和选择外国法院的管辖协议立场一致。当事人依据排他性管辖协议起诉,如果希腊法院为被选择法院,其将不考虑其他国家的管辖权而直接行使管辖权;如果希腊法院不是被选择法院,即便其已先受理案件,也有中止诉讼的义务。当事人依据非排他性管辖协议起诉的,不论希腊法院是否为被选择法院,其都依据先受理法院原则处理。此外,依据非排他性管辖协议在被选择法院启动诉讼程序并不会改变管辖协议的非排他性质。[③]

---

① See Naděžda Rozehnalová, Silvie Mahdalová, Lucie Zavadilová, “Czech Republic: The Treatment of Optional and Exclusive Choice of Court Agreements”, in Mary Keyes(eds), *Optional Choice of Court Agreements in Private International Law*, Ius Comparatum-Global Studies in Comparative Law, vol 37. Springer, Cham, 2019, pp.176, 187.

② Ibid., p.181.

③ See Georgios Panopoulos, “Greece: A Forum Favorable to Optional Choice of Court Agreements”, in Mary Keyes(eds), *Optional Choice of Court Agreements in Private International Law*, Ius Comparatum-Global Studies in Comparative Law, vol 37. Springer, Cham, 2019, pp.255, 266.

（四）罗马尼亚

罗马尼亚法律认可排他性管辖协议的积极效力和消极效力，但对非排他性管辖协议的规定则不完善。当事人违反非排他性管辖协议在非被选择法院起诉，管辖协议既不能使受理法院承担拒绝管辖的义务，也不能使被选择法院的管辖权具有优先性，也即违反非排他性管辖协议没有任何法律后果。在此情形下，管辖协议只有积极效力而无消极效力，原告有权选择在被选择法院或者其他有管辖权的法院起诉，被告不能提出管辖异议。不过一旦行使了管辖选择权，对原告而言非排他性管辖协议就具有了排他性质，原告再在其他法院起诉即为违约。在平行诉讼问题上，与希腊一样，罗马尼亚法律对排他性管辖协议尊重被选择法院管辖权的优先性，对非排他性管辖协议则适用先受理法院原则。然而罗马尼亚对欧盟成员国与第三国之间的平行诉讼则依据《布鲁塞尔条例Ⅰ（重订）》第三十三条处理，即法院可以（而非必须）中止诉讼。①

（五）土耳其

土耳其承认管辖协议的效力，但其法律仍需要改革。依据土耳其《国际私法和国际民事诉讼法典》第四十七条的规定，当事人选择外国法院管辖的，土耳其法院应该拒绝管辖，除非（1）该外国法院决定自己没有管辖权；（2）被告未向土耳其法院提出管辖异议；（3）土耳其法院颁发临时措施。土耳其《民事诉讼法典》第十七条和第十八条对选择土耳其法院的管辖协议作了非常概括的规定。由此可见土耳其法律对管辖协议的规定较为抽

① See Elena-Alina Oprea, "Romania: Interpretation and Effects of Optional Jurisdiction Agreements in International Disputes", in Mary Keyes(eds), *Optional Choice of Court Agreements in Private International Law*, Ius Comparatum-Global Studies in Comparative Law, vol 37. Springer, Cham, 2019, pp.298—302, 308—309.

象,法院在操作时缺乏明确具体的指引。①

三、“一带一路”沿线普通法系国家(地区)的态度与做法

(一) 新加坡

新加坡法律包括其成文法和判例法都强烈支持管辖协议,允许当事人合意选择管辖法院,只要不违反公共政策。2015 年新加坡法律有两个重要发展,一是加入《海牙公约》,二是设立国际商事法庭,公约的管辖规则和国际商事法庭独立的管辖规则必然对传统规则产生影响。②如虽然从理论上讲新加坡法律对选择本国法院的排他性管辖协议和选择外国法院的排他性管辖协议同等对待,但实践中公约案件、国际商事法庭管辖案件、其他法院管辖案件的处理标准是不同的。公约案件依据公约适用排他性推定,除非依据新加坡法律该协议无效。当事人约定新加坡国际商事法庭排他性管辖时,国际商事法庭决定是否拒绝管辖时适用“不适当法院”标准而非“强有力理由”标准;当事人约定新加坡法院(非国际商事法庭)排他性管辖(非公约案件)时,该指定法院在决定是否中止诉讼时适用“强有力理由”标准;当事人约定外国法院排他性管辖却在新加坡法院(非国际商事法庭)起诉,新加坡法院在决定是否可以依据自由裁量权受理案件时,也适用“强有力理由”标准。③

新加坡对非排他性管辖协议效力态度不一致,对选择本国法院的管辖

① See Zeynep Derya Tarman, Meltem Ece Oba, “Turkey: Optional Choice of Court Agreements”, in Mary Keyes(eds), *Optional Choice of Court Agreements in Private International Law*, Ius Comparatum-Global Studies in Comparative Law, vol 37. Springer, Cham, 2019, pp.413, 425.

② See Adeline Chong, “Singapore: A Mix of Traditional and New Rules”, in Mary Keyes(eds), *Optional Choice of Court Agreements in Private International Law*, Ius Comparatum-Global Studies in Comparative Law, vol 37. Springer, Cham, 2019, pp.325—326.

③ Ibid., pp.342—343.

协议和选择外国法院的管辖协议区别对待,倾向于保护选择本国法院的非排他性管辖协议。[①]对选择本国法院的非排他性管辖协议,新加坡法院行使自由裁量权决定是否中止诉讼时有的采用"强有力理由"标准,有的采用"明显更适当法院"标准。[②]新加坡国际商事法庭在非排他性管辖案件中对中止诉讼的处理采用"不适当法院"标准。对于选择外国法院的非排他性管辖协议,新加坡法院在决定是否中止诉讼时采用"明显更适当法院"标准,将选择外国法院的非排他性管辖协议视为衡量是否为不方便法院的一个考虑因素。

(二) 英国

英国法院对选择本地法院管辖协议和选择外国法院管辖协议的处理也是不一样的。在英国,公约案件依据公约解决,没有国内法适用的空间。对于非公约案件,莫里斯指出,英国法院认可管辖协议的效力是一般原则,当然也有例外。如果英国法院是被选择法院,则管辖协议赋予英国法院管辖权;在某些情形下英国法院有自由裁量权不行使管辖权;不过实践中英国法院很少不认可有效的、选择本地法院管辖的协议。[③]如果外国法院是被选择法院,英国法院将中止诉讼或者拒绝境外送达的许可进而承认管辖协议的效力;但是英国法院仍有否定管辖协议效力的自由裁量权。[④]在非公约案件中,英国法院对选择本地法院管辖的协议不予认可仅限于"极个别的情形"(be a very rare case),当事人反对选择英国法院管辖的协议需要强有

---

① See Adeline Chong,"Singapore: A Mix of Traditional and New Rules", in Mary Keyes(eds), *Optional Choice of Court Agreements in Private International Law*, Ius Comparatum-Global Studies in Comparative Law, vol 37. Springer, Cham, 2019, p.346.

② Ibid., p.331.

③ See Dicey, Morris, Collins, The conflict of laws, 13th edn, London: Sweet & Maxwell, 2000, p.432.

④ Ibid., p.428.

力的理由；[①]而对选择外国法院管辖的协议，法院行使自由裁量权否定其效力则不限于“极个别的情形”。由此可见，虽然英国法院在选择本地法院管辖协议案件和选择外国法院管辖协议案件中都有自由裁量权，但前者自由裁量权适用的情形较少而后者自由裁量权适用的情形较多，也即法院赋予前者较强的效力而赋予后者较弱的效力。

1. 排他性管辖协议

英国法院认可选择本地法院管辖协议的效力（不论其是排他性的还是非排他性的），除非违反管辖协议的当事人（申请中止诉讼的被告或者申请禁诉令的原告）提出强有力的理由；英国法院认可选择外国法院排他性管辖的协议的效力，一般情况下会授予中止诉讼的许可，除非原告有强有力的理由（show a strong case）。[②]由此可见，英国法院对选择本地/外国法院排他性管辖的协议都采用“强有力理由”审查标准，只是承担举证责任的举证人不同。

（1）选择本地法院排他性管辖协议

英国法院审理的索希奥供应公司诉Gatoil（美国）公司案中，[③]当事人之间约定由英国法院排他性管辖，原告违反管辖协议在外国法院起诉，被告在英国法院申请境外送达许可，因此原告在英国法院提出中止诉讼、拒绝境外送达许可等申请，被告则提出禁诉令申请。法官在裁决是否授予禁诉令申请时指出，虽然外国法院的诉讼程序违反选择英国法院排他性管辖的协议，但法院仍然有自由裁量权决定是否授予禁诉令，当然法院的自由裁量权要谨慎行使。法官依据当时不方便法院原则适用的“vexatious or

①② See Dicey，Morris，Collins，The conflict of laws，13th edn，London：Sweet & Maxwell，2000，p.442.

③ ［1989］1 Lloyds Reports 588.

oppressive”标准进行裁量。[1]如果违反管辖协议的原告能证明禁止外国诉讼将对其带来损害或者偏见，那么法院授予禁诉令将是不适当的。不过由于存在选择英国法院排他性管辖的协议，通常情况下授予禁诉令才是适当的。本案中违反管辖协议的原告并未遭受损害或不公。原告在外国法院起诉时显然可以预见到被告可能会在英国法院起诉，其明知而故为，法官并不鼓励这种行为。法院最终判定，授予禁诉命令，禁止原告在美国得克萨斯州法院起诉。索希奥供应公司诉 Gatoil(美国)公司案后来成为英国及中国香港法院审理管辖协议纠纷的权威判例，不论当事人选择本地法院管辖还是外国法院管辖，不论管辖协议为排他性的还是非排他性的，不论判断管辖协议的性质还是效力，索希奥供应公司诉 Gatoil(美国)公司案都有被援引。

不过英国法院仍然保留中止英国诉讼的自由裁量权。如在布伊格离岸公司诉里海航运公司案(Bouygues Offshore SA v. Caspian Shipping Co)中，尽管存在选择英国法院排他性管辖的协议，霍布豪斯(Hobhouse)法官仍以不方便法院为由中止英国诉讼，支持正在进行的南美的诉讼程序。[2]

(2) 选择外国法院排他性管辖协议

a. 里程碑案例——斯皮利达海事公司诉坎苏莱克斯有限公司案、埃莱夫塞里娅案、埃尔阿马里亚案

---

① 英国法院在早期对不方便法院原则的适用较为严格，后来则变得较为宽松。在早期，如果继续诉讼是“vexatious or oppressive”并且没有对原告带来不公，才允许中止诉讼。后来的判例主张自由解释“vexatious or oppressive”。1978 年 MacShannon v. Rochware Glass Ltd.案中法官主张放弃“vexatious or oppressive”标准，而是适用两个条件，一个积极条件一个消极条件：积极条件为被告证明他有义务接受另一个法院的管辖，而那个法院实质上更方便、花费更少即可解决纠纷；消极条件为中止诉讼没有剥夺原告的合法优势。See Dicey, Morris, Collins, *The conflict of laws*, 13th edn, London: Sweet & Maxwell, 2000, p.389.

② [1997] IL. Pr. 472(C.A.). See James Fawcett, “Non-exclusive Jurisdiction Agreement in Private International Law”, [2001] LMCLQ 234.

在有必要阻止司法不公时，英国法院有权依据不方便法院原则中止诉讼或放弃管辖权（stay or strike out proceedings）。①英国法院确立不方便法院原则的权威案例是斯皮利达海事公司诉坎苏莱克斯有限公司案（Spiliada Maritime Corp v. Cansulex Ltd），②虽然斯皮利达海事公司诉坎苏莱克斯有限公司案涉及许可境外送达的自由裁量权，但其确立的不方便法院原则对境外送达案件和中止诉讼案件都可以适用。③该案的原则为：申请中止诉讼的被告应该证明存在一个明显更适合（clearly or distinctly more appropriate）审理案件的法院；如果被告证明失败，那么法院不能依据不方便法院原则中止诉讼，如果被告证明成功，那么证明责任转移到原告，原告需要证明在外国法院诉讼剥夺其合法的属人或司法优势；如果原告证明成功，那么法院不能依据不方便法院原则中止诉讼，如果原告证明失败，那么法院依据不方便法院原则中止诉讼。

在预先存在管辖条款的案件中，如果合同中存在选择外国法院非排他性管辖条款，那么法院依据上述原则决定是否适用不方便法院原则中止诉讼；如果合同中存在选择外国法院排他性管辖条款，那么通常要对中止诉讼问题进行单独处理。这是因为：第一，在斯皮利达海事公司诉坎苏莱克斯有限公司案中，法官对合同中存在排他性管辖协议时的中止诉讼申请按照一般中止诉讼来处理表示怀疑。第二，被告申请中止诉讼是因为其认为原告违反了排他性管辖协议这一事实，而不是基于管辖权的适当性问题。尽管被告没有依据管辖条款获得诉讼中止的绝对权利，但他怀有获得诉讼中止令的巨大期望。如果被告申请中止诉讼的依据是原告违反选择外国

① See Dicey, Morris, Collins, *The conflict of laws*, 13th edn, London: Sweet & Maxwell, 2000, p.385.

② [1987] A.C. 460.

③ See Dicey, Morris, Collins, *The conflict of laws*, 13th edn, London: Sweet & Maxwell, 2000, p.395.

法院排他性管辖条款在英国起诉，则被告必须确立相关的事实依据：(a)根据对管辖条款的适当解释，原告在英国提起的诉讼属于管辖条款的适用范围；(b)管辖条款在当事人之间仍是有效和可执行的；(c)管辖条款强迫原告到外国法院起诉，而不仅仅是允许原告这样做。被告只确立上述事实依据即可，举证责任由原告承担。

英国法院在埃莱夫塞里娅案中确立了存在选择外国法院排他管辖协议案件中法院依据不方便法院原则中止诉讼的一般原则：①

(a) 原告违反选择外国法院排他管辖的协议在英国法院起诉，被告申请中止诉讼时，有管辖权的英国法院不是必须要授予中止诉讼，而是具有是否授予中止诉讼的自由裁量权；

(b) 除非存在强有力的理由(strong cause)，否则英国法院必须行使自由裁量权中止诉讼；

(c) 原告承担举证责任证明存在强有力的理由；

(d) 英国法院行使自由裁量权时必须考虑案件相关的所有因素；

(e) 在不影响上述第(d)点的前提下，下述因素在产生时可以加以适当考虑：i.在何国可以取得证据，以及因此在英国或者在国外审理的有关便利条件及费用；ii.合同是否适用该外国法律，如果是，该外国法律与英国法有无重要区别；iii.缔约各方与何国有联系，其密切程度如何；iv.被告是否真诚地希望该案在该外国法院审理，还是仅仅为了寻求程序上的好处；v.原告会不会由于不得不在该外国法院起诉而受到下列损害：他们可能会被剥夺对其提出的请求所提供的担保；或无法执行对其有利的法院判决；或面临不适用英国的时效；或由于政治、种族、宗教或其他原因不可能得到公正的审判。

① [1969] 2 W.L.R. 1073. 之后的 El Amria [1981] 2 Lloyd's Rep 案和 The ennar [1985] 1 WLR 490 案进一步明确了选择外国法院排他管辖协议案件是否应授予中止诉讼的原则。

通过比较埃莱夫塞里娅案确立的原则(适用于选择外国法院排他性管辖协议案件)与斯皮利达海事公司诉坎苏莱克斯有限公司案的原则(适用于普通案件及非排他性管辖协议案件)可知,两个原则在举证人和举证责任方面存在区别:前者由原告承担举证责任,与境外送达案件中举证责任的分配一致,[①]后者由被告承担举证责任;前者要求原告证明其违反选择外国法院排他性管辖协议存在"强有力的理由",后者只要求被告证明存在"明显更适合审理案件的法院"。

从埃莱夫塞里娅案确立的原则看,英国法院一般会认可外国法院排他性管辖协议的效力并中止诉讼。但如果原告能举证证明存在强有力的理由,英国法院将行使自由裁量权继续本地的诉讼,如埃尔阿马里亚案(Aratra Potato Company Limited Morello International Limited v. The Owners of the Ship)。[②]该案中,英国法官在判决选择埃及(承运人公司所在地)法院管辖的协议具有排他性质后,依次分析了埃莱夫塞里娅案确立的原则最后一条列举的五个因素。第一,在货物到达、卸货过程中涉及的与货物仓储及条件相关的技术性证据必须在英国取得,埃及法院不可能获取此类证据。英国为所有专家证人以及大部分关键证据所在地。第二,提单上明确规定适用海牙规则,没有证据表明英国法院对海牙规则的适用与埃及法院会有区别。第三,英国为与案件有最密切联系的地方(英国法院是自然法院,使得对管辖条款的遵守不具有优先性)。第四,没有证据表明被告在英国法院起诉是为了寻求诉讼上的优势。第五,没有证据表明原告

① See Dicey, Morris, Collins, *The conflict of laws*, 13th edn, London: Sweet & Maxwell, 2000, p 385; Graeme Johnston, *The Conflict of Laws in Hong Kong*, London: Sweet & Maxwell Asia, 2005, p.105; 欧福永:《英国民商事管辖权制度研究》,法律出版社 2005 年版,第 185 页。

② [1980] 1 Lloyd's Rep.390, [1981] 2 Lloyd's Rep.119.参见欧福永:《英国民商事管辖权制度研究》,法律出版社 2005 年版,第 181 页。

在英国应诉会带来不公。法官还考虑了两个附属理由,一是出于便利诉讼考虑,二是埃及法院对案件实质问题的考察不如英国法院全面、彻底。法院最终判决原告存在强有力的理由并拒绝中止诉讼。埃尔阿马里亚案后来被中国香港法院大量援引。①

b. 不方便法院原则之考量因素

不方便法院原则适用的关键是在哪个法院审理案件最有利于各方当事人利益的保护以及司法公正的实现,②本书对选择外国法院排他管辖协议案件中英国法院依据不方便法院原则行使自由裁量权决定是否中止诉讼时考虑的因素,即埃莱夫塞里娅案中列举的五个因素进行逐一分析:

(a) 证据。第一,实践中各方当事人通过各种证据指向或不指向某地都是可以理解的趋势。这些证据包括证人和证据所在地、实体法、主要语言、财产所在地、当事人行为的重心等。法院面对大量的证据和观点时,不能概括地以指向某地法院的因素多少为标准,而是要通过各种证据集中考察外国法院诉讼程序的适当性问题。③第二,需要强调的是,在考察证人所在地因素时需要区分事实证人和专家证人。专家证人可以到国外作证,且可以被取代。而事实证人去国外出庭作证则可能很不便利,甚至可能危及法院地国的公共政策。在埃莱夫塞里娅案中布兰登(Brandon)法官指出,可以对证人制作证言证据而不需要证人到国外出庭作证。④第三,外国法院

① 如 PT Bali Hospitality Utama v. Mathias Echene [2010] HKEC 197. Noble Power Investments Limited & Another v. Nissei Stomach Tokyo Co Ltd [2008] 1 HKLRD 134. S-Net Freight(HK) Limited v. Namsung Shipping Company Limited [2011] HKCU 1529. Hwoo Huang Linda v. Fu Being San and others [2002] HKCU 428. The Owners of Cargo Lately Laden on Board The Ship or Vesse "Frinton" v. the Owners and/or Demise Charterers of The Ship or Vesse "Frinton" [1990] HKCU 0417. Confecciones Del Atlantico v. Lamont Shipping Incorporated [1982] HKC 327。

② See Graeme Johnston, *The Conflict of Laws in Hong Kong*, London: Sweet & Maxwell Asia, 2005, p.97.

③ Ibid., p.106.

④ [1969] 2 W.L.R. 1073.

管辖协议案件中被告申请中止诉讼的，原告不能以合同缔结时不可预见到的因素来反对被选择法院的管辖权。[①]尽管如此，如果获取证据给原告带来额外的负担，则法院可能将其作为考虑因素。如在埃莱夫塞里娅案中，布兰登法官考虑到这个问题时指出：“本案中原告可能需要传唤大量证人，如果原告请他们到希腊法院出庭作证，那么将会对原告带来严重不便并需要承担巨额费用。”[②]意即，虽然“原告可能需要传唤大量证人到希腊出庭作证”在合同缔结时可预见，但由于其给原告带来额外负担，因此法院将其作为考虑因素。

(b) 实体合同的准据法。解决实体争议的准据法对确定适当法院的影响是一个比较复杂的问题。在英国，这一因素可能是、但不一定是寻找更适当法院时考虑的重要因素。在选择外国法院排他性管辖协议案件中，英国法院通常需要考虑准据法因素对中止诉讼申请的影响程度。英国法院倾向性的做法为，由一国法院决定自己国家法律的效力。英国法院会运用外国法证明规则来弱化准据法的重要作用，原告需要证明外国法与英国法相同或者没有实质差异。[③]如果法律问题简单，或者外国法院所在地的国内法与英国法院认可的准据法实质上类似，那么准据法不是需要考虑的因素；但如果法律问题复杂，或者两地法律差别很大，准据法所在国的法院将是更为适当的法院；如果外国法院不能或者不愿意适用英国法院认为适当的法律，那么外国法院也不是最适当的法院。[④]

---

① See Dicey, Morris, Collins, *The conflict of laws*, 13th edn, London: Sweet & Maxwell, 2000, pp 427—428. Hyundai Engineering & Construction Co Ltd v. UBAF(Hong Kong) Ltd [2012]. HKCU 2155 案中中国香港法院法官也指出不能考虑“合同缔结时不可预见的因素”。

② [1969] 2 W.L.R. 1073.

③ See Edwin Peel, “Exclusive Jurisdiction Agreement: Purity and Pragmatism in the Conflict of Laws”, [1998] LMCLQ 182.

④ See Dicey, Morris, Collins, *The conflict of laws*, 13th edn, London: Sweet & Maxwell, 2000, pp.387, 398.

(c) 当事人与被选法院地的联系。这个因素只在很少情形下对法院的判决具有影响。如果当事人选择由一个中立法院管辖案件,那么当事人与被选法院地的联系对中止诉讼申请没有影响。如果当事人选择的管辖法院并非中立法院,那么虽然双方当事人都与被选择法院缺乏联系可以支持英国法院拒绝中止诉讼,但案件与英国缺乏任何联系使英国法院有理由中止诉讼。①

(d) 被告是否真诚地希望该案在该外国法院审理,或仅仅是为了寻求程序上的优势。程序问题适用法院地法这一规则表明两个法院诉讼程序的差异属于程序层面的问题。即便有证据证明外国法院的诉讼程序不能保证原告受到公正审判,也不能得出英国法院拥有"更完善的制度"的结论。如何宽泛地界定被告仅仅是为了寻求程序上的优势并没有明确的标准,因此主张被告为了寻求程序上优势的主张一般不成立。如果存在选择外国法院排他管辖的协议,那么原告质疑外国法院的程序无疑很难成立。如果存在选择外国法院非排他管辖的协议,那么原告利用英国法院的程序优势在英国诉讼,与被告遵守协议利用外国法院的程序相比,无疑前者更不合理。

(e) 原告在外国法院起诉是否被剥夺了诉讼保障。虽然埃莱夫塞里娅案表明诉讼保障属于程序优势之一,但由于被告拥有在被选择法院起诉的合同权利,因此诉讼保障问题一般不予考虑。尽管如此,在英国法院拒绝中止诉讼的案件中,诉讼保障问题发挥着重要的作用。

在选择外国法院排他性管辖的情况下,法院一般会以违反管辖协议为由中止英国的诉讼。如果请求中止诉讼是以完全不同的、较难成立的不方

① See Edwin Peel, "Exclusive Jurisdiction Agreement: Purity and Pragmatism in the Conflict of Laws", [1998] LMCLQ 182.

便法院为依据，那么管辖协议将被作为支持中止本国诉讼应考虑的重要因素之一。①

2. 非排他性管辖协议

英国法院赋予选择本地法院的非排他性管辖协议较强的效力，被告排除本地法院的管辖权需要有强有力的理由。巴黎银行案(BNP Paribas SA v. Anchorage Capital Europe LLP & ors)中当事人约定“(被告)不可撤销地同意接受英国法院管辖”，法院通过解释管辖条款后认为，被告应承担在英国法院起诉的义务，而原告没有这个义务，从这个意义上讲管辖协议是非排他性的。由于被告违反约定在纽约法院起诉没有强有力的理由，因此英国法院依据自由裁量权颁发了禁诉令。②

对于选择外国法院的非排他性管辖协议，如果当事人申请中止诉讼，英国法院依据斯皮利达案确立的不方便法院原则行使自由裁量权。

(三) 中国香港地区

1. 排他性管辖协议

(1) 选择本地法院排他性管辖协议

中国香港法院最早援引索希奥供应公司诉Gatoil(美国)公司案来判断管辖协议的性质，如T & K电子有限公司诉太平洋保险公司案、余立文案，③后来将索希奥供应公司诉Gatoil(美国)公司案扩展运用到判定管辖协议的效力，如何小培诉岳生金融有限公司案。④

中国香港法院遵循索希奥供应公司诉Gatoil(美国)公司案中的做法，对选择本地法院的排他性管辖协议持强烈支持的立场。在现代工程建设有

① See James Fawcett, “Non-exclusive Jurisdiction Agreement in Private International Law”, [2001] LMCLQ 234.
② [2013] EWHC 3073(Comm).
③ [1998] 1 HKLRD 172. [1998] HKLRD(Yrbk)104.
④ [2003] HKCU 79.

限公司诉乌巴夫(香港)有限公司案[Hyundai Engineering & Construction Co Ltd v. UBAF(Hong Kong) Ltd]中,合同存在选择中国香港法院排他性管辖的条款,原告在中国香港法院起诉,被告申请中止诉讼,被告在原告起诉之前就在中国内地启动了诉讼程序。法官指出:"合同中存在中国香港法院排他性管辖协议时,除非存在强有力的理由,否则当事人不能违反协议在境外法院起诉。这类案件中法院中止中国香港诉讼程序的情形是极为少见的。该案中,合同成立地为中国香港,合同准据法为中国香港法律,当事人约定中国香港法院排他性管辖,违反管辖协议的被告也未能提出强有力的理由反对中国香港法院的管辖权,因此法院认可管辖协议的效力,拒绝授予中止诉讼的许可。"①在国际民商事纠纷的解决中,当事人和法院都应该尊重合同中的排他性管辖约定,这是对纠纷解决的可预见性、一致性、稳定性目标的追求。

(2) 选择境外法院排他性管辖协议

中国香港法院一般尊重选择境外法院排他性管辖协议的效力。在犹他州巴厘岛酒店诉马蒂亚斯·埃辛案(PT Bali Hospitality Utama v. Mathias Echene)中当事人约定争议由印尼法院排他性管辖,原告在中国香港法院起诉,被告申请中止诉讼。该案中当事人及法官考虑了证人证据和原告的诉讼保障问题。原告主张在印尼法院起诉需要对大量的文件及证人进行翻译,这会增加诉累。被告的抗辩理由为案件在印尼法院起诉与在中国香港法院起诉都需要做大量的翻译工作,因此翻译问题并不是境外法院不适合审理案件的理由。此外,被告指出,案件中有46位证人及2位专家证人都在印尼,因此在被选择法院起诉较为便利,成本也会比较低。原

① [2012] HKCU 2155.

告还主张印尼法律会对其带来不公，被告的抗辩理由为印尼法律和中国香港法律的差别属于法系差异，这种差异并不会对当事人带来实体不公。法官最终判定：“其同意被告主张的‘当事人在签订排他性管辖协议时就应该预见到案件在印尼法院起诉所面临的实体法及程序法上的困境’。当事人之间存在排他性管辖协议的情形下，由于原告缺乏强有力的理由(compelling reasons)证明不应该中止，因此法官应该行使自由裁量权中止诉讼，当事人应该遵守排他性管辖约定去印度尼西亚的登巴萨(Denpasar)法院起诉。”①

中国香港法院并没有中止中国香港诉讼程序的义务，而是享有自由裁量权决定当事人的主张是否构成强有力的理由使法院拒绝中止诉讼。如S-Net货运(香港)有限公司诉南宋船务有限公司案[S-Net Freight(HK) Limited v. Namsung Shipping Company Limited]中，中国香港法院认为，“虽然当事人选择韩国法院排他性管辖，但中国香港法院进行的关联诉讼构成违反韩国法院排他性管辖协议的强有力理由……虽然韩国和中国香港与案件都有联系，但中国香港的案件事实具有压倒性优势(由此构成强有力理由)，这些案件事实包括：原告为中国香港公司；提单由被告的中国香港代理发出；依据中国香港法律提单适用海牙维斯比规则，韩国《海商法典》并不会发挥重要作用；船员定期到中国香港因此在中国香港出庭作证没有困难；如果尊重排他性管辖协议中止诉讼且当事人在韩国申请损害赔

① [2010] HKEC 197.选择境外法院排他性管辖协议案件中，中国香港法院依据不方便法院原则行使自由裁量权中止诉讼的案件还有 Lammas Global Corporation v. Barclays Bank(Suisse) S.A. & ORS [2011] HKCU 724，Samuel Hutchison Canavan v. Brenton George Battenfeld & Anor [2010] HKCU 1752，Prime Deal(HK) Enterprises Ltd v. Hongkong and Shanghai Banking Corp Ltd & Anor[2006] 3 HKC 74，HBZ Finance Ltd v. Nippon Yusen Kaisha [2002] HKCU 705，Trafalgar House Construction(Asia) Ltd v. The Owners and/or Demise Charterers of MV “Thor Scan”；sub nom The Thorscan(HKC) [1999] 2 HKLRD 136，Mashreq Asia Ltd v. Furness Logistics(HK) Ltd [1999] 4 HKC 317，Pan Lyoyd Shipping Ltd v. Cho Hung Bank [1992] HKCU 0431。

偿诉讼，那么韩国的诉讼与中国香港的关联诉讼可能会产生冲突判决，并浪费诉讼资源”。最终中国香港法院判决，出于追求公正和节省司法资源的考虑，允许原告在中国香港法院起诉更为适当，因此拒绝被告的中止诉讼申请。[①]

2. 非排他性管辖协议

在非排他管辖协议案件中，当事人选择本地法院管辖还是选择境外法院管辖，中国香港法院的态度是不一样的。

（1）选择本地法院非排他性管辖协议

中国香港法院审理的贵权投资有限公司案（Noble Power Investments Limited & Another v. Nissei Stomach Tokyo Co Ltd）中，当事人选择由中国香港法院非排他性管辖。一审法官认为："依据不方便法院原则，非排他管辖条款只是衡量法院适当性时的一个考量因素，日本法院明显更适合审理案件，因此拒绝授予原告境外送达的许可。"二审法官则指出，如果原告在被选择法院（中国香港法院）起诉，则被告申请拒绝境外送达需要强有力的理由（strong or overwhelming reasons or exceptional circumstances），而如果原告在被选择法院之外的法院起诉，则被告申请境外送达的证明责任相对较轻（less heavy burden）。在非排他性管辖条款情形下，在被选择法院起诉时非排他性管辖条款实际上相当于排他性管辖条款。意即选择本地法院非排他管辖的协议不仅仅是判断适当法院的一个考虑因素，而且可以作为法院行使管辖权的强有力理由。本案中，被告需要证明其存在强有力的理由可以不遵守协议并申请法院拒绝境外送达。由于被告未能证明，

① ［2011］HKCU 1529. 选择境外法院排他性管辖协议案件中，中国香港法院依据不方便法院原则行使自由裁量权拒绝中止诉讼的案件还有 Zhoushan Xinhong Aquatic Co Ltd & Anor v. Sino Trand Ltd & Anor［2006］HKCU 1306，Star Cruises（HK）LTD v. Tung Ho Wah［2006］HKCU 465，Hwoo Huang Linda v. Fu Being San and others［2002］HKCU 428。

因此二审法院不支持被告，最终推翻一审判决，授予境外送达许可。①由于中国香港法院要求被告对选择中国香港法院非排他性管辖的协议提出抗辩需要强有力的理由，而对选择境外法院非排他性管辖的协议申请境外送达的许可则符合"明显更适合审理"标准，因此可以说中国香港法院对选择本地法院非排他管辖的协议持强烈支持的立场。

（2）选择境外法院非排他性管辖协议

a. 权威案例——梅兰蒂案（Adhiguna Meranti）

对选择境外法院非排他性管辖的协议，如果当事人申请中止诉讼，中国香港上诉法院在审判实践中遵循斯皮利达海事公司诉坎苏莱克斯有限公司案，并在此基础上发展、确立了三阶段测试法。虽然这个方法不能全面概括斯皮利达海事公司诉坎苏莱克斯有限公司案，但却是一个容易运用的方法，中国香港法院在之后的审判中都遵循这个方法。②三阶段测试法是在梅兰蒂案中确立的：③

法院需要考察，是否存在其他有管辖权的法院，这个法院是审理案件的适当法院，且更能兼顾各方利益并实现公正审判。三阶段测试法需要考虑：

第一，中国香港法院不仅不是审理案件的自然、适当（natural and appropriate）的法院，而且在中国香港之外有明显更适合（clearly or distinctly more appropriate）审理案件的法院，证明责任由被告承担。问题的关键在于"适合"（appropriate）而不是"便利"（convenient），因为这不仅仅是便利性的问题，判断明显更适当法院的目的是确定一个有"真实、实质联系"的

---

① [2008] HKCA 255，[2008] 5 HKLRD 631.

② See Graeme Johnston, *The Conflict of Laws in Hong Kong*, London: Sweet & Maxwell Asia, 2005, pp.104—105.

③ [1987] 2 HKC 126，[1987] HKLR 904.

法院。如果被告在这个阶段失败那么其将面临败诉的风险。

第二,如果第一个问题的答案是肯定的,那么就要考虑在境外审判是否剥夺原告合法的属人或司法优势,由原告承担举证责任。

第三,如果第二个问题的答案是肯定的,那么法院就要比较第一个问题的优势与第二个问题的劣势。剥夺原告的一项或几项属人或司法优势不一定是致命的,因为境外适当法院可以通过"实体公正"来弥补这个缺陷。这个最终的说服责任由申请中止诉讼的被告承担。法院必须尽量客观,通过这个测试权衡利弊,并最终认定境外法院更利于"各方当事人利益的保护及司法公正的实现",原告选择起诉的法院不适合审理案件且可能导致"挑选法院"现象所以应受到限制。

与埃莱夫塞里娅案和埃尔阿马里亚案(适用于选择境外法院排他管辖协议案件)相比,斯皮利达海事公司诉坎苏莱克斯有限公司案和梅兰蒂案(适用于一般中止诉讼案件及非排他管辖协议案件)要求被告(而非原告)首先承担举证责任。虽然前者适用"强有力理由"标准,后者适用"明显更适当法院"标准,但两类案件中法院运用不方便法院原则时所考虑的因素是可以相互借鉴的。

b. 梅兰蒂案中不方便法院原则适用的相关问题

中国香港法院在适用梅兰蒂案确立的不方便法院原则决定是否中止诉讼时需要考虑以下几个问题。不过这些问题只是完善、明确了不方便法院原则的具体运用,并不是只有在选择境外法院非排他管辖的协议案件中才适用。

第一,梅兰蒂案确立的三阶段测试法要按顺序进行,其中第一步要求境外法院是可获得的(available)以及更适合(more appropriate)审理案件的法院。考虑境外法院的可获得性时要考虑三个方面。首先,如果原告申请中止诉讼时能在被选择的外地法院启动诉讼程序，那么该法院被认为是可获得的(available)。即便只有被告应诉原告才能在该外地法院申请中止诉讼，也不会影响该法院的可获得性。其次，之前有权威判例认为境外法院是可获得的法院要求原告实际上能在该法院提起诉讼，①但现在有判例认为原告在境外法院能够提起诉讼与可获得性无关，②原告在境外法院起诉遇到的困难将在下一阶段(合法的属人或司法优势)考虑。最后，原告主张其在本地法院提起的诉讼、获得的救济在境外法院无法获得，境外法院的法律选择规则可能导致原告败诉，这些因素与境外法院的可得性都不具有相关性，不过这些因素在第二阶段可以加以考虑。③通常，明显更适当的法院被称为自然法院或者与诉讼有最真实、最密切联系的法院。

第二，被告必须证明其主张的最适合审理案件的法院是具体的、明确的。仅仅主张国家或者城市是不够的，比如“美国”或“美国法院”或“纽约法院”或“美国联邦法院”或“中国法院”是不够的，被告必须在传票中指定具体的境外法院，尽管有些情况下不明确的指定事实上只有一种理解。法律上并不禁止被告主张几个方便审理的法院，但实践中这样做会减损其申请的可信度，因为这意味着不存在唯一的明显比中国香港法院更适合审理案件的法院。④

第三，法院比较第一个问题的优势与第二个问题的劣势时必须尽量客观，采用客观性测试方法。被告不得证明原告的不良意图。实际上，除非在极为例外的情况下，对意图的考察不可能成立任何观点：其一，除非被质

---

① Mohammed v. Bank of Kuwait and the Middle East KSC [1996] 1 WLR 1483(C.A.).

② Connelly v. R.T.Z. Corp. Plc [1998] A.C. 854, [1997] 4 All ER 335, House of Lords.

③ See Dicey, Morris, Collins, *The conflict of laws*, 13th edn, London: Sweet & Maxwell, 2000, p.386, 397.这里参考的是莫里斯对斯皮利达案中不方便法院原则的论述，其对梅兰蒂三阶段测试法也适用。

④ See Graeme Johnston, The Conflict of Laws in Hong Kong, London: Sweet & Maxwell Asia, 2005, p.107.

疑方自己的宣誓书或者没有争议的文件明确证明,否则在中间程序中法院不可能依据不良意图作出决定;其二,更为普遍的情况是,不论基于什么理由,经过适当咨询的当事方一般希望案件在对他们有利的法院审理;追求司法公正而不偏袒任何当事方实际上是法院所期望的而不是当事人所期望的;如果双方都不披露真实意图,那么除非真相确实重要,否则法院会依据适当的客观证据进行判断。①

第四,中国香港法院一般会授予中止诉讼许可,但也存在例外情况,即如果第二个阶段原告能够证明境外审判剥夺原告"合法的属人或司法优势"(legitimate personal or juridical advantage),即合法优势(legitimate advantages)。在原告请求的情况下中国香港法院会考虑在中国香港起诉对原告的优势及在境外起诉对原告的劣势。这最终取决于中国香港法院愿意采用礼让立场还是司法专制的立场来分析中国香港或者境外法律程序的具体特征,并判断原告在境外法院是否会面临实体不公的风险。虽然这个方法在 19 世纪 80 年代就开始运用,但是以往的实践不能反映现代司法实践的特征。实践表明如果对这个方法的适用存在误解,那么原本要证明某一观点的证据就不能发挥应有的作用。②

例如,实践中法院关注的不是中国香港或者境外的程序,而是比较两者。如果中国香港的法律救济允许原告起诉而境外的法律救济不允许原告起诉,那么中国香港法院会行使管辖权而维持案件的可起诉性。但是,如果原告不符合在中国香港起诉的条件或者在一地起诉比在另一地起诉更有经济优势,那么这就不构成考虑因素。③

---

① See Graeme Johnston, The Conflict of Laws in Hong Kong, London: Sweet & Maxwell Asia, 2005, p.98.

②③ Ibid., p.101.

又如，中国香港法院拒绝行使管辖权是否会使原告丧失“合法的属人优势或者司法优势”，这个概念不包括中国香港地区民事程序特有的而其他国家和地区民事诉讼程序没有的特征，如延长的发现程序、败诉被告赔偿原告的大量诉讼开支。尽管如此，不同法院在审理案件时适用准据法的实质差异可能构成可以考虑的合法优势。①

再如，现代司法实践中原告依据合法优势理由成功地在英国或中国香港法院诉讼可能涉及下述极端情形：②一是原告没有经济实力在境外法院起诉，其在本地起诉有强大的政府经济资源；③二是与本地的专业协助相比在境外法院不能解决复杂情况；④三是境外法院诉讼程序比中国香港法院的诉讼程序有更多可预见性的迟延；⑤四是境外法院有偏袒的可能。⑥

中国香港诉讼中的原告还可以效率低下、经验不足、过分迟延、腐败或者偏见为由主张司法不公，但这些理由必须直白地提出（而不是以暗示的方式），而且要有强有力的积极的证据支持。除了上述例外情形，比较境外法院和中国香港法院司法公正性的差异是不适当的，法院也要警惕被当事人带入这个做法。法官需要考虑的问题仍然是中国香港原告在境外法院能否得到“实体公正”的判决，如果是，那么即便境外诉讼在某些方面对原告不利，原告一般也应接受管辖。⑦

前文在论述有关选择境外法院排他性管辖协议的埃莱夫塞里娅案时，列

① See Graeme Johnston, The Conflict of Laws in Hong Kong, London: Sweet & Maxwell Asia, 2005, p.101.

② Ibid., p.102.

③ Lubbe v. Cape plc [2000] 1 WLR 1545, [2000] 4 All ER 268, House of Lords.

④ Connelly v. R.T.Z. Corp. Plc [1998] A.C. 854, [1997] 4 All ER 335, House of Lords.

⑤ 如中国香港法院审理的很多涉及印度的案件，参见 Graeme Johnston, The Conflict of Laws in Hong Kong, London: Sweet & Maxwell Asia, 2005, p.102。

⑥ Bayer Polymers Co Ltd v. The Industrial and Commercial Bank of China, Hong Kong Branch [2000] 1 HKC 805.

⑦ See Graeme Johnston, The Conflict of Laws in Hong Kong, London: Sweet & Maxwell Asia, 2005, pp.101—102.

举的适用不方便法院原则应考量的因素诸如证据、实体合同的准据法、当事人与被选法院地的联系、被告是否真诚地希望该案在该境外法院审理还是仅仅为了寻求程序上的优势、原告在境外法院起诉是否被剥夺了诉讼保障，也是非排他管辖协议案件中中国香港法官行使自由裁量权时考虑的因素。

c. 中国香港法院案例

在普通法系国家和地区，如果当事人之间存在选择境外法院排他性管辖条款，那么法院对中止诉讼的申请适用埃莱夫塞里娅案和埃尔阿马里亚案确立的原则，即违反管辖协议的原告通常需要有强有力的理由。[①]如果当事人之间存在选择境外法院非排他性管辖条款，那么法院对中止诉讼申请适用斯皮利达海事公司诉坎苏莱克斯有限公司案确立的、适用于一般中止诉讼案件的原则，即主张遵守管辖协议的被告需要证明境外法院明显更适合审理案件。[②]中国香港法院在斯皮利达海事公司诉坎苏莱克斯有限公司案的基础上发展了梅兰蒂案确立的三阶段测试法。不过不论"强有力理由"标准还是"明显更适当理由"标准，不论原告举证还是被告举证，都是对不方便法院原则的运用。

中国香港法院对大多数选择境外法院非排他性管辖协议案件拒绝授予中止诉讼的许可并依法行使管辖权。如在余立文案中，中国香港法院认定选择中国内地法院管辖的协议为非排他性的，[③]并认为："被告只能证明中国内地法院与中国香港法院一样也是审理案件的适当法院，但不能证明

---

① 大多排他性管辖协议案件要求"强有力理由"标准，个别案件中法官以"明显更适当理由"为标准拒绝中止诉讼或授予禁诉令。如 Hyundai Engineering & Construction Co Ltd v. UBAF(Hong Kong) Ltd [2012] HKCU 2155。

② See The Frinton, "Exclusive Jurisdiction Clauses and Multiple Plaintiffs", 21 Hong Kong L.J. 240(1991).

③ 法院在认定管辖协议的性质时指出，如果案件标的只涉及中国内地的土地，则中国内地法院有排他管辖权。但该案还涉及公司股东任命及股权分配，需要适用中国香港法律，因此可以推断协议并未使当事人承担只能在中国内地法院起诉的义务。

中国内地法院比中国香港法院明显更适合审理案件，因此拒绝授予中止诉讼的许可，中国香港法院享有管辖权审理案件。”[①]又如中国香港法院审理的T & K电子有限公司诉太平洋保险公司案中，当事人之间存在选择英国法院非排他管辖的协议。法官指出：“在不涉及排他性管辖协议的情形下，法官行使自由裁量权决定是否中止诉讼的出发点是判断其是否有法律规定的固有的管辖权。依据斯皮利达海事公司诉坎苏莱克斯有限公司案原则，请求法院行使自由裁量权的被告需要举证证明法院应该中止诉讼。被告不仅需要证明中国香港法院不是审理案件的自然法院和适当法院，而且需要证明英国法院比中国香港法院明显更适合审理案件，如果被告证明成功，则证明责任转移至原告(证明到境外法院起诉对其不公)。本案中被告律师主张非排他性管辖协议即构成强有力理由的证据，法官则认为非排他性管辖协议只是法院行使自由裁量权的一个考量因素，[②]因此证明责任没有转移给原告，法院拒绝行使自由裁量权中止诉讼。”[③]再如在温尼特斯投资有限公司诉牛津产品公司案中，当事人协议选择纽约法院管辖，法官指出：“如果管辖条款是非排他性的，那么要适用斯皮利达海事公司诉坎苏莱克斯有限公司案原则决定是否中止诉讼，这就要求被告证明纽约法院明显更适合审理案件。本案主要事实均发生在中国香港，当事人都是中国香港公司，在中国香港有营业地，合同在中国香港协商订立，案件所涉主要证人是中国香港居民。本案与纽约的联系只有当事人协议选择纽约法律为合同准据法、协议选择纽约法院非排他性管辖。”在考虑到准据法因素时，法官认为，“如果境外法的解释对案件审理至关重要，那么就要考虑中止中

---

① [1998] HKLRD(Yrbk) 104.

② 如上文所述，在选择本地法院非排他性管辖的协议中，非排他性管辖条款才构成强有力理由的证据。

③ [1998] 1 HKLRD, Commercial List No 61 of 1997.

国香港法院的诉讼。然而本案中境外法律的适用并没有实质争议，因此不会产生不公正问题。对于管辖条款，由于其是非排他性的，因此只作为法院行使自由裁量权中止诉讼时考虑的一个因素”。基于以上理由，法官认为被告未能证明纽约法院明显更适合审理案件，因此拒绝中止诉讼。①

3. 性质不明确的管辖协议

在中国香港，排他性管辖协议和非排他性管辖协议的区分在理论上具有重要意义，在审判实践中这种区分实际上并没有被特别推崇。由上文分析可知，在协议管辖案件中，无论管辖协议是排他性的还是非排他性的，法院都可以适用不方便法院原则决定是否中止诉讼。法院在决定是否授予中止诉讼许可时将管辖协议视为一个非常重要的因素或者与其他因素同等重要的因素来考察。从这个意义上看，将管辖协议区分为排他性的和非排他性的对案件的处理通常没有太大帮助。②在当事人对管辖协议排他性质约定不明确的案件中，中国香港法院或者对管辖协议的性质作出判断再决定是否授予中止诉讼或者禁诉令，③或者直接决定是否授予中止诉讼或者禁诉令，但不论哪种情况法院都是依据不方便法院原则行使自由裁量权来决定。在中国工商银行深圳支行诉新国际有限公司案（The Industrial & Commercial Bank of China, Shenzhen Branch v. New International (Groups) Limited）中，被告主张管辖协议为排他性的，案件只能在深圳法院起诉，法官避开管辖协议的性质问题进行判断，④认为即便管辖协议是排

① ［2005］HKEC 44.

② See Adrian Briggs, Peter Rees, *Civil jurisdiction and judgments*, London: Informa, 2009, p.479.

③ PT Bali Hospitality Utama v. Mathias Echene［2010］HKEC 197; Yu Lap Man v. Good First Investment Ltd［1998］HKLRD（Yrbk）104; winnitex investment company limited v. oxford products［2005］HKEC 44.

④ 皮尔（Peel）教授在其文中指出，国际私法界最著名的法学家奥托·卡恩·弗罗因德（Sir Otto Kahn Freund）注意到，虽然选择外国法院管辖的条款在国际商事实践中有非常重要的作用，英国学者却几乎不怎么关注这个问题。See Edwin Peel, “Exclusive Jurisdiction Agreement: Purity and Pragmatism in the Conflict of Laws”,［1998］LMCLQ 182.

他性的，中国香港法院也有自由裁量权决定是否对违反管辖协议的案件授予中止诉讼的许可，最后判决拒绝中止诉讼。①

由上文论述可知，中国香港法院赋予选择本地法院管辖的协议较强的效力，但无论当事人协议选择本地法院还是境外法院、无论管辖协议是排他性的还是非排他性的，中国香港法院都有自由裁量权决定是否授予中止诉讼的许可，只是举证责任人和证明标准不同。其如表 3-2 所示。

表 3-2　中国香港法院对管辖协议的态度

管辖协议	选择本地法院	选择境外法院
排他性	**管辖，**极少例外，即被告有强有力理由	**不管辖，**除非原告有强有力理由（The Eleftheria 原则）
非排他性	**管辖，**除非被告有强有力理由	**管辖，**除非被告证明存在明显更适当法院（Adhiguna Meranti 三阶段测试法）
性质不明确	**管辖/不管辖，**法院依据自由裁量权（原告/被告证明其有强有力理由/明显更适当法院）决定	

四、“一带一路”沿线混合法系国家的态度与做法——以南非为例

南非的管辖权体系比较特殊，高等法院各个部门分别行使管辖权，即一个部门有管辖权，但另一个部门不一定有管辖权。这种碎片化的管辖权要求协议管辖必须指定高等法院的某一个部门，否则无效。南非对管辖协议的执行持非常积极的立场，尤其是选择外国法院的排他性管辖协议，当事人申请中止诉讼的需要“强有力的理由”。对于非排他性管辖协议，当事人应诉视为选择南非法院非排他性管辖的证据。不过依据南非法律，应诉管辖应有法定管辖依据，即案件应与南非有实际联系。因此，两个外国人选择南非法院为中立法院而案件与南非再无其他实际联系的

① ［2003］HKEC 313.

管辖协议是得不到执行的。①

第五节 “一带一路”沿线国家对单边管辖协议的态度

单边管辖协议(Unilateral/one-way/one-sided/Asymmetrical jurisdictional agreement)是不同于排他性管辖协议和非排他性管辖协议的一种新的管辖协议类型,其在实践中的适用并不普遍。这类管辖条款规定,双方当事人协商一致将争议提交给某一国家的某个或某些法院排他/非排他管辖,而不限制另一方当事人选择到其他法院起诉。这类条款通常在缔约权不平等的当事人之间缔结,明显使一方当事人比另一方当事人处于更优越的地位。②对没有选择权的一方当事人而言,该条款具有排他性质,或者至少使其承担了在被选择法院起诉的义务;对有选择权的另一方当事人而言,该条款对其没有约束力,其可以决定在被选择法院或者其他法院起诉。单边的管辖条款在对银行有利的金融协议和对卖方有利的销售协议中较为常见,如金融协议的相关条款会规定,要求借方只能在某个法院起诉,而银行有权在其他法院起诉,当然银行最有可能在借方的财产所在地起诉。单边的管辖协议能确保债权人到债务人住所地以及财产所在地法院起诉,有利于增加银行提供金融服务的动力,减少债务人的融资成本,降低债务不履约的风险。③

虽然单边管辖协议在实践中比比皆是,但有关单边管辖协议的纠纷却

① See Elsabe Schoeman,“South Africa: Time for Reform”, in Mary Keyes(eds), *Optional Choice of Court Agreements in Private International Law*, Ius Comparatum-Global Studies in Comparative Law, vol 37. Springer, Cham, 2019, pp.348—349, 354—357.

② See Richard Fentiman, “Unilateral Jurisdiction Agreements in Europe”, 72 Cambridge Law Journal 24(2013).

③ Ibid., pp.24—27.

不多见，大多数国家的成文法也没有对单边管辖协议的执行进行特别规定。[①]对单边管辖协议的法律效力问题，有些国家态度尚不明确，大多数国家认定为有效。

一、法国案例及其引发的问题

法国长期以来都认可单边管辖协议的效力，但近几年来立场有所变化。法国最高法院在2012年、2015年、2018年(两个案件)审理的四个案件中拒绝认可单边管辖协议的效力，[②]在2017年和2019年审理的两个案件中却持相反立场。[③]2012年X女士诉罗斯柴尔德私人银行案(Ms X v. Banque Prive′e Edmond de Rothschild)判决作出后，单边管辖协议是否违反《布鲁塞尔条例Ⅰ》第二十三条逐渐成为理论界及实践界都颇为关注的问题。

在本案中，X女士为法国公民，罗斯柴尔德私人银行为一家卢森堡银行，X女士在罗斯柴尔德私人银行开立了账户。双方当事人之间的合同明确约定，卢森堡法院对X女士提起的任何诉讼都享有排他管辖权，但允许银行在卢森堡法院或“客户(X女士)住所地法院或者其他有管辖权的法

① See Mary Keyes, “Optional Choice of Court Agreements in Private International Law: General Report”, in Mary Keyes(eds), *Optional Choice of Court Agreements in Private International Law*, Ius Comparatum-Global Studies in Comparative Law, vol 37. Springer, Cham, 2019, p.35.

② Case civ, léré, 26 September 2012, Holdings vs Crédit Suisse Cass civ 1ère, 25 March 2015, Creédit Suisse Ⅱ Cass. civ. 1e., 7 February 2018 and Saint-Joseph Cass. civ. 1e., 3 October 2018, cited in François Mailhé, “France: A Game of Asymmetries, Optional and Asymmetrical Choice of Court Agreements Under French Case Law”, in Mary Keyes(eds), *Optional Choice of Court Agreements in Private International Law*, Ius Comparatum-Global Studies in Comparative Law, vol 37. Springer, Cham, 2019, Section 3.

③ Société eBizcuss.com vs Apple Cass. civ. 1ère, 7 October 2015, Cass. civ. 1ère, 11 May 2017, cited in François Mailhé, “France: A Game of Asymmetries, Optional and Asymmetrical Choice of Court Agreements Under French Case Law”, in Mary Keyes(eds), *Optional Choice of Court Agreements in Private International Law*, Ius Comparatum-Global Studies in Comparative Law, vol 37. Springer, Cham, 2019, text to note 41—43.

院"起诉。诉讼中银行依据协议前半部分主张法国法院没有管辖权，但是法国法院认为X女士有权在法国法院起诉，要求X女士只能在卢森堡法院起诉的管辖协议是无效的。协议只允许银行选择管辖法院，这与法国合同法的原则相悖，也与《布鲁塞尔条例Ⅰ》第二十三条的目标冲突。

法院并未清楚地阐述单边管辖协议与《布鲁塞尔条例Ⅰ》第二十三条目标相冲突的原因。法院的混乱逻辑大概是：在单边管辖协议的情形下有选择权的一方当事人（即位于主导地位的当事人）可以选择在任何法院起诉，这导致协议不具有确定性；在布鲁塞尔体系下，管辖权必须明确是一个被广为接受原则。然而需要注意的是，该案中的争议是X女士是否可以在卢森堡之外的法院起诉（协议中已经明确规定不可以），而不是银行是否可以在其他法院起诉，这与银行选择权之效力无关。①对于单边管辖协议是否与条例第二十三条的目标相冲突，芬蒂曼（Fentiman）教授对法院逻辑的批判无疑是很有说服力的：②

第一，条例第二十三条的本意为"除非当事人另有约定，否则管辖协议是排他性的"，这表明条例也认可非排他管辖协议的效力。X女士诉罗斯柴尔德私人银行案中银行具有管辖选择权，这与非排他性管辖协议中当事人的管辖选择权是一样的，因此也是有效的，与条例第二十三条并不冲突。

第二，1968年《布鲁塞尔公约》第十七条规定："如果指定管辖权的协议只是为了当事人中一方的利益而订立的，则该方当事人可以选择在本公约规定有管辖权的任何其他法院提起诉讼。"《布鲁塞尔条例Ⅰ》第二十三条删除此规定不是因为单边管辖协议无效，而是因为条例第二十三条认可非排他管辖协议的效力，对单边管辖协议单独规定已经没有必要性了。欧洲

---

①② See Richard Fentiman, "Unilateral Jurisdiction Agreements in Europe", 72 Cambridge Law Journal 24(2013).

法院曾在里昂信贷银行案(Anterist v. Crédit Lyonnais)中指出,如果协议中明确规定、或者有证据证明、或者从周围情况可以证明一方当事人具有管辖选择权是双方当事人的合意,那么法院认可该管辖协议的效力。①

第三,条例认可非排他性管辖协议的效力,非排他性管辖协议允许当事人可以选择在任何有管辖权的法院起诉,然而条例二十三条并未面临管辖权不确定的批判,X女士诉罗斯柴尔德私人银行案中法官的逻辑(单边管辖协议导致不确定性)是不成立的。因此可以说,以不确定性为由否认单边管辖协议有效性是站不住脚的。

第四,除了第二十三条外,条例已经明确地考虑了允许当事人选择管辖法院带来的管辖权不确定的问题。如原告可以依据第五条规定的标的管辖权(subject-matter jurisdiction)起诉,替代第二条规定的对人管辖权(personal jurisdiction)。这也可以反驳X女士诉罗斯柴尔德私人银行案中法官的逻辑。

第五,当事人具有管辖选择权会导致管辖权不确定其实是一个假想的问题。因为依据条例第二十七条,原告一旦行使选择权,管辖权就已确定,其他法院都不能再行使管辖权。

法国法院对X女士诉罗斯柴尔德私人银行案的判决在实践中可能导致恐慌并引发一系列的问题。否认单边管辖协议的效力导致金融借贷中常用的单边管辖协议面临巨大的法律风险,银行在法律风险加大的情况下可能会提高融资成本和融资门槛,这势必影响商事借贷的发展和宏观经济的运行。虽然以后通过修改商事交易中普遍存在的标准条款可以在一定程度上避免该案判决带来的负面影响(实践效果暂且不论),但是即便上述

① See Dicey, Morris, Collins, *The conflict of laws*, 13th edn, London: Sweet & Maxwell, 2000, p.433.

方法有效，目前已经生效的众多合同中的这类管辖条款的效力已经被严重危及。任何不允许债权人行使管辖选择权的判决都可能导致金融成本增加的后果，进而损害到法国最高院明显想要保护的债务人的利益。①

二、中国的实践

中国法院在两个与银行有关的金融协议纠纷中明确认可单边管辖协议对不同当事人具有不同的效力。最高人民法院审理的住友银行有限公司与新华房地产有限公司贷款合同纠纷管辖权异议案中，双方当事人在融资贷款协议第23.2条约定："为了贷款人的利益，借款人不可撤销地同意，中国香港法院享有处理因本协议而产生的或与本协议有关的任何纠纷的非排他管辖权，与此相适应，任何因本协议而产生的或与本协议有关的诉讼都可以在这些中国香港法院提起，借款人不可撤销地接受这些中国香港法院的非排他管辖。"第23.3条约定："本条款将不限制贷款人在其他有管辖权的法院向借款人提起诉讼。在贷款人在一个或多个有管辖权的法院提起诉讼后，不限制贷款人在其他有管辖权的法院提起诉讼，不论它们是否同时或不同时提起。"最高人民法院认为："依据中国香港法律，该协议管辖条款应理解为，若借款人新华公司作为原告就该融资贷款协议纠纷提起诉讼，应接受中国香港法院的非排他性管辖；若贷款人住友银行作为原告就该融资贷款协议纠纷提起诉讼，即可以向中国香港法院提起，也可向中国香港以外的其他有管辖权的法院提起。"由于案件为借款人提起，法院在考虑了方便诉讼原则后，决定案件由中国香港特别行政区法院管辖更为适

① See Richard Fentiman, "Unilateral Jurisdiction Agreements in Europe", 72 Cambridge Law Journal 24(2013).

宜,否认了中国内地法院的管辖权。[①]上海市高级人民法院审理的赖某诉荷兰银行公司(ABN AMRO Bank N.V.)财产损害赔偿纠纷上诉案中,赖某、刘某与荷兰银行有限公司签订《个人外汇及衍生品交易主协议》一份,该协议第 13 条第(15)款 b 项明确约定:关于任何起诉、诉讼或与此协议相关的诉讼程序以及为了银行自身的利益,合约方应不可撤销地将有关诉讼提交中国香港法院裁决,但并不限制银行将诉讼提交到任何其他的司法辖区。从管辖条款的条文看,赖某应承担只能在中国香港法院起诉的义务,对赖某而言该条款为排他性管辖条款;银行可以在任何有管辖权的法院起诉,对银行而言该条款为非排他性管辖条款。由于案件为赖某提起,上海高级人民法院认为中国内地没有管辖权,并判决案件应由中国香港法院排他性管辖。[②]

三、英国的态度

普通法法院尤其是英国法院以及大多数普通法学者都认可单边管辖协议的效力。[③]早在 1994 年的大陆银行案就表明英国法院和英国法都认可单边管辖协议的有效性。[④]在 2013 年的毛里求斯商业银行有限公司诉赫斯蒂亚控股有限公司案(Mauritius Commercial Bank Limited v. Hestia Holdings Limited)中,英国高等法院的立场仍未改变。[⑤]该案中争议的双方当事人在修正及重订协议(the amendment and restatement agreement)第 24 条(1)款中规定:“(a) 英国法院对由该协议引起的或者与该协议

---

① (1999)经终字第 194 号。

② (2010)沪高民五(商)终字第 49 号。

③ See Mary Keyes, “Optional Choice of Court Agreements in Private International Law: General Report”, in Mary Keyes(eds), *Optional Choice of Court Agreements in Private International Law*, Ius Comparatum-Global Studies in Comparative Law, vol 37. Springer, Cham, 2019, p.38.

④ [1994] 1 WLR 588(CA). See Richard Fentiman, “Unilateral Jurisdiction Agreements in Europe”, 72 Cambridge Law Journal 24(2013).

⑤ [2013] EWHC 1328(Comm).

有关的任何争议(包括协议的成立、有效、终止)享有排他管辖权。(b) 双方一致同意英国法院是解决纠纷最适当、最便利的法院,对此双方不会有相反的抗辩。(c) 本款只是为了保护出借人的利益。因此,不禁止出借人在其他法院对争议提起诉讼。在(英国)法律允许的范围内出借人可以提起平行诉讼。”英国高等法院依据英国法律认定协议中的单边管辖条款是有效的。波普尔韦尔(Popplewell)法官引用了芬蒂曼教授的话:“这种单边的非排他性管辖条款在金融市场中很常见……这类协议在英国法中是有效的……实际上,尽管这类条款规定的义务不对等,但很难质疑其效力,也没有政策依据可以对其进行质疑。”[①]波普尔韦尔法官进一步指出:“如果双方当事人在管辖条款中的真实意思为原告应该有权在世界上任何地方起诉或被诉,那么法院应该对当事人的协议予以尊重并赋予效力。”英国法院在 2013 年巴黎银行案和罗纳美德收购有限公司诉开普兴银行案(Lornamead Acquisitions Ltd v. Kaupthing Bank HF)、2015 年巴克莱银行案(Barclays Bank plc v. Ente Nazionale di Previdenza ed Assistenza dei Medici e Degli Odontoiatri)、2017 年德国商业银行诉利基马尔油轮管理公司案(Commerzbank AG v. Liquimar Tankers Management Inc)中也坚持了上述立场。[②]

四、“一带一路”沿线国家的做法

虽然捷克法院在一些案件中执行了单边管辖协议,且捷克认可雇佣合

① See Richard Fentiman, “Unilateral Jurisdiction Agreements in Europe”, 72 Cambridge Law Journal 24(2013).

② [2013] EWHC 3073 (Comm). [2013] 1 BCLC 73. [2015] 2 Lloyd's Rep 527. [2017] 1 WLR 3497. Cited in Mary Keyes, “Optional Choice of Court Agreements in Private International Law: General Report”, in Mary Keyes (eds), *Optional Choice of Court Agreements in Private International Law*, Ius Comparatum-Global Studies in Comparative Law, vol 37. Springer, Cham, 2019, p.38, footnote 277.

同中单边管辖协议的有效性，但其国内学者一直批判单边管辖协议缺乏明确性。①

土耳其对单边管辖协议的立场不统一，其国内主流观点认为该类管辖协议无效，但最高法院在 2016 年的一个案例中认定单边管辖协议有效。②

与土耳其一样，比利时学者也认为单边管辖协议无效，但 2009 年比利时法院判定单边管辖协议有效。③

希腊国内法接受《布鲁塞尔公约》第十七条规定的“为一方当事人利益缔结的管辖协议”的有效性。④

罗马尼亚没有与单边管辖协议相关的判例，也没有可以遵循的原则。虽然罗马尼亚法院常借鉴法国判例，但在单边管辖协议问题上并没有这么做。罗马尼亚学者认为单边管辖协议是双方当事人合意的结果，因此是有效的，但并未被法院采纳。⑤

---

① See Naděžda Rozehnalová, Silvie Mahdalová, Lucie Zavadilová, “Czech Republic: The Treatment of Optional and Exclusive Choice of Court Agreements”, in Mary Keyes(eds), *Optional Choice of Court Agreements in Private International Law*, Ius Comparatum-Global Studies in Comparative Law, vol 37. Springer, Cham, 2019, p.188.

② 11th Chamber of the Court of Cassation Case no. 2015/9758, Decision no. 2016/4646, cited in Zeynep Derya Tarman, Meltem Ece Oba, “Turkey: Optional Choice of Court Agreements”, in Mary Keyes(eds), *Optional Choice of Court Agreements in Private International Law*, Ius Comparatum-Global Studies in Comparative Law, vol 37. Springer, Cham, 2019, p.428.

③ Regional court Ghent 14 January 2009, RABG 2011, 291, cited in Geert Van Calster, Michiel Poesen, “Belgium: Optional Choice of Court Agreements, Legal Uncertainty Despite a Modern Legal Framework”, in Mary Keyes(eds), *Optional Choice of Court Agreements in Private International Law*, Ius Comparatum-Global Studies in Comparative Law, vol 37. Springer, Cham, 2019, p.101.

④ See Mary Keyes, “Optional Choice of Court Agreements in Private International Law: General Report”, in Mary Keyes(eds), *Optional Choice of Court Agreements in Private International Law*, Ius Comparatum-Global Studies in Comparative Law, vol 37. Springer, Cham, 2019, p.36.

⑤ See Elena-Alina Oprea, “Romania: Interpretation and Effects of Optional Jurisdiction Agreements in International Disputes”, in Mary Keyes(eds), *Optional Choice of Court Agreements in Private International Law*, Ius Comparatum-Global Studies in Comparative Law, vol 37. Springer, Cham, 2019, pp.317—318.

新加坡有关单边管辖协议的案件很少，并且少数的几个案件也不涉及单边管辖协议纠纷。从新加坡对非排他性管辖协议的态度可以看出，其应该会认可单边管辖协议中具有非排他性质的约定。①

第六节　“一带一路”倡议下基于排他性管辖协议所作判决的承认与执行

一、布鲁塞尔体系和《海牙公约》的规定

如果基于管辖协议所作判决能得到承认与执行，那么管辖协议将具有更大的价值。②由《布鲁塞尔条例Ⅰ(重订)》第三十六条的规定可知，一个缔约国法院所作判决不需要履行特殊程序即可在其他缔约国法院得到承认与执行。因此在布鲁塞尔体系下不论管辖协议是排他性的还是非排他性的，基于管辖协议所作判决都能得到承认与执行。在《海牙公约》机制下，虽然原审法院事实上是否以排他性管辖协议为依据行使管辖权并不重要，其可以其他管辖依据如被告所在地为由行使管辖权，但判决得到承认与执行的最重要的条件是当事人之间存在选择原审法院排他性管辖的协议。③可以说《海牙公约》中判决承认与执行机制的运行实质上是以排他性管辖协议为基础，如果不存在排他性管辖协议，案件将不能在缔约国法院获得承认与执行。

---

① See Adeline Chong, “Singapore: A Mix of Traditional and New Rules”, in Mary Keyes(eds), *Optional Choice of Court Agreements in Private International Law*, Ius Comparatum-Global Studies in Comparative Law, vol 37. Springer, Cham, 2019, p.344.

② Hartley/Dogauchi Explanatory Report on Convention of 30 June 2005 on Choice of Court Agreement(2007), p.791, para. 5.

③ Ibid., para. 164.

二、中国的态度

中国法院对排他性管辖的协议持强烈支持立场，并拒绝行使管辖权，除非存在强制性规则例外或者判决承认与执行例外。由此可以推断出，中国法院对基于排他性管辖协议所作判决的承认与执行应该也会持强烈支持立场，除非该外国法院判决违反本地强制性规则或者无法在本地获得承认与执行。

三、英国的态度

在普通法规则中，当事人申请承认与执行外国法院判决，需要证明该外国法院具有管辖权且其判决是终局性判决。如果当事人能证明上述条件已符合，那么英国法院即认为其可以在英国获得承认与执行，但有两个例外，第一为该外国判决违反了当事人之间的管辖(或仲裁)协议，第二为该外国判决基于欺诈作出。[①]如果当事人未提出上述两个抗辩，那么英国法院即认为外国判决使当事人之间形成独立、合法的权利义务关系，外国判决可以约束当事人，并应在英国法院的法律程序中获得承认与执行。[②]如果外国法院判决是基于当事人之间的管辖协议作出的，那么这构成英国法院承认与执行该外国判决的强有力理由。[③]如莫里斯阐释的那样，基于管辖协议所作外国判决在英国法院被承认与执行具有强有力的理由，是因为管辖协议被视为应诉管辖。[④]不过，上述理论也需要区分选择外国法院排他性管辖的协议与选择外国法院非排他性管辖的协议。对选择外国法院排他性

① See Adrian Briggs, *Agreements on Jurisdiction and Choice of Law*, Oxford University Press, 2008, p.339.

② Ibid., p.340.

③ Ibid., p.351.

④ See Dicey, Morris and Collins, *The conflict of laws*, 13th edn, London: Sweet & Maxwell, 2000, p.487.

管辖的协议，英国法院一般予以认可并依据上述理论（如果需要）承认与执行外国法院所作的判决。不过从英国法院对选择外国法院非排他性管辖协议的立场来看，除非被告能证明存在明显更适合审理案件的法院，否则英国法院一般会对案件行使管辖权。可以说，在普通法规则中，如果存在选择外国法院非排他性管辖的协议，那么外国法院基于管辖协议所作判决可能会与本地法院所作判决发生冲突，这种情况下，外国法院判决在英国法院就难以获得承认与执行。

四、"一带一路"沿线其他国家的立场

依据《布鲁塞尔条例Ⅰ（重订）》第二十五条和2004年《国际私法》第六条、第七条，比利时法律认可排他性管辖协议的积极效力和消极效力，当事人之间有选择本地法院排他性管辖协议的，比利时法院不承认与执行外国法院判决；当事人之间有选择外国法院排他性管辖协议的，比利时法院将承认与执行外国法院基于排他性管辖协议所作判决，但比利时法院有未决诉讼的除外。①

依据《希腊民事诉讼法典》第三百二十三条第二款，外国法院违反排他性管辖协议所作判决，希腊法院不予承认，②这表明希腊法院将承认与执行外国法院基于排他性管辖协议所作判决。

罗马尼亚法律认可排他性管辖协议的积极效力和消极效力，承认与执

① See Geert Van Calster, Michiel Poesen, "Belgium: Optional Choice of Court Agreements, Legal Uncertainty Despite a Modern Legal Framework", in Mary Keyes (eds), *Optional Choice of Court Agreements in Private International Law*, Ius Comparatum-Global Studies in Comparative Law, vol.37. Springer, Cham, 2019, p.85.

② See Georgios Panopoulos, "Greece: A Forum Favorable to Optional Choice of Court Agreements", in Mary Keyes (eds), *Optional Choice of Court Agreements in Private International Law*, Ius Comparatum-Global Studies in Comparative Law, vol. 37. Springer, Cham, 2019, p.258.

行外国法院基于排他性管辖协议所作判决。

南非法律支持管辖协议尤其是排他性管辖协议的执行，理由是当事人意思自治和契约神圣理论。①

---

① See Elsabe Schoeman, “South Africa: Time for Reform”, in Mary Keyes (eds), *Optional Choice of Court Agreements in Private International Law*, Ius Comparatum-Global Studies in Comparative Law, vol.37. Springer, Cham, 2019, p.353.

第四章
管辖协议的有效性

第一节 管辖协议的形式有效性

管辖协议的形式有效性(validity)是指管辖协议要符合一定的形式要件才能生效。管辖协议的形式要件是对当事人之间合意的外部可见的要求，是当事人真实合意表示的重要保证，如果管辖协议未能满足一定的形式要求，法院可能将拒绝执行此协议。①

出于警示和避免仓促行事的目的，大多国家和地区法律都对管辖协议形式要件有明确的规定，但也有国家立法不作此要求，如美国法律就不太关心管辖协议形式要件的可适用性，只关注能否证明存在管辖协议，即形式问题只与证明有关。②不过，美国对管辖协议形式要件采用的证明标准与大多国家和国际公约采用的形式标准殊途同归，实质上都是为了证明当事人管辖合意的存在。

① 参见叶斌:《国际选择法院协议效力的法律冲突与法律适用——海牙"被选法院地法"规则的优与劣》,《中国国际私法与比较法年刊(第十三卷)》,北京大学出版社 2010 年版,第 104 页。
② 参见张利民:《论法院选择协议之形式要求》,《中国国际私法与比较法年刊(第十二卷)》,北京大学出版社 2009 年版,第 74 页。

在电子信息时代之前，大多数国家和地区的法律都要求管辖协议采用书面形式。随着现代电子科技的进步和商业关系的发展，交易方式趋于简化，晚近的国际公约和各国各地区立法对管辖协议形式要件的规定呈现出宽松化倾向，使得管辖协议形式得到了充实和扩展。

一、中国对管辖协议形式要件的规定及实践

中国1982年颁布的《民事诉讼法(试行)》没有规定协议管辖制度，但实际上在该法实施期间，我国当时的对外经济贸易和海运业务实践是接受协议管辖约定的，法院对这种实践也持肯定态度。在争议解决中法院尊重当事人的约定并依此行使管辖权。然而，由于缺乏明确的法律依据，外方当事人可能依据这个理由抗辩我国法院依约定行使的管辖权不合法，或者外方当事人违反约定向外国法院起诉时我国当事人没有提出抗辩的法律依据，这无疑使我国法院或者我国的当事人处于不利地位。①

1991年《民事诉讼法》第二十五条和第二百四十四条分别对国内协议管辖制度和涉外协议管辖制度作出了规范，并规定当事人对管辖权的约定以书面形式作出。之后，2007年第一次修订的《民事诉讼法》第二十五条和第二百四十二条、2017年第三次修订的《民事诉讼法》第三十四条、2015年《最高人民法院关于适用〈中华人民共和国民事诉讼法〉的解释》第五百三十一条对管辖协议形式要件的规定都与1991年《民事诉讼法》一致。2017年《民事诉讼法》第三十四条规定“合同或者其他财产权益纠纷的当事人可以书面协议选择……管辖”。2015年《最高人民法院关于适用〈中华人民共和国民事诉讼法〉的解释》第五百三十一条规定“涉外合同或者其他财产权

① 参见奚晓明:《论我国涉外民商事诉讼中的协议管辖条款的认定(上)》,《法律适用》2008年3月总第192期。

益纠纷的当事人,可以书面协议选择……管辖"。这里的"可以"属于强制性规范还是任意性规范,是一个需要明确的问题,直接影响管辖协议的形式有效性。从法律规范的文意解释来看,"可以"一词不同于"应当",意味着当事人可以遵守也可以不遵守,属于任意性规范。然而,实际上该条中的"可以"赋予的是当事人对管辖协议问题的任意选择权,即可以协议管辖,也可以不协议管辖。但如果当事人选择协议管辖,则必须采用书面形式,书面形式要求属于强制性规范。[①]由此可知,中国法律规定管辖协议的法定形式要件为书面形式,没有采用书面形式的,其有效性不能被中国法院认可。

对书面形式的具体含义,中国的《民事诉讼法》并未予以明确。由于管辖协议本质上为合同,因此对管辖协议书面形式具体含义的理解,需要考察中国实体法的相关规定。中国 1999 年《合同法》第十一条规定:"书面形式是指合同书、信件和数据电文(包括电报、电传、传真、电子数据交换和电子邮件)等可以有形地表现所载内容的形式。"可见中国法律要求管辖协议的形式要件为书面形式,包括传统的书面形式和数据电文等可以有形地表现所载内容的形式。瑞士国际私法的规定可以说是国际私法改革的先行者,其 1989 年《瑞士联邦国际私法法规》第五条第一款对管辖协议形式的规定十分宽松和灵活,即"在有关财产的事项中,当事人可以协商选定处理就特定的法律关系所产生或将要产生的争议的法院。可通过书写、电报、电传、传真、或其他可构成书面证明的通信方式达成选择协议。如无相反的规定,对法院的选择是排他性的"。虽然中国"可以有形地表现所载内容的形式"和瑞士"可以构成书面证明的通信方式"存在差距,但总体而言中

---

① 参见奚晓明:《论我国涉外民商事诉讼中的协议管辖条款的认定(上)》,《法律适用》2008 年 3 月总第 192 期。

国《合同法》对书面形式的宽松解释与国际实践和商业需求是一致的。①中国法院在司法实践中已经认定以传真②、欠条③等形式订立的管辖协议有效。此外，公司章程、协会章程、基金会章程、悬赏广告中的管辖条款，也应该视为满足了书面形式的要求。④

虽然从立法规定来看，其他形式的管辖协议尚没有明确的法律依据，但通过对审判实践的考察可以发现，中国法院并未完全否定不符合书面形式要求的管辖协议的有效性。这表明书面形式要件无法适应实践需求，也预示着中国法律对管辖协议形式要件的规定可能需要修正。

二、中国香港地区对管辖协议形式要件的规定和实践

普通法系国家和地区对管辖协议形式要件没有特殊的要求。如澳大利亚法律虽然承认形式要件影响管辖协议的效力，但却对管辖协议的形式不作特殊要求。⑤

中国香港对管辖协议形式要件也没有特殊的要求。在中国香港法律中，管辖协议只要满足一般的合同有效性规则即为有效。⑥中国香港合同法对合同形式要件的一般性规定非常宽松，可以为口头形式、书面形式、行为

① See Tang, Zheng Sophia, “Effectiveness of Exclusive Jurisdiction Clauses in the Chinese Courts-A Pragmatic Study”, 61 Int'l & Comp. L.Q. 459(2012).

② 杭州银发物资××有限公司诉上虞市××公司买卖合同纠纷案，(2012)杭萧商初字第2983-2号。

③ 莆田市康华饲料有限公司诉郑某某买卖合同纠纷案，(2012)城民初字第180号。贾某某诉苏某某买卖合同纠纷案，(2012)温瓯商初字第591号。

④ 参见周翠：《协议管辖问题研究》，《中外法学》2014年第2期。欧盟判例也承认公司章程中的管辖条款符合书面形式要求。See Adrian Briggs, Peter Rees, *Civil jurisdiction and judgments*, London: Informa, 2009, p.177.

⑤ See Mary Keyes, *Jurisdiction in International Litigation*, Australia: Federation Press, 2005, p.235.

⑥ See Graeme Johnston, *The Conflict of Laws in Hong Kong*, London: Sweet & Maxwell Asia, 2005, p.119.

形式、部分书面和部分口头形式。[①]以口头形式缔结的合同，如果当事人对其存在或者有效性有争议而无法强制执行时，需要证据加以证明才被视为有效，而需要强调的是口头合同的书面证明通常是一个较为困难的问题。在联发工程建设有限公司诉鸿业（香港）工程有限公司案［Luen Fat Engineering and Construction Co（a firm） v. Hung Yip（HK） Engineering Co Ltd］中，被告为第一分包商（sub-contractor），原告为第二分包商（sub-sub-contractor），原告要求被告支付工程款，被告主张其与原告之间有附条件支付条款，即发包商向被告付款后，被告才有义务向原告付款。而原告则认为其与被告之间并不存在附条件支付条款，被告应该向其支付所涉款项。法院指出，原被告双方争议的附条件支付条款是口头协议，需要书面证据予以证明。由于案件所涉争议发生在16年前，且发包商已经被清盘，因此法院需要审查当事人提交的书面证据是否足以证明口头协议的存在。法院在审查后最终判定口头协议因书面证据不足而无效。[②]

中国香港法律中，对于口头形式缔结的合同，大多数情况下只要当事人没有争议，法院即认可其效力，即法院推定口头合同有效。与实体法中的口头合同不同，口头管辖协议通常需要书面证据加以证明而不具有推定的有效性，即不论当事人是否有争议，口头管辖协议都需要书面文件加以证明，否则口头管辖协议是不能被法院认可的。[③]这种区别的原因可能为，

---

① 参见姚栋华：《中国香港法律与实务：合同法及其应用》，三联书店（中国香港）有限公司1995年版，第4页；王洪：《合同形式研究》，西南政法大学博士学位论文2005年。在中国香港合同法中，合同分为简式合同（又称非正式合同）和正式合同。其中简式合同的缔结可以有口头形式、书面形式、行为形式、部分书面和部分口头形式。正式合同是法律规定必须以正式合同形式（书面、签名、盖章、送交）订立的合同，如公司的组织大纲和章程、英国船舶的转让、超过三年的土地租赁合同等。文中提到的合同形式要件的一般性规定，即为对简式合同形式要件的规定。

② ［2015］HKCU 317.

③ See Graeme Johnston, *The Conflict of Laws in Hong Kong*, London: Sweet & Maxwell Asia, 2005, p.119.

在实体合同中，双方当事人可以通过口头协议买卖商品或服务，除非双方对口头协议有争议，否则只要双方履行各自的义务，合同即告履行，法院即认可合同效力，维护交易后的权利状态。而管辖协议是当事人对管辖权的约定，是一种程序合同，不能完全由当事人意志决定，也不可能实际履行。因此，当事人必须对口头管辖协议提供书面证据，否则法院无法认定管辖协议的存在和效力。若当事人主张口头管辖协议有效但没有书面证明的，法院只能依据法定管辖依据行使管辖权。虽然实践中中国香港法院审理的涉及管辖协议的案件大都为以书面形式缔结的管辖协议，①但在少数涉及口头管辖协议的案件中，中国香港法院可能会遇到证明难问题。中国香港法律虽然承认口头合同具有执行效力，但法院有时候难以证明其存在，口头管辖协议也存在同样的问题。②涉外民商事纠纷的当事人对管辖协议的形式要件应该持谨慎态度。“管辖条款一般都应当在合同中明确规定。合同条款明确记录当事人选择某个法院管辖的意志具有关键性的作用，合同缔结后寻找发货单中的管辖条款，或者由于合同中没有管辖条款而适用格式条款，这在实践中会导致对管辖协议形式判断的纷争。”③

由此可知，在口头形式、书面形式、行为形式、部分书面和部分口头形式四种合同形式中，中国香港法律接受管辖协议可以为书面形式或者有书面证明的口头形式，其中口头管辖协议的书面证据是一个复杂、困难的问题。

---

① 本书尚没有搜索到中国香港法院审理的有关口头管辖协议的案件，本书论述的中国香港案例，所涉管辖协议都是以书面形式缔结的。

② See Graeme Johnston, *The Conflict of Laws in Hong Kong*, London: Sweet & Maxwell Asia, 2005, p.119, n.394.

③ 参见 Ashurst 律师事务所制作的快速指南(quick guides)“Jurisdiction clauses”。

三、管辖协议形式有效性的国际协调

各国、各地区以及国际公约对形式要件的规定趋于宽松，这是受商业便利思想影响的结果，也是当事人意思自治原则的产物。《布鲁塞尔条例Ⅰ》和《海牙公约》对管辖协议形式要件的宽松规定，即是国际社会对管辖协议形式要件不断探索并不断发展的重要成果。这种形式方面尽量使其有效的观念要求法律应该注重实质，注重对当事人真实合意的考察。①

（一）国际借鉴——《海牙公约》和《布鲁塞尔条例Ⅰ》的规定

《海牙公约》和《布鲁塞尔条例Ⅰ》对管辖协议形式要件的规定都比较宽松，且都是穷尽的，不允许成员国国内法的适用。由于两大机制对国际社会的影响越来越大、适用范围越来越广，因此对管辖协议形式要件的协调应该合理借鉴两大机制的做法。

根据《海牙公约》第三条第一款c项的规定，排他性选择法院协议必须以下列方式缔结或者以文件形式证明：(i)书面形式，或(ii)通过其他任何能够提供可获取并供后来可援用的信息的通信方式。②由此可知《海牙公约》对管辖协议形式要件的规定包含了书面形式、有书面证据的形式、包括电子通信方式在内的其他任何可援用的信息的通信方式。《海牙公约》对管辖协议形式要件的规定灵活、宽松，这不仅利于促进国际社会对形式方面的"尽量使之有效"观念得到坚持与发展，③而且可以避免因公约对形式要

---

① 参见王吉文：《2005年海牙公约中协议管辖的形式要件评析》，《江西财经大学学报》2007年第5期；邓杰：《论国际民事诉讼中的协议管辖制度》，《武汉大学学报（社会科学版）》2002年第6期；王吉文、叶轩宇：《我国涉外协议管辖制度的完善》，《江西社会科学》2008年第4期；廖中洪：《协议管辖：问题、原因及其改革设想》，《西南政法大学学报》2008年第2期。

② 公约条文采用了"以文件形式证明"(documented in writing)而不是"书面证明"(evidenced in writing)的表述，是因为后一种表述会让当事人以为第三条第一款c项中包含了一套证明规则。实际上"以文件形式证明"与"书面证明"只是表述不同，意义是一样的。See Hartley/Dogauchi Explanatory Report on Convention of 30 June 2005 on Choice of Court Agreement (2007), para. 113.

③ 参见王吉文、叶轩宇：《我国涉外协议管辖制度的完善》，《江西社会科学》2008年第4期。

件的规定过于严格而给涉外民商事争议的解决带来不利影响。因为如果对管辖协议的形式要求过于苛刻，会导致鼓励或逼迫国际商务背景中的当事人更多地将争议提交仲裁，即使当事人喜欢将争议提交官方的审判机关审理，苛刻的要求也会干扰当事人的决策。严格形式要件之做法在仲裁领域也遭受抛弃，1958年《纽约公约》之后的立法文件和实践对仲裁协议之可接受形式作了大大扩充。这种扩充可见之于《国际商事仲裁示范法》第七条、1996年《英国仲裁法》第五条和1998年《德国民事诉讼法典》第一千零三十一条。①司法实践中，美国第五巡回法院认为未经签署的合同中的仲裁协议有效，②美国第二巡回法院根据之前的交易历史执行了订单确认书背面的未经当事人签署的仲裁协议，③英国上诉法院认为卖方发给买方的报价单中的仲裁条款符合书面要件，尽管买方只是履行了协议而未作答复。④

《布鲁塞尔条例Ⅰ》第二十三条中除了规定管辖协议应该为书面形式或者有书面证据的形式外，还有两项极富灵活性的内容，即：符合当事人间业已形成的习惯(practices)；或者在国际贸易中，符合当事人各方知悉或应当知悉的国际贸易惯例(usage)。虽然大多数国家和地区都认可以书面形式(包括数据电文形式)订立的管辖协议和有书面证据的管辖协议具有形式效力，但对符合习惯和惯例之管辖协议的形式有效性问题仍存在争议，

① 参见宋连斌：《国际商事仲裁协议效力认定之案例研究》，《经济法论丛》第2卷，中国方正出版社1999年版；邓杰：《英国关于仲裁协议书面形式的立法发展及其对海事仲裁的影响——兼论对完善我国仲裁协议形式立法的建议》，《法制与社会发展》2001年第5期，转引自张利民：《论法院选择协议之形式要求》，《中国国际私法与比较法年刊(第十二卷)》，北京大学出版社2009年版，第75页。

② Sphere Drake Ins. PLC v. Marine Towing, Inc., 16 F. 3d 666, 669, 670(5 th Cir. 1994). 转引自张利民：《论法院选择协议之形式要求》，《中国国际私法与比较法年刊(第十二卷)》，北京大学出版社2009年版，第75页。

③ Genesco, Inc. v. T. Kakiuchi & Co., 815 F. 2d 840, 845, 846(2d Cir. 1987). 转引自张利民：《论法院选择协议之形式要求》，《中国国际私法与比较法年刊(第十二卷)》，北京大学出版社2009年版，第75页。

④ Zambia Steel v. Clark & Eaton [1986] 2 Lloyd's Rep 225.

《布鲁塞尔条例Ⅰ》管辖协议形式要件的规定无疑是最宽泛、最具有包容性的。

（二）书面形式的管辖协议——只需协调细节问题

在国际民商事交往中，当事人对管辖权的约定大多采用书面形式。书面形式的管辖协议之所以一直居于主导地位，无疑是由于书面形式之特别要求具有特殊的功能，在协议管辖制度中发挥着重要的作用和意义。第一，书面形式可以提升严肃性，确保争议有效解决。管辖协议采用书面形式能提升协议之严肃性，迫使订约人三思而后行，不草率行事。通常当事人对书面条款之谨慎远超口头允诺。[①]第二，书面形式还具有准确记录功能。口头协议得依赖大脑记忆和事后回忆，而记忆可能出错，也会被不怀好意之一方曲解，但书面文件确定性高，发生理解分歧时，裁判者能很容易根据原始记录作出公正认定，发生欺诈之可能性很小。[②]如果缺乏有效的形式，则当事人会对协议本身存在与否产生争执，进而直接影响到协议管辖的实际效果。[③]第三，证据保存功能。书面文件还有证据保留功能，可以长期保存，不会因世事变迁或时间遥远而有所改变。随着通信手段之改进和订约方式之变化，书面形式的内容也变得丰富了，如数据电文需要通过电子存储的方式加以保存。[④]第四，保护本国当事人利益。有学者认为涉外经贸纠纷一般金额较大，我国当事人在外语能力、信息、议价能力等方面都处于劣势，出于谨慎采取严格的书面形式利于保护本国当事人的利益。[⑤]这个观点虽有其合理之处，但也有需要商榷的地方。

---

①②④　参见张利民：《论法院选择协议之形式要求》，《中国国际私法与比较法年刊（第十二卷）》，北京大学出版社2009年版，第54页。

③　参见王吉文、叶轩宇：《我国涉外协议管辖制度的完善》，《江西社会科学》2008年第4期。此外，管辖协议的形式要件还有利于证明其实质效力。

⑤　参见吕晓莉：《国际民事诉讼中的协议管辖制度》，《河北法学》2002年第6期；王洪：《合同形式研究》，西南政法大学2005年博士学位论文。

虽然书面形式的管辖协议一直以来都被各国各地区以及国际公约所认可，但在判断书面形式是否合法时会涉及很多非常细节化的问题，如签字、字体、语言、数据电文等。因此，对实践中判定书面形式时涉及的各种问题进行梳理，在考察其他国家、地区以及两大机制做法的基础上探讨管辖协议形式要件的协调具有重要意义。

1. 是否需要签字

书面文件要求双方当事人签字似乎是一个没有争议的问题，然而有的国家法院也有相反的实践，如美国联邦法院在罗伯特公司案(Roberts & Schaefer Co. v. Merit Contracting)中认可了当事人没有签字的管辖协议。该案中管辖协议出现在未经签署的订单中，美国联邦第七巡回法院根据交易之过程和当时的情况，判定管辖协议有效。①尽管如此，要求书面管辖协议经当事人签署才有效是主流观点，如欧洲法院和德国法院都持这种观点。②中国《最高人民法院关于适用〈中华人民共和国合同法〉若干问题的解释(二)》第五条规定：“当事人采用合同书形式订立合同的，应当签字或者盖章。当事人在合同书上摁手印的，人民法院应当认定其具有与签字或者盖章同等的法律效力。”中国香港合同法也要求书面形式的合同必须经当事人或其代理人签字。③虽然中国香港法律没有明确盖章或者摁手印的书面合同的效力，但由于盖章或者摁手印的性质和作用与签字是一样的，所以实践中中国香港法院应该也会认可这两种形式的管辖协议的形式效力。

---

① Roberts & Schaefer Co. v. Merit Contracting, Inc., 99 F. 3d 248, 252, 253.

② 欧洲法院的判例如 SpA Iveco Fiat v. Van Hool NV, 1986 E. C. R. 3337。德国法院的判例如 Bundesgerichtshof [BGH] [Supreme Court]。转引自张利民：《论法院选择协议之形式要求》，《中国国际私法与比较法年刊(第十二卷)》，北京大学出版社 2009 年版，第 67 页。

③ See Michael Fisher, Desmond G. Greenwood, *Contract Law in Hong Kong*, Hong Kong: Hong Kong University Press, p.150.

2. 签字的位置

当事人签字的位置是否必须与管辖协议出现在同一页，签字页可否为单独一页，也是实践中需要注意的问题。通常情况下，如果管辖协议出现在合同签署页背面，那么签字不仅是当事人对合同正面条款的认可，而且视为当事人对合同背面条款的确认。如美国法院在孟山都公司诉麦克法林案（Monsanto Co. v. McFarling）中认可了合同签署页背面的管辖条款的效力。①但由于种种原因签字页为单独一页时，则需要对签字问题作特殊处理。第一种方法为，如果合同页数不多，可以在每页上都签字。第二种方法为，在签字页写上"此页无正文"，并且必须完整装订合同、加盖骑缝章。上述两种方法可以避免合同被偷换以及当事人的签字不被法院认可的风险。

3. 字体

管辖协议是否应使用特别醒目的字体，或者必须使用与合同其他部分一样的字体，也是争议解决过程中当事人经常提出抗辩、法院经常需要判定的问题。对于这个问题，目前各个国际公约做法不一致，各国的做法也不一致。

在布鲁塞尔体系中，欧洲法院要求对书面协议进行严格解释，②而《海牙公约》则持宽松立场，公约解释报告指出缔约国法院不能因为管辖条款未采用特别的粗体形式或者是小写的而拒绝承认管辖条款的效力。③

美国法院的司法实践不统一。美国伊利诺伊州上诉法院在梅隆第一联合租赁公司诉汉森案（Mellon First United Leasing v. Hansen）中认为，"在事先印制合同之背面用小写印刷的套语写就的"管辖协议类似于附议合同（ad-

---

① Monasnto Co. v. McFarling, 302 F. 3d 1291, 1294(Fed. Cir. 2002).
② Case 24/76, Sallotti di Colzani Aimo v. Ruwa Polsteimaschinen GmbH, 1976 E.C.R. 1831, p.7.
③ See Hartley/Dogauchi Explanatory Report on Convention of 30 June 2005 on Choice of Court Agreement(2007), pp.40, 41.

hesion contract)，是不能执行的。①而美国联邦第一巡回法院在席尔瓦诉百科全书公司案(Silva v. Encyclopedia，Inc.)中认定雇佣合同背面用小字体印刷的格式合同中的管辖协议是有效的。②在法国，如果合同背面管辖条款与其他用语并无特别突出之处，那么管辖条款可能会面临形式无效的风险。③

中国法院对管辖协议的字体没有特殊要求。在温州市轻工工艺品对外贸易公司诉法国达飞轮船有限公司海上货物运输合同纠纷案中，被告依其签发的提单管辖权条款提出管辖权异议，虽然法官提到“被告是在提单正面以区别于其他条款的醒目的红色字体印刷出管辖权条款”，但法官只是为了证明被告尽到了格式条款的提示义务，并未对管辖条款是否应使用特别醒目的字体予以论述。④有学者主张合同背面的小字体写就的管辖条款是有效的。⑤中国香港法律对管辖协议的字体也没有特殊要求。

当事人在合同上签字，就应该承担阅读和了解合同条款之含义和内容的义务。合同中有很多关键条款，不能每个关键条款都采用醒目的字体，在内容长达几十页的合同中对管辖条款采用与合同其他部分不一样的字体并不能解决问题。因此，在跨境民商事争议解决中对管辖协议的字体不作特殊要求可能较为合理。

4. 管辖条款之特别提及

欧洲法院要求合同正面对反面管辖条款进行特别提及。⑥在 1976 年的

---

① Mellon First United Leasing v. Hansen，705 N. E. 2d 121，125—126(Ⅲ. App. Ct. 1998).

② Silva v. Encyclopedia Britannica，Inc. ，239 F. 3d 385，389(1 st Cir. 2001).

③ 参见叶斌：《国际选择法院协议效力的法律冲突与法律适用——海牙“被选法院地法”规则的优与劣》，《中国国际私法与比较法年刊(第十三卷)》，北京大学出版社 2010 年版，第 107 页。

④ 北大法宝网，【法宝引证码】CLI.C.848846。

⑤ See Tang，Zheng Sophia，“Effectiveness of Exclusive Jurisdiction Clauses in the Chinese Courts-A Pragmatic Study”，61 Int'l & Comp. L.Q. 459(2012).

⑥ 参见张利民：《论法院选择协议之形式要求》，《中国国际私法与比较法年刊(第十二卷)》，北京大学出版社 2009 年版，第 68、69 页。

埃斯泰斯诉鲁瓦案(Estasis Salotti di Colzani Aimo v. Ruwa Polsteimaschinen GmbH)中,欧洲法院通过对《布鲁塞尔公约》第十七条进行严格解释首次阐述了这个问题。在该案中,管辖协议出现在一般销售条件中,该销售条件印在当事人所签署合同之背面,合同没有提及背面的销售条件。法院认为管辖协议不符合公约第十七条规定的书面形式要求,"因为其没有确保对方当事人有管辖合意,只有经双方签字的、明确接受一般条款的合同,才符合第十七条第一段的书面形式要求"。法院特别强调,书面要求的目的是为了保证当事人选择法院的合意得到"清晰准确的表达"(clearly and precisely demonstrated)。即便在合同背面没有管辖条款的情形下,如果之前的要约本身包含管辖协议,且该要约能够为"实施了合理注意的当事人"所核查,那么只要合同明确提及之前的要约,则欧盟法院认为当事人存在合意,管辖协议符合第十七条规定的书面要求并具有形式有效性。①

需要强调的一点是,管辖条款应该是具体的、特别的提及,而不能是笼统的、一般的提及。②如上述埃斯泰斯诉鲁瓦案中,法院要求合同的正面部分明确提到背面的一般销售条件,但只提及同意"所有的一般销售条件"并不一定能将其中的管辖条款并入,并不一定满足管辖协议的书面形式要求,而应该特别提及一般销售条件中的管辖条款,即同意"所有的一般销售条件,包括管辖条款"。英国判例法也认可了这种做法,在 2009 年的非洲快线有限公司诉索科菲公司案(Africa Express Line Ltd v. Socofi SA)中,

---

① Case 24/76, Sallotti di Colzani Aimo v. Ruwa Polsteimaschinen GmbH, 1976 E.C.R. 1831.参见张利民:《论法院选择协议之形式要求》,《中国国际私法与比较法年刊(第十二卷)》,北京大学出版社 2009 年版,第 68 页;Simon Patrick Camilieri, "Article 23: Formal Validity, Material Validity or both?", 7 J. Priv. Int'l L. 297(2011); Adrian Briggs, Peter Rees, *Civil jurisdiction and judgments*, London: Informa, 2009, p.176。

② See Adrian Briggs, Peter Rees, *Civil jurisdiction and judgments*, London: Informa, 2009, pp.180, 181; Simon Patrick Camilieri, "Article 23: Formal Validity, Material Validity or both?", 7 J. Priv. Int'l L. 297(2011).

就管辖协议形式有效性的认定标准，英国法院指出，应该区别标准管辖条款和并入条款的区别。管辖条款为标准管辖条款的，法院采取宽泛的认定方法，管辖条款为并入条款的，法院采取严格的认定方法。法院考虑的主要因素为当事人是否存在真实的管辖合意。①这就要求对并入的管辖条款有具体、特别的提及，仅仅笼统的、一般的提及是不够的。当然，如果合同并入的是双方都熟悉的国际协定中的管辖条款，那么法院也会采用宽泛的审查方法，认可这种未经对方当事人同意的并入。②修订后的康金提单也要求并入条款对管辖条款进行特别提及。③

从欧盟和英国的实践来看，在一般的涉外民商事合同中，合同正面应该对反面的管辖条款进行特别提及，或者对之前要约中的管辖条款、合同所合并的其他文件中的管辖条款进行特别提及，只有这样，管辖条款才符合书面形式要求，才能被法院认定为具有形式有效性。欧盟和英国的做法对管辖协议形式要件的协调具有借鉴意义。

然而，中国法院对提单纠纷的处理与上述做法并不完全一致。从中国法院的审判实践来看，提单纠纷中应该区分提单中并入的其他文件中的争议解决条款与提单背面的争议解决条款，前者即提单中并入的其他文件中的争议解决条款应被特别提及，后者即提单背面的争议解决条款不需要被特别提及。中国最高人民法院在 2007 年《关于原告中国平安财产保险股份有限公司大连分公司与被告中远航运股份有限公司、广州远洋运输公司海上货物运输合同保险代位求偿案所涉仲裁条款是否有效的请示的复函》中明确提单并入的其他文件中的仲裁条款应该特别提及，最高人民法院指

①② See Simon Patrick Camilieri, “Article 23: Formal Validity, Material Validity or both?”, 7 J. Priv. Int'l L. 297(2011).

③ 参见林源明:《浅论提单并入租约仲裁条款》,《海商法研究》1999 年第 1 期。

出:"涉案提单正面仅记载'2004 年 4 月 19 日租约中条款、条件、除外责任等并入本提单',并未明确记载将该租约中的仲裁条款并入提单。涉案提单背面记载的有关并入的格式条款并不能构成租约仲裁条款的有效并入。因此,可以认定涉案租约中的仲裁条款没有并入提单。"[①]2009 年,中国青岛海事法院在 SF 化工公司诉 DB 海运公司货损纠纷案之管辖权异议案中遵循了最高人民法院的立场,对于租约中的仲裁条款并入提单的情形,如果提单只是对租约中的仲裁条款进行一般提及而不是特别提及,则争议解决条款无效。[②]对于提单背面的管辖条款,中国广州海事法院审理的郑礼强诉威富物流有限公司海上货物运输合同货物交付纠纷案、上海市高级人民法院审理的美顺国际货运有限公司与巴润摩托车有限公司海上货物运输合同纠纷案中,管辖条款都写在提单背面,两个法院均未以提单正面条款未特别提及背面的管辖条款为由认定管辖条款无效。[③]

5. 语言

对于管辖协议作成语言是否有特殊要求,各个国家、地区以及两大机制没有统一做法。例如比利时法律规定某些管辖协议只能用荷兰文字书写,才能加以执行。[④]又如欧洲法院认为用一方当事人不懂且在交易过程中也没有使用过的语言写就的管辖协议是无效的,并会拒绝根据《布鲁塞尔公约》执行该协议。而美国法院则认为,即便一方当事人不熟悉写就管辖协议所使用的语言,但既然其书面同意该条款,就应该承担审慎之义务,不

① [2006]民四他字第 49 号。

② 青岛海事法院(2009)青海法商初字第 277 号民事裁定书。

③ (2005)广海法初字第 267 号。(2007)沪海法商初字第 707 号,(2009)沪高民四(海)终字第 28 号。

④ See Avril D. Haines, "Choice of Court Agreements in International Litigation: Their Use and Legal Problems to Which Then Give in the Context of the Interim Text", Hague Conference on Private International Law Preliminary Document No. 18(Feb. 2002), pp.10—11. 转引自张利民:《论法院选择协议之形式要求》,《中国国际私法与比较法年刊(第十二卷)》,北京大学出版社 2009 年版,第 69—70 页。

能借口语言不通而逃避管辖。“书面同意某些条款，但没有理解或审视这些条款的当事人，这样做时置自己于非常危险的境地。”①《海牙公约》对管辖协议所书写的文字也没有要求，公约解释报告指出，缔约国法院不能以协议以外国文字书写为由拒绝承认管辖协议。②虽然各国、各地区以及国际公约对管辖协议作成语言的要求没有统一的标准，但是随着全球经济一体化的发展、国际贸易往来的加强以及国际人员流动的增多，语言障碍应该越来越小，不对管辖协议的作成语言有特殊要求应该成为未来发展趋势。另外，不熟悉管辖协议作成语言的当事人在协议签订前可以要求对方当事人进行解释或提供翻译，未提出解释或者翻译要求的，视为其熟悉该种语言并理解协议文本。

管辖协议应该尽量使用双方当事人都熟悉的、交易过程中使用的语言，即便使用了一方当事人不熟悉的、交易过程中没有使用的语言，管辖协议也不应该据此认定无效，理由为：首先，当事人可以向法院提供经过公证的翻译文本，这可以解决语言问题；其次，与比利时不同（要求管辖协议必须用荷兰文字书写），大多数国家和地区没有关于协议语言的强制性规定，当事人用不熟悉的语言缔结的管辖协议不违反法律法规；再次，有些情况下法院结合案件的具体情况即可判决，如存在阅读困难的原告依据该管辖条款起诉，不存在阅读困难的被告基于语言问题提出管辖异议的，法院应该裁定驳回管辖异议，并认定管辖协议有效。

6. 数据电文

数据电文包括电报、电传、传真、电子数据交换和电子邮件等可以有形

① Paper Express, Ltd. v. Pfankuch Maschinen GmbH, 972 F. 2d 753, 757(7th Cir. 1992). 转引自张利民：《论法院选择协议之形式要求》，《中国国际私法与比较法年刊（第十二卷）》，北京大学出版社2009年版，第70页。

② See Hartley/Dogauchi Explanatory Report on Convention of 30 June 2005 on Choice of Court Agreement(2007), pp.40, 41.

地表现所载内容的形式。通过数据电文订立的管辖协议符合书面形式要求已被各国和国际公约广泛接受。中国《合同法》第十一条,[①]《电子签名法》第四条,[②]中国香港法例第五百五十三章《电子交易条例》第五条,[③]《布鲁塞尔条例Ⅰ》第二十三条第二款[④]都有明确规定。《海牙公约》第三条第三款第二项规定"以其他任何联系方式,且该方式能提供可获取的信息,使其日后可予使用",该项规定的是等同于书面形式的方式,其中包括电子通信方式。需要注意的是,电子数据接收与送达的生效时间、地点不同,管辖条款的生效时间和地点也会不同,不同国家和地区间法律规定的差异,可能导致对管辖协议效力判定的不同,这需要实体法的协调。

7. 格式合同中的管辖条款

对存有真实合意的格式合同中的管辖条款,法院一般认定其符合书面形式要求。美国联邦第一巡回法院在兰伯特案(Lambert v. Kysar)中执行了格式订单中的管辖协议。[⑤]欧洲法院在蒂莉·鲁斯案(The Tilly Russ)中对提单管辖条款的效力予以认可,[⑥]在 MSG 案中主张,只要当事

---

① 中国《合同法》第十一条:"书面形式是指合同书、信件和数据电文(包括电报、电传、传真、电子数据交换和电子邮件)等可以有形地表现所载内容的形式。"

② 中国《电子签名法》第四条:"能够有形地表现所载内容,并可以随时调取查用的数据电文,视为符合法律、法规要求的书面形式。"

③ 中国香港《电子交易条例》第五条:"规定用书面形式

(1) 凡任何法律规则规定资讯须是书面形式,或须以书面形式提供,或规定如资讯并非是书面形式或并非以书面形式提供则会有某些后果,如某电子纪录包含的资讯是可查阅的以致可供日后参阅之用,则该纪录即属符合该规定。

(2) 凡任何法律规则准许资讯可以是书面形式或以书面形式提供,如某电子纪录包含的资讯是可查阅的以致可供日后参阅之用,则该纪录即属符合该规则。"

④ Any communication by electronic means which provides a durable record of the agreement shall be equivalent to "writing".

⑤ 983 F. 2d 1110, 1119(1st Cir. 1993). 转引自张利民:《论法院选择协议之形式要求》,载《中国国际私法与比较法年刊(第十二卷)》,北京大学出版社 2009 年版,第 56 页。

⑥ Case 71/83 [1983] E.C.R. 2417; [1984] 3 CM.L.R.. 499. See Adrian Briggs, Peter Rees, *Civil jurisdiction and judgments*, London: Informa, 2009, p.176.

人没有反对，商事确认函和发票中的排他性管辖协议是有效的。[①]从《海牙公约》规定的形式要件和公约解释报告来看，公约并不排斥标准格式合同中的管辖条款。[②]中国香港法院在2004年温尼特斯投资有限公司诉牛津产品公司案中也承认格式订单中管辖协议的效力。[③]

中国法院在实践中对提单中管辖条款的形式有效性是认可的，判断标准也是一致的。例如，厦门海事法院审理的温州市轻工工艺品对外贸易公司诉法国达飞轮船有限公司海上货物运输合同纠纷案、广州海事法院审理的郑礼强诉威富物流有限公司海上货物运输合同货物交付纠纷案、上海市高级人民法院审理的美顺国际货运有限公司与巴润摩托车有限公司海上货物运输合同纠纷案等提单纠纷案件中，法院都认可提单中管辖条款的形式有效性。[④]

但中国法院对除了提单之外其他的“商人之间使用的单方格式条款”判断标准却不统一，审查的依据也不清晰，对相似的案件，有的法院认定有效而有的认定无效。[⑤]如浙江省绍兴市中级人民法院在2011年杭州某某科技有限公司与上虞某某电机有限公司买卖合同纠纷上诉案中认定，“由上虞某某电机有限公司加盖公章，杭州某某科技有限公司加盖财务专用章的《对账备忘联》中……(对管辖权的)约定合法有效，应作为确定本案管辖的依据”。[⑥]而在浙江省绍兴市中级人民法院同时期审理的另一个案件，即东阳市某某制衣有限公司与蒋某某买卖合同纠纷上诉案中，法院却认定，由被告法定代表人签字的货物签收清单(即为原告提供的划码单)上的管辖

---

① See Simon Patrick Camilieri, “Article 23: Formal Validity, Material Validity or both?”, 7 J. Priv. Int'l L. 297(2011).

② 参见叶斌:《国际选择法院协议效力的法律冲突与法律适用——海牙“被选法院地法”规则的优与劣》,《中国国际私法与比较法年刊(第十三卷)》,北京大学出版社2010年版,第107页。

③ DCCJ3690/2004.

④ 北大法宝网,【法宝引证码】CLI.C.21767。(2005)广海法初字第267号。(2007)沪海法商初字第707号,(2009)沪高民四(海)终字第28号。

⑤ 参见周翠:《协议管辖问题研究》,《中外法学》2014年第2期。

⑥ (2011)浙绍辖终字第134号。

条款属于单方意思表示，非双方经协商一致所达成的管辖协议。[①]本书对上述两个判决的合理性暂且不论，只分析两个案件的区别。这两个案件的判决书内容不是很详细，法官的推理过程也不甚明确，从当事人的诉讼理由来推断，之所以同一个法院同一时期对格式合同中管辖条款的效力作出相反的判决，原因可能是，上虞案中格式合同上加盖了被告公司财务专用章(因此认定有效)，而蒋某某案中格式合同则由被告公司法定代表人签字(因此认定无效)。虽然公司法定代表人的行为代表公司，但仍然存在表见代表的可能，这导致判定由公司法定代表人签字的格式条款的效力时出现差异。杭州市上城区人民法院审理的另一个案件，即杭州里奥斯安凯化工有限公司诉苏州市捷诚染色有限公司管辖权异议纠纷案中，法院也是基于对签字效力的分析，否定格式合同中管辖条款的效力。法院认为，“虽然原告单方印制的特定格式单据的送货单上印有‘供需双方因该业务发生纠纷由供方所在法院解决’字样，但未经被告盖章或其法定代表人签字确认。至于被告方工作人员在送货单‘收货人签名及盖章’处签字的行为只能代表被告已收到原告的货物，并不能证明原告在送货单中所载争议解决方式的约定已由被告认可的事实，故该送货单中关于协议管辖的约定对被告并无约束力”。[②]因此可以说，如果争议所涉送货单由被告公司盖章或其法定代表人签字，则法院将会认定送货单中管辖条款的效力。

由上述分析可知，对商业交往中经常用的格式单据，如果单据上的签字或者盖章能代表公司行为，则中国法院可能认可该格式单据中管辖条款的效力；反之，中国法院可能否认该格式单据中管辖条款的效力。但由于这个分析只是基于有限的几个案例，且中国法院在上述逻辑下审判案件时

---

① (2011)浙绍辖终字第37号。

② (2010)杭上商初字第434-1号。

也存在矛盾之处(如对法定代表人签字的效力的判定),因此未来有必要由最高人民法院通过司法解释或指导案例的形式予以明确,这样才能统一法院判断标准和判决依据。

综上所述,管辖协议的书面形式涉及各种非常细节化的问题,这些问题不宜在立法或者司法解释中作出规定,需要通过判例来明确立场。由于实践纠纷多种多样,对上文论述的诸如是否需要签字、签字位置、字体、管辖条款之特别提及、语言、数据电文、格式合同中的管辖条款等问题不能一概而论,法院通常会依据不同的情形作不同的处理。

虽然实践中当事人通常选择以书面形式缔结合同,但其实以书面形式缔结的合同具有局限性。这表现为,首先,即便合同其他条件都满足,被告可能以合同不符合书面形式为由否定合同效力,并逃避合同义务,这会破坏交易的神圣性。其次,法官为了证明合同符合书面形式要件并具有可执行效力,可能会对法律概念作出牵强的解释。再次,虽然书面形式要求是为了避免不确定性、减少诉讼,但是由于法律无法对书面形式要求作出精确的规定,因此书面形式要求反而面临不确定性和增加诉讼的批判。①最后,很多情况下过于强调书面形式并不利于国际民商事争议的妥善解决,无益于保护当事人的正当权益。管辖协议也是一种合同,基于以上原因,各国和国际公约大都对管辖协议形式要件作扩大和灵活的解释,除了传统的书面形式外,有书面证据的管辖协议、符合习惯和惯例的管辖协议也逐渐获得认可。

(三) 有书面证明的管辖协议——应该接受

有书面证明的管辖协议能够被认可,是基于诚实善意(good faith principle)原则。②《海牙公约》和《布鲁塞尔条例Ⅰ》已认可有书面证据的管辖协

① See MÁIRE NÍ SHÚILLEABHÁIN, “Formalities of Contracting: a Cost-benefit Analysis of Requirements that Contracts Be Evidenced in Writing”, D.U.L.J. 2005, 27, 113—150.

② See Adrian Briggs, Peter Rees, *Civil jurisdiction and judgments*, Informa, London, 2009, p.177.

议的形式有效性。《海牙公约》第三条规定:“一项排他性选择法院协议必须用以下方式缔结或者以文件形式证明。”《布鲁塞尔条例Ⅰ》第二十三条规定:“管辖协议应该为(a)书面形式或有书面证明……”中国香港法律对管辖协议形式有效性问题没有特殊规定,符合一般合同有效性规则即可,因此有书面证明的管辖协议在中国香港符合形式有效性规则。中国内地实体法认可口头协议的有效性,中国最高人民法院对最高人民检察院按照审判监督程序提出抗诉的海南金岗实业投资公司诉吉林省国土资源开发实业总公司合作开发地产项目合同纠纷案的判决表明,有争议的口头协议需要证据加以证明。①据此可以推断中国法院可能也会认可有书面证据的(口头)管辖协议的形式有效性。有书面证据的管辖协议可以被理解为符合广义上的书面形式要求,有学者指出,据其所知没有案例否认有书面证据的管辖协议的效力。②虽然实践中有书面证据的管辖协议较为少见,但中国立法、司法解释或者审判实践有必要明确其对该类管辖协议的态度,为法院审判和当事人之间的民商事交往提供确切的依据。

(四) 符合习惯和惯例的管辖协议——可以接受

国际习惯和惯例属于国际法,国际法是国际私法的重要渊源。③依据《国际法院规约》第三十八条第一款第二项之规定,国际习惯(international custom)是国际私法的重要渊源。④从《国际法院规约》的定义来看,构成国

---

① (2004)民二抗字第2号。

② See Tang, Zheng Sophia, “Effectiveness of Exclusive Jurisdiction Clauses in the Chinese Courts-A Pragmatic Study”, 61 Int'l & Comp. L.Q. 459(2012).

③ 参见黄进:《国际私法》,法律出版社2005年版,第49页。

④ 《国际法院规约》第三十八条:“

一、法院对于陈诉各项争端,应依国际法裁判之,裁判时应适用:

(子) 不论普通或特别国际协约,确立诉讼当事国明白承认之规条者。

(丑) 国际习惯,作为通例之证明而经接受为法律者。

(寅) 一般法律原则为文明各国所承认者。

(卯) 在第五十九条规定之下,司法判例及各国权威最高之公法学家学说,作为确定法律原则之补助资料者。”

际习惯必须具备两个条件，一是客观因素或物质因素，即各国共同实践，重复类似行为，形成通例；二是主观因素或者心理因素，即被“接受为法律”，或者说被公认具有法律约束力。[①]《布鲁塞尔条例Ⅰ》第二十三条规定的习惯(practice)和惯例(usage)都属于国际习惯的范畴。当事人间业已形成的习惯(practice)在当事人之间持续的业务往来中被默认并遵守，客观上具有重复的实践，主观上具有默示遵守的合意，因此对各方当事人具有拘束力。国际贸易交往中为各方知悉或应当知悉的惯常做法即惯例(usage)显然也对各方当事人具有拘束力。因此，从理论上讲符合国际贸易习惯和惯例的管辖协议在形式上应该是有效的。然而实践并非如此，国际公约及各国、各地区法院的做法并不统一。

1968 年《布鲁塞尔公约》原始文本第十七条明确规定管辖协议的形式要件为“书面形式或者有书面证据的形式”，欧洲法院在实践中也对管辖协议形式要件作出了非常严格的解释。[②]由于公约的规定和欧洲法院的严格解释对管辖协议形式要件的限制太大，无法适应国际贸易发展的需要。因而在 1978 年丹麦、爱尔兰、英国加入《布鲁塞尔公约》时，欧共体对该公约进行了一些修改，其中就涉及协议管辖的形式要件，这为管辖协议的形式向灵活性方向发展提供了空间和可行性。[③]1978 年公约文本增加了两项极富灵活性的内容：符合当事人间业已形成的习惯；或者在国际贸易中，符合当事人各方知悉或应当知悉的国际贸易惯例。[④]欧洲法院在随后的一个判决中宣称：公约对协议管辖形式要件的要求是全面

① 参见黄进：《国际私法》，法律出版社 2005 年版，第 59 页。

② Case 24/76 Estasis Salotti v.RUWA [1976] E.C.R. 1831. See Dicey, Morris, Collins, The conflict of laws, 13th edn, London: Sweet &Maxwell, 2000, p.436.

③ 参见王吉文、叶轩宇：《我国涉外协议管辖制度的完善》，《江西社会科学》2008 年第 4 期；Dicey, Morris, Collins, *The conflict of laws*, 13th edn, London: Sweet &Maxwell, 2000, p.436。

④ 参见 1978 年公约文本第 11 条，条文详见欧盟官方网站，http://eur-lex.europa.eu/legal-content/EN/TXT/?uri=CELEX:41978A1009(01)，最后访问时间为 2019 年 12 月 31 日。

的、穷尽性的，不需要成员国附加其他形式方面的要求。[1]后来，《布鲁塞尔公约》的内容全部转化为“规则”（regulation）即《布鲁塞尔条例Ⅰ》，成为欧盟的直接立法而对欧盟成员直接发生效力，《布鲁塞尔条例Ⅰ》对管辖协议形式要件的灵活、宽泛的规定在欧盟成员中是统一适用的。[2]欧盟成员国至少在欧盟范围内认可符合国际贸易习惯和惯例的管辖协议之形式有效性，[3]之后的《布鲁塞尔条例Ⅰ（重订）》也遵循这种做法。[4]对行业习惯和商事惯例型协议的复杂性和含糊性问题，欧洲法院在判例中提供了指导性意见。欧洲法院认为，尽管管辖条款包含在一方当事人提供的一般销售条件中，该销售条件是在口头缔结合同后才递交给另一方当事人的，纵然口头合同没有明确提到这些一般条件或其中的管辖条款，但由于双方当事人之间存在持续的贸易关系，因此管辖条款是有效的。[5]欧洲法院在另一案件中主张，只要当事人能证明习惯的存在，就可以认定符合习惯形式的管辖协议有效。[6]

《海牙公约》的起草过程中，在1997年海牙国际私法会议举行的关于民事和商事案件的管辖权和判决承认与执行问题的特别委员会会议上，

① Case 150/80 Elefanten Schuh Gmbh v. Jacqmain [1981] E.C.R. 1671.

② 参见王吉文：《2005年海牙公约中协议管辖的形式要件评析》，《江西财经大学学报》2007年第5期。

③ 参见叶斌：《国际选择法院协议效力的法律冲突与法律适用——海牙“被选法院地法”规则的优与劣》，《中国国际私法与比较法年刊（第十三卷）》，北京大学出版社2010年版，第106页；张利民：《论法院选择协议之形式要求》，《中国国际私法与比较法年刊（第十二卷）》，北京大学出版社2009年版，第65，66页。

④ 参见《布鲁塞尔条例Ⅰ（重订）》第二十五条。

⑤ Case 25/76, Galeries Segoura SPRL v. Societe Rahim Bonakdarian 1976 E. C. R. 1851. See Dicey, Morris and Collins, *The conflict of laws*, 13th edn, London: Sweet & Maxwell, 2000, p.437；张利民：《论法院选择协议之形式要求》，《中国国际私法与比较法年刊（第十二卷）》，北京大学出版社2009年版，第60页。

⑥ Case C-106/95, Mainschiffahrts-Genossenschaft eG v. Les Graviéres Rhénanes SARL 1997 E. C. R. I-911. 437；张利民：《论法院选择协议之形式要求》，《中国国际私法与比较法年刊（第十二卷）》，北京大学出版社2009年版，第65页；Adrian Briggs, Peter Rees, *Civil jurisdiction and judgments*, London: Informa, 2009, p.180。

大多数国家的代表都主张关于管辖协议形式的规定应尽量宽松。美国、丹麦等国的代表认为，不应将书面形式局限于由双方当事人签字的正式文件；葡萄牙等国的代表则认为书面形式还应包括能清楚地表明当事人意愿的其他方式，如其他形式的记录；卢森堡等国的代表也认为一些可读的东西亦属于书面形式的范围。还有一些国家的代表认为，明示的管辖协议还应包括双方当事人实践中已经建立的习惯方式以及在特定的贸易领域被广泛知悉且双方当事人知道或应当知道的惯例。①上述意见最终得以集中地表现在《民商事管辖权及外国判决公约》(1999 年草案)的第四条第二款中：管辖协议“如以下列形式签订或确认，则在形式上有效：(1)以书面形式；(2) 以任何其他联系方式，且该方式能提供可获取的信息，使其日后能被引用；(3)按照当事人双方通常遵守的习惯；(4)按照当事人双方知道或应该知道，并在有关的特定贸易或商务中相同性质合同的双方所通常遵守的惯例。”然而，上述宽松标准由于遭到一些学者和国家反对而在最后通过的仅仅规范商事交往中排他性管辖协议的小公约即《海牙公约》中没有被采纳，只保留了前两种方式。尽管如此，草案拟定过程中关于宽松化形式要件的规定所获得的广泛支持和追捧是值得关注和深思的。2005 年《海牙公约》对管辖协议形式要件限制较为严格可能是因为其仅仅规范排他性管辖协议。现代商务社会变化万千，标准格式契约盛行，《海牙公约》对符合习惯和惯例的管辖协议不予规定，是有缺陷的。②

符合习惯和惯例的管辖协议的有效性尚未得到普遍接受，是因为习惯

① 参见徐红、郭晓梅：《海牙国际私法会议关于民商事管辖权和判决承认与执行问题特委会会议情况》，载《中国国际私法与比较法年刊(第一卷)》，法律出版社 1998 年版。转引自邓杰：《论国际民事诉讼中的协议管辖制度》，《武汉大学学报(社会科学版)》2002 年第 6 期。

② 参见陈隆修：《2005 年海牙法院选择公约评析》，台湾五南出版社 2009 年版，第 113 页。

和惯例的含糊不清增加了很多不确定性，当事人不能事先预见法院是否会认定习惯和惯例的存在。一位学者评述说，采纳这一形式之结果是“几乎不可能事先预见”，使得结论变得飘忽不定，并会因为法官是否强调当事人同意之真实性或国际商务之必要灵活性而有所不同。此外，因为习惯和惯例条款会导致建立不可反驳之假设(unrebuttable presumption)，其存在也在某种程度上有些令人不安。《布鲁塞尔条例Ⅰ》也因规定了符合习惯和惯例的管辖协议而被指责为“含糊并导致举证困难”。①

尽管如此，不可否认的是符合习惯或惯例的管辖协议在国际贸易实践中发挥着举足轻重的作用。英国上议院欧盟事务特别委员会(the Select Committee of the House of Lords on the European Communities)表示，国际合同常常口头订立而不要求作进一步的书面确认，或仅通过电传订立。即使有书面文件或书面确认书，他们也往往只有一方签字。交易主体事实上事先都知道合同存有管辖条款，该条款出现在其他交易条件中，如在相关市场所用合同、格式条款或一般条件中。市场上的交易人对这些格式条款都是心知肚明的。这些为所涉特定类型行业或商务的当事人广为知晓，并通常认为他们遵守的符合国际贸易习惯和惯例的管辖协议是有效的。②认可符合习惯和惯例的管辖协议的形式有效性之主要效果是，当存在这一习惯或者惯例时，即使管辖协议不符合“书面协议”或者“书面证据”要求，也推定当事人同意了管辖协议。③此外，商业习惯或惯例有助于证明管辖协

① See Jason Webb Yackee, “A Matter of Good Form: The(Downsized) Hague Judgments Convention and Conditions of Formal Validity for the Enforcement of Forum Selection Agreements”, 53 Duke L. J. 2003.转引自张利民:《论法院选择协议之形式要求》,《中国国际私法与比较法年刊(第十二卷)》,北京大学出版社2009年版,第62、65页。

② See Peter Kaye, A.K.C. , *Civil Jurisdiction and Enforcement of Foreign Judgments*, Professional Book Limited, 1987, p.1061.转引自张利民:《论法院选择协议之形式要求》,《中国国际私法与比较法年刊(第十二卷)》,北京大学出版社2009年版,第63页。

③ 参见张利民:《论法院选择协议之形式要求》,《中国国际私法与比较法年刊(第十二卷)》,北京大学出版社2009年版,第63—65页。

议是否符合书面协议或者书面证明之要求，以及当事人是否存在真实合意，诸如管辖协议出现的方式、实际存在的充分性、协议的作成语言、条款在合同文本中的位置、包括或涉及管辖协议的文件是否需要签署等问题。[①]例如，若管辖条款是当事人在争议发生前已知晓的，或者当事人之间有持续的业务往来，则不能以字体、签字、语言等问题而认定管辖协议不符合形式效力。因此可以说，符合习惯或惯例的管辖协议不仅是一种独立的形式，而且对书面形式的管辖协议或者有书面证明的管辖协议的认定有重要意义，其在协议管辖制度中具有重要作用和价值。

中国《最高人民法院关于适用〈中华人民共和国合同法〉若干问题的解释（二）》第七条对交易习惯的解释为：“在交易行为当地或者某一领域、某一行业通常采用并为交易对方订立合同时所知道或者应当知道的做法（惯例）；当事人双方经常使用的习惯做法（习惯）。”由此可知，中国立法与《布鲁塞尔条例Ⅰ》对交易习惯的规定是一致的。虽然中国法院在审判实践中很少将“商业交往习惯”作为判断管辖条款有效性的考量因素，[②]但即便只有个别案件采用这种做法，也可以证明中国法院认可符合习惯或惯例的管辖协议效力的立场。在江苏省泰州市中级人民法院审理的高密市甲纺织印染有限公司与泰州市乙化织厂买卖合同纠纷上诉案中，双方当事人的对账单中有关于管辖权的约定，但对账单所涉及的款项已经结清，且对账后双方又发生往来。对于已结清的对账单上管辖权约定是否有效，法院指出：“此前的管辖权约定对于双方持续发生的业务往来所致纠纷仍有约束力。”[③]“持续的业务往来”无疑构成当事人之间的交易习惯。

---

① 参见叶斌：《国际选择法院协议效力的法律冲突与法律适用——海牙“被选法院地法”规则的优与劣》，《中国国际私法与比较法年刊（第十三卷）》，北京大学出版社 2010 年版，第 106 页。

② 参见周翠：《协议管辖问题研究》，《中外法学》2014 年第 2 期。

③ （2013）泰中商辖终字第 0052 号。

虽然中国香港合同法对合同形式要件的规定不包括习惯和惯例两种形式，但中国香港法例第五百五十三章《电子交易条例》第二条第一款规定“法律规则”指(a)条例；(b)普通法规则或衡平法规则；或(c)习惯法。中国香港法律要求在判断管辖协议的有效性时对当事人的措辞运用“商业常识”来判断。[①]中国香港法院在审判实践中也会运用商事习惯和惯例。如中国香港区域法院2004年审理的温尼特斯投资有限公司诉牛津产品公司案中，原告和被告之间已经有五年的商业往来，法官在判断管辖协议的排他性效力时指出，当事人双方通过邮件往来缔结了合同，这不违背商业习惯或常识。[②]

综上所述，虽然符合商业习惯和惯例的管辖协议之形式有效性仍面临不确定性的批判，但无疑其已经在实践中被广泛运用，且随着实践的发展而不断完善。

第二节　管辖协议的实质有效性

一、管辖协议实质有效性相关的两个特殊问题

管辖协议的实质有效性涉及的主要问题有管辖协议的准据法、管辖合意、当事人缔约能力，由于管辖协议的准据法问题比较复杂且是国际私法中的关键问题，本书专列一章进行研究，本节只研究管辖合意和当事人缔约能力这两个特殊的问题。

(一) 管辖合意

管辖合意属于管辖协议实质有效性的范畴，管辖合意包括形式合意和

---

① See Graeme Johnston, *The Conflict of Laws in Hong Kong*, London: Sweet & Maxwell Asia, 2005, p.119.

② DCCJ 3690/2004.

实质合意，形式合意决定了管辖合意是否存在，实质合意决定了管辖合意是否有效。法院对管辖合意的处理关乎能否充分尊重当事人的自由意志、尊重一国法院的管辖权，对协议管辖制度具有重要意义。在有关管辖协议的涉外案件中，法院一般不审查管辖协议的实质有效性，如果当事人提出管辖合意不存在或者存在瑕疵之类的实体法抗辩时，需要考察国际公约和国内实体法的相关规定。

在研究管辖合意时，有一个问题比较特殊，即单边管辖协议中管辖合意的瑕疵问题。在单边管辖协议中，一方当事人可以选择在被选择法院或其他有管辖权的法院起诉，而另一方当事人却需要承担在被选择法院起诉的义务。这类权利义务不对等的管辖协议在金融借贷合同中比较常见，也被交易当事人普遍接受。没有选择权的当事人通常不能以管辖合意存在瑕疵为由主张管辖协议无效。①

（二）当事人缔约能力

当事人缔约(capacity)能力分为权利能力和行为能力，自然人享有权利承担义务的资格(即权利能力)始于出生终于死亡，这种资格不因超越国界而被剥夺，但其以合法行为取得权利承担义务的能力(即行为能力)则不能受本国法律的绝对保护，不属于本国强制性规范范畴，而是受多国法律(包括冲突法和实体法)的规制。

当事人缔约能力属于管辖协议实质有效性问题的范畴，但由于其具有身份属性、关涉一国主权，因而不适用管辖协议的准据法。通常情况下当事人缔约能力受属人法支配，这种区别于主合同和管辖协议法律适用的、特殊的法律适用规范利于维护一国主权、保护当事人利益。国际私法公约

① 本书第三章第五节对单边管辖协议有详细的论述。

对缔约能力问题单独处理，如《罗马规则Ⅰ》第一条对公约适用范围的规定第二款(a)项将当事人缔约能力问题排除在外，[①]《海牙公约》第六条也对当事人缔约能力问题作了特殊规定。[②]

各国(地区)实体法对当事人缔约能力的规定最终决定管辖协议当事人是不是具有缔结管辖协议的行为能力，并决定了管辖协议是否有效，因此对各国(地区)实体法中当事人缔约能力相关规定的考察也是必不可少的。

二、管辖合意

(一) 考察管辖合意的两个维度

管辖合意是管辖协议实质有效性的根本决定因素，是协议管辖制度运作的关键。由于管辖合意涉及很多实体问题，因此对管辖合意的考察要从冲突法和实体法两个维度进行。

1. 管辖合意在冲突法中的作用

阿德里安·布里格斯认为，合意(consent)和协议(agreement)对冲突法规则具有重要意义，对冲突法规则的重要部分可以而且应该从当事人合意或者协议的角度来解释。不过以合意或者协议为基础的有关管辖权的冲突法规则不是决定性的，因为这些规则有时会被法院必须遵守的其他规则否定或者推翻，其他规则可能限制当事人对管辖权的约定。以合意或者

① 《罗马规则Ⅰ》第一条第二款规定：以下事项被排除在适用范围之外：

……

(a) 自然人的地位或法律行为能力；

……

② 《海牙公约》第六条：被选择法院以外的缔约国法院应当中止或者放弃排他性管辖协议适用的诉讼程序，除非：

……

(二) 根据受理案件的法院所在地国家的法律，一方当事人缺乏缔结该协议的能力；

……

协议为基础的冲突法规则也不是穷尽的，因为在法律允许约定而当事人没有约定的情形下，会适用预设规则。①

合意和协议是两个相互重叠但又不完全一致的概念。各国和国际公约都关注协议的解释和执行，而忽视合意的重要作用。合意是不同于协议的一个概念，在国际私法中具有启动或者组织某项机制的效能（motivating force and organizing tool）。对某个特殊问题或结果存在合意与不存在合意具有不同的意义和影响。比如说，一个英国人在外国法院被诉，该人对原告的诉求进行实体答辩并败诉。在这种情况下，基于该人对外国法院的管辖权存在合意，所以其一般不能对外国判决在英国的执行问题提出抗辩，外国法院的判决可以在英国得到认可与执行。这个例子中当事人不能对外国法院的判决提出异议，不是由于当事人之间存在管辖协议，更不能假定当事人之间存在默示协议，约定双方受外国法院判决的约束。而是应该理解为，之所以不能抗辩外国判决的效力，是因为当事人之间存在合意，即自愿参加外国审判的当事人不能对外国判决提出抗辩。②从判例法的发展中我们可以得出一个结论，即法律规则已经发生了转变。以前，被告的出现作为法院行使管辖权的依据是一般规则，其他补充规则会扩展或者缩小法院的管辖权，而现在，被告的合意成为法院行使管辖权的基础。③虽然阿德里安·布里格斯对合意认识具有颠覆性，但合意在国际私法中具有举足轻重的作用是毋庸置疑的，合意使当事人意志与冲突法规则以适当的视角连接起来，对冲突法规则的运用具有重要作用。在考察国际私法规则时，需要对当事人的合意进行解释。

---

① See Adrian Briggs, *Agreements on Jurisdiction and Choice of Law*, Oxford University Press, 2008, p.24.

② Ibid., p.13.

③ Ibid., p.52.

合意是管辖协议的本质，对管辖协议具有决定性作用。合意是一种意思表示，意思表示有两个最基本的要素，即意思本身和意思的表达，[①]对萨维尼而言，真正导致意思表示无效的是意思的缺乏或意思与表达的不一致。[②]当事人是否存在合意决定了管辖协议是否存在，当事人之间的管辖合意是否合法/是否存在瑕疵对管辖协议是否具有效具有决定作用。因此，对管辖协议合意的考察可以分别从管辖协议的存在（existence）与管辖协议的有效性（validity）两个方面来进行，前者倾向于事实判断，后者倾向于法律价值判断。当然，不论事实判断还是法律价值判断，都需要运用一定的法律方法才能得出相关的法律结论。

管辖协议的存在和有效性是两个不同的问题，彼得·尼格（Peter Nygh）也将管辖协议的存在和有效性区别对待。[③]如上所述管辖合意对管辖协议的存在和有效性有决定性影响。当事人合意的核心作用之一是决定管辖协议是否存在，其中合意存在的证据即形式有效性对其有证明作用。然而，管辖协议即便存在，也可能由于管辖合意不符合法律规定因具有瑕疵而归于无效，这就是管辖协议的有效性问题。从时间上分析，管辖协议的存在问题在前，管辖协议的有效性问题在后，在管辖协议存在的基础上才能分析管辖协议的有效性问题。从合意角度分析，管辖协议的存在要求当事人存在合意，管辖协议的有效性则要求合意没有瑕疵，即要考察是否存在合同无效、可撤销、不可执行的情形，其中可能涉及与争议标的、缔约能力等相关的问题。[④]

---

① 参见米健：《意思表示分析》，《法学研究》2004 年第 1 期。

② 参见唐晓晴：《意思表示错误的理论与制度渊源》，《华东政法大学学报》2008 年第 2 期。

③ See Peter Nygh, *Autonomy in International Contracts*, Oxford: Clarendon Press, 1999, p.82.

④ See Ronald A. Brand, "Consent, Validity, and Choice of Forum Agreements in International Contracts", University of Pittsburgh, Legal Studies Research Paper Series, Working Paper No. 2009—35, December 2009, pp.542—544.

2. 管辖合意在实体法中的考察

意思表示是民法的基本概念，意思表示是否存在及其是否有瑕疵影响法律行为的效力。[①]管辖协议是一种意思表示，管辖协议的存在和有效性两个问题，分别是民法中意思表示是否存在和意思本身是否存在瑕疵两个问题在管辖协议中的体现。由于管辖合意属于实体问题，因此对管辖合意是否存在、是否存在瑕疵问题的考察，无论是否存在冲突法解决方法，都要回归到国内实体法的相关规定和理论。当事人的管辖合意和当事人对主合同的合意是不同的，虽然管辖合意的处理要适用合同相关的法律和理论，当事人对主合同的合意也要适用合同相关的法律和理论，但前者适用的是管辖协议的准据法，后者适用的是主合同的准据法，这是管辖协议独立性原则的要求。

此外，在区分当事人对主合同的合意和对管辖协议的合意时有一个问题需要提及，即如果同一个合意瑕疵既影响主合同的效力又影响管辖协议的效力，那么其分别适用主合同准据法和管辖协议准据法也不会导致实质性冲突。因为即便两个法律的规定不同，法院认定当事人对主合同有合意、对管辖协议没有合意，或者相反，也是合法的，因为这不违背管辖协议独立性原则。

(二) 两大机制对管辖合意的规制

欧洲法院指出，依据管辖协议独立性原则，管辖协议的有效性由公约规范，管辖协议所在合同的有效性由合同准据法规范。[②]遗憾的是，布鲁塞尔体系和《海牙公约》都只对管辖协议的形式有效性作了统一规范，而没有对实质有效性尤其是管辖合意作出明确、特殊的规定，当然冲突法公约也

① 参见米健：《意思表示分析》，《法学研究》2004 年第 1 期。
② Benincasa v Dentalkit Srl., Case C-269/95, [1997] ECR I-3767, p.25.

没有这个义务。[①]尽管如此，作为冲突法解决机制，两大机制对管辖合意的法律适用是有指引的。

1. 布鲁塞尔体系的做法

在布鲁塞尔体系下，对管辖合意的法律适用曾有三个主张，分别为适用公约统一性解释、受理案件的成员国国内法、冲突法规则。[②]

（1）公约统一性解释——未被接受

从早期欧洲法院对《布鲁塞尔公约》的解释来看，管辖协议的有效性以当事人之间对协议存在合意为前提，公约第十七条（条例第二十三条、重订第二十五条）要求受案法院对当事人是否存在管辖合意进行判断。管辖条款是否能赋予被选择法院管辖权实际上要看当事人之间是否存在约定管辖权的合意，这个合意必须要清楚明确地表达。早期欧洲法院的判例适用对公约第十七条的统一性解释而非国内法来解决管辖合意问题。[③]如在埃斯泰斯诉鲁瓦案中欧洲法院指出，公约第十七条规定的形式要件是为了确保当事人之间存在合意。[④]马格努斯（Magnus）教授指出，虽然条例第二十三条的措辞并未支持该条文可以适用于判断管辖合意的存在，但通过对第二十三条的统一解释对合意是否存在进行推断也是被广为接受的观点。[⑤]

---

① See Ronald A. Brand, "Consent, Validity, and Choice of Forum Agreements in International Contracts", University of Pittsburgh, Legal Studies Research Paper Series, Working Paper No. 2009—35, December 2009, p.555.

② See Tena Ratkovic and Dora ZgrabljicRotar, "Choice-of-Court Agreements under the Brussels Ⅰ Regulation(Recast)", 9 J. Priv. Int'l L.245(2013).

③ See Louise Merrett, "Article 23 of the Brussels Ⅰ Regulation: A Comprehensive Code for Jurisdiction Agreements?", 58 Int'l & Comp. L.Q. 545 2009; Ronald A. Brand, "Consent, Validity, and Choice of Forum Agreements in International Contracts", University of Pittsburgh, Legal Studies Research Paper Series, Working Paper No.2009—35, December 2009, pp.546—547.

④ Case 24—76 Estasis Salotti di Colzani Aimo e Gianmario Colzani snc v Rüwa Polstereimaschinen GmbH[1976] ECR 01831, para. 7.

⑤ See Ronald A. Brand, "Consent, Validity, and Choice of Forum Agreements in International Contracts", University of Pittsburgh, Legal Studies Research Paper Series, Working Paper No. 2009—35, December 2009, pp.546—547.

不过，虽然欧洲法院对《布鲁塞尔公约》的解释在《布鲁塞尔条例Ⅰ》生效后依然使用，且后来的判例也确认了这个做法，①但欧盟各国法院仍然适用国内法来解决管辖合意问题。从《海德堡报告》来看，这可能是布鲁塞尔体系目标的双重性导致的，其一方面致力于统一各国对管辖协议有效性的要求，另一方面要尊重成员国国内法的规定。②虽然欧洲法院通过判例所作的统一性解释为判断管辖合意是否存在参考适用公约第十七条，但完全依据公约第十七条的统一性解释解决管辖合意问题并不合理。这是因为，一方面管辖合意符合公约第十七条的规定仅仅能起到初步证明的作用，也就是说管辖合意符合形式要件只是有助于证明合意的存在，并不能成为证明合意存在的唯一规则；另一方面，公约第十七条仅仅有助于证明形式合意，而无法解决实质合意问题。

(2) 受理案件成员国国内法——不合理

《布鲁塞尔条例Ⅰ》第二十三条规定了管辖协议的形式要件，其不是为管辖协议的合意问题设置的，欧洲法院在1998年的一个判决中指出管辖协议的合意问题由受理法院依据争议当事人之间进行的国际贸易或商事习惯解决。③这似乎表明欧洲法院的态度是管辖合意问题应受受理案件的成员国国内法支配，即便有助于证明合意存在的形式有效性问题适用的是条例第二十三条。④

① Case 150/80 Elefanten Schuh GmbH v Pierre Jacqmain[1981] ECR 01671, para.25.

② See Report on the Application of Regulation Brussels Ⅰ in the Member States(“Heidelberg Report”)(Study JLS/C4/2005/03 Final Version September 2007) para. 376, http://www.duthcivpro.net/blog/tsantinis/study_application_brussels_1_en.pdf. See Tena Ratkovic and Dora ZgrabljicRotar, “Choice-of-Court Agreements under the Brussels Ⅰ Regulation(Recast)”, 9 J. Priv. Int'l L. 245(2013), p.253.

③ Mainschiffahrts-Genossenschaft eG(MSG) v. Les Gravieres Rhenanes SARL, Case C-106/95 [1997] ECR I-911, pp.20, 25.

④ See Ronald A. Brand, “Consent, Validity, and Choice of Forum Agreements in International Contracts”, University of Pittsburgh, Legal Studies Research Paper Series, Working Paper No. 2009—35, December 2009, pp.546—547.

有学者也持这种观点。[①]然而，适用受理案件的成员国国内法判断管辖协议的效力会导致当事人挑选法院，因此这种做法的合理性也有待斟酌。

(3) 冲突法规则——已经接受

对实质合意的判断其实是对“have agreed”或者“agreed”的判断，[②]即当事人之间是否存在真实、合法、没有瑕疵的合意。对管辖协议的实质合意问题，国内法主要关注欺诈、胁迫、误述等可能影响当事人合意，但第二十三条形式有效性无法解决的问题。欧洲法院对合意的统一解释是出于评估管辖协议的效力、尊重当事人意思自治的考虑，但这种统一解释的方法不能在欧盟层面解决诸如欺诈之类有关合意品质的问题，因为《布鲁塞尔条例Ⅰ》或其他欧盟立法都没有对管辖合意的瑕疵进行规范。只有当事人没有对合意品质提出抗辩时，欧洲法院对合意的统一解释才能适用，即当事人未提出合意品质的抗辩时合意具有表面证据就可以推断管辖合意的存在和有效性。如果当事人提出欺诈之类的抗辩，欧洲法院对合意的统一解释则无法解决问题。基于以上原因，很多学者主张适用成员国国内法。[③]在此基础上，我们需要探究应该适用哪个成员国的国内法，即需要通过统一的冲突法规范确保管辖协议实质合意法律适用的确定性和一致性。可供选择的法律有受理法院地法、主合同准据法、被选法院地法。在公约适用的早期，欧洲法院认为对管辖合意的判断不能适用国内法而应适用公约统一解释可能是由于管辖协议的准据法问题尚不明确。如果公约对管辖协议的准据法作出规范，那么该法律即可用来判断管辖合意的实质有效性。2012年《布鲁塞尔条例Ⅰ(重订)》第二十五条的明确规

---

①③ See Tena Ratkovic and Dora ZgrabljicRotar, “Choice-of-Court Agreements under the Brussels Ⅰ Regulation(Recast)”, 9 J. Priv. Int'l L. 245(2013).

② See Adrian Briggs, Peter Rees, *Civil jurisdiction and judgments*, London: Informal, 2009, 196. “have agreed”和“agreed”是布鲁塞尔体系和《海牙公约》中的表述。

定“除非依据被选法院地法，管辖协议是无效的”确立了被选法院地法原则，这是《布鲁塞尔条例Ⅰ(重订)》对管辖协议实质有效性适用法律的统一冲突法规范。管辖合意属于实质有效性问题，因此管辖合意应适用被选法院地法，这个法律适用规则与《海牙公约》的做法一致。

从条文的措辞来看，《布鲁塞尔条例Ⅰ(重订)》第二十五条只规定了管辖协议无效(void)的情形，其是否涵盖管辖协议可撤销(voidable)的情形呢？众所周知，导致协议无效的情形与可撤销的情形是不同的。有学者认为，将条文措辞理解为既包括无效情形又包括可撤销情形是比较合理的，因为这是委员会在制定公约时就追求的目标，①本书同意这个观点。《海牙公约》和《布鲁塞尔条例Ⅰ(重订)》之间的协调也可以证明这一点。《海牙公约》解释报告对“null and void”进行了解释，“null and void 情形主要是指一些被广泛接受的理由诸如欺诈、失误、错误陈述、胁迫、缺乏缔约能力”。②

2.《海牙公约》的做法——冲突法规则与可统一适用的例外条款结合

《海牙公约》对管辖协议实质有效性的规定无疑可以用来判断管辖合意。《海牙公约》第五条第一款规定：“在一项排他性选择法院协议中指定的某缔约国的一个或者多个法院对于该协议适用的争议有管辖权，除非根据该国法律该协议是无效的。”③该条确立了被选法院地法为管辖协议准据法的原则。公约第六条规定了管辖协议无效的五种例外情形，这是不受成员国国内法影响的可以统一适用的例外条款，可以避免适用被选法院地法

---

① See Mónica Herranz Ballesteros, “The Regime of Party Autonomy in the Brussels Ⅰ Recast: The Solutions Adopted for Agreement on Jurisdiction”, 10 J. Priv. Int'l L. 291(2014); Christian Heinze, “Choice of Court Agreements, Coordination of Proceedings and Provisional Measures in the Reform of the Brussels I Regulation”, Max Planck Private Law Research Paper No.11/5, p.585.

② Hartley/Dogauchi Explanatory Report on Convention of 30 June 2005 on Choice of Court Agreement(2007), para. 126.

③ “无效”仅仅适用于实质无效的情形，不包括形式无效。See Hartley/Dogauchi Explanatory Report on Convention of 30 June 2005 on Choice of Court Agreement(2007), para. 126.

的不足。由此可见《海牙公约》对管辖协议实质有效性的规定是全面的、穷尽的，公约第六条第二、三、四款对当事人缔约能力、受理法院地的公共政策、当事人不可控制的导致协议不能履行的原因等实体问题都进行了规范。

《海牙公约》与《布鲁塞尔条例Ⅰ(重订)》都规定被选法院地法为管辖协议的准据法，但《海牙公约》规定了穷尽的统一性条款，即除了被选法院地法外，公约中还有对管辖协议实质有效性问题可以统一适用的、具有实体性质的例外条款。[①]而《布鲁塞尔条例Ⅰ(重订)》则规定了有限的统一性条款，即管辖协议实质有效性的准据法为被选法院地法，而没有考虑被选法院地法无法解决的问题。

3. 小结

由以上分析可知，《布鲁塞尔条例Ⅰ(重订)》第二十五条规定的形式要件可以作为判断管辖合意是否存在(形式合意)的证据，但即便管辖合意符合第二十五条的要求也不一定存在，还需要结合国内实体法来判断管辖合意是否存在(形式合意)、是否真实(实质合意)。这个国内实体法不是受理法院地法，而是支配合同(即管辖协议)成立的法律，具体为管辖协议的准据法即被选法院地法。因此可以说，在适用《布鲁塞尔条例Ⅰ(重订)》的案件中，判断管辖协议是否具有形式有效性适用第二十五条，判断管辖协议是否具有实质有效性(包括形式合意和实质合意问题)则要同时适用第二十五条和被选法院地法。在《海牙公约》机制下，判断管辖协议是否具有形式有效性适用第三条，判断管辖协议是否具有实质有效性(包括形式合意和实质合意问题)则要适用公约第三条、被选法院地法及第六条的

① See Ronald A. Brand, "Consent, Validity, and Choice of Forum Agreements in International Contracts", University of Pittsburgh, Legal Studies Research Paper Series, Working Paper No. 2009—35, December 2009, p.550.

例外规定。

(三) 中国法律对管辖合意的规定

1. 冲突法规则

依据冲突法规则，管辖合意问题应适用管辖协议的准据法。中国的国内冲突法规范都没有就管辖协议的准据法作出规定，中国内地法院在司法实践中倾向于适用法院地法，中国香港法院则遵循普通法传统适用主合同准据法为管辖协议的准据法。

2. 实体法规定

中国法律没有对管辖合意单独进行规定，考察管辖合意的实体法要参照合同实体法对合意的一般规定。合意在大陆法系中体现为“意思表示”，在普通法系中体现为“合意”及“建立法律关系的意图”这两个概念。

(1) 合同成立规则判断管辖合意是否存在

中国内地法律将意思表示分为意思与表示两个内容，意思是当事人内心的真实意志，是意思表示的主观要件，表示是当事人意志的外在表现，是意思表示的客观要件。①意思与表示是否一致对合同成立有重大影响，意思表示是否真实对合同生效有重大影响。合同的成立要求当事人意思表示一致。②

从中国《合同法》第十四条和第二十一条的规定看，要约和承诺即是当事人订立合同的意思表示一致的结果。③《合同法》第二十二条规定了承诺的方式，“承诺应当以通知的方式作出，但根据交易习惯或者要约表明可以

---

① 参见米健:《意思表示分析》,《法学研究》2004 年第 1 期;张金海:《意思表示的主观要素研究》,《中国法学》2007 年第 1 期。

② 参见王家福主编:《中国民法学·民法债权》,法律出版社 1991 年版,第 312 页;王利明、崔建远:《合同法新论·总则》,中国政法大学出版社 1996 年版,第 135—137 页;杨立新:《中国合同责任研究》,《民商法学》2000 年第 7 期。

③ 中国《合同法》:“第十四条　要约是希望和他人订立合同的意思表示,该意思表示应当符合下列规定:(一)内容具体确定;(二)表明经受要约人承诺,要约人即受该意思表示约束。
第二十一条　承诺是受要约人同意要约的意思表示。”

通过行为作出承诺的除外。”第二十五条规定，承诺生效时合同成立。在中国香港法律中，按传统的分析，协议的成立和存在，视乎当事人发出要约与否，及其他的当事人接受要约与否，虽然这个方法不能适用于所有的情况，但可适用于大部分协议。[①]一方当事人发出要约，另一方当事人接受要约，双方当事人即具有合意。由此可知，中国香港法律对管辖合意是否存在也适用要约与承诺规则。

管辖协议为一种特殊的、不存在对价的合同，通过对中国内地与中国香港法律中要约与承诺相关的规则进行比较分析可以发现：

第一，从对要约的要求来看，中国内地法律要求要约内容具体确定（《合同法》第十四条），中国香港法律要求协议为确定无疑的、完全的协议。[②]由此可见，管辖协议的措辞必须具体、确定、完全，中国内地与中国香港的法律要求是一致的。

第二，从承诺的方式来看，中国内地法律规定应当以通知的方式作出，但根据交易习惯或者要约表明可以通过行为作出承诺的除外。中国香港法律对承诺方式的规定更为宽泛，原则上受要约人知会要约人即构成承诺；若要约条款许可，受要约人可以用行动或者实际履行合同的方式作出承诺；在例外情况下，不按上述方法或者沉默也可能构成承诺。[③]两地法律允许的承诺方式具体到管辖协议这一特殊合同中，除了通知或者知会这种承诺方式外，其他承诺方式都会导致管辖协议失去存在的基础，如通过行为或实际履行合同以及沉默的方式作出对管辖协议要约的承诺，其实质为应诉管辖。实质上当事人对管辖协议的承诺方式这一问题可以归结为另

① 参见何美欢：《香港合同法》，香港中文大学出版社1990年版，第29页。
② 同上书，第43页。
③ 同上书，第36页。

一个问题，即管辖协议的形式，也就是说管辖协议可以采取何种形式，对管辖协议的承诺即可为何种方式。从前文对管辖协议形式有效性的论述可知，中国内地和中国香港对管辖协议形式要件的处理并不矛盾，因此可以认为两地对管辖合意的承诺方式的处理可能也是一致的。

管辖协议符合要约与承诺规则的，管辖协议成立与存在，当事人之间存在管辖合意。管辖合意的存在要求管辖协议内容明确，且管辖协议符合法定的形式要求。中国内地法律和中国香港法律对管辖合意是否存在(即形式合意)的处理是一致的。

(2) 合同生效规则判断管辖合意是否有效

意思表示合法的，合同才能生效。中国《合同法》对合同生效的要件没有规定。依据《民法通则》第五十五条对法律行为要件的规定，合同的生效要求意思表示真实，即要求意思表示不存在瑕疵。《合同法》第五十二条和第五十四条对意思表示瑕疵的类型进行了规定，主要有：欺诈、胁迫、乘人之危、重大误解和显失公平。[①]《最高人民法院关于贯彻执行〈中华人民共和国民法通则〉若干问题的意见》第六十八至七十二条对五种意思表示瑕疵分别进行了界定。《合同法》第五十二条和第五十四条规定了意思表示瑕疵的法律后果，即存在欺诈、胁迫、乘人之危、重大误解和显失公平情形导致缔约当事人意思表示不真实的，合同可以撤销；存在欺诈、胁迫情形导致

---

① 中国《合同法》第五十二条：“有下列情形之一的，合同无效：
(一) 一方以欺诈、胁迫的手段订立合同，损害国家利益；
(二) 恶意串通，损害国家、集体或者第三人利益；
(三) 以合法形式掩盖非法目的；
第五十四条　下列合同，当事人一方有权请求人民法院或者仲裁机构变更或者撤销：
(一) 因重大误解订立的；
(二) 在订立合同时显失公平的。
一方以欺诈、胁迫的手段或者乘人之危，使对方在违背真实意思的情况下订立的合同，受损害方有权请求人民法院或者仲裁机构变更或者撤销。
当事人请求变更的，人民法院或者仲裁机构不得撤销。”

缔约当事人意思表示不真实，并损害国家利益的，合同无效。《合同法》第五十八条规定了合同无效或可撤销的救济，即合同无效或被撤销后，受损害方可以要求返还财产、折价补偿或赔偿。①

在英国合同法中，合同达成的一致必须是真正的一致，确实处于当事人的内心自愿和自由，特别是，当事人必须自由和自愿地承担合同下的义务，而不是由于对方当事人的强迫或者欺骗的结果。在签订合同的过程中，任何一方当事人均没有受到任何不正当因素的影响，包括错误、失实陈述、胁迫、不正当影响等。这些因素被称为破坏合同有效性的因素，如果当事人签订合同时存在这些因素，结果使当事人虽然签订了合同，但实际上双方并未达成意思表示一致，或者说使双方合意不真实，那么合同就可能是无效的或者可撤销的。②中国香港法律理论和实践对上述四种破坏合同有效性的因素有非常细致的规则，如各自的种类和解决方法等，③中国香港成文法中还有专门的《失实陈述条例》。④

虽然英美法与大陆法对欺诈、错误等之相关规则于技术上并不完全相似，但从实体法论之观点而言，重点是各国法院主持个案正义之一致性，至于法律技术的一致性只是在帮助法律逻辑的整理，于国际私法上应有适度的包容性。⑤

(3) 建立法律关系的意图

中国香港法律中“建立法律关系的意图”这个概念是大陆法系所没有

---

① 中国《合同法》：“第五十八条合同无效或者被撤销后，因该合同取得的财产，应当予以返还；不能返还或者没有必要返还的，应当折价补偿。有过错的一方应当赔偿对方因此所受到的损失，双方都有过错的，应当各自承担相应的责任。”

② 参见何宝玉：《英国合同法》，中国政法大学出版社1999年版，第57页。

③ See Michael J. Fisher and Desmond G. Greenwood, *Contract Law in Hong Kong*, Hong Kong: Hong Kong University Press, 2011, pp.211—357；何宝玉：《英国合同法》，中国政法大学出版社1999年版，第450—587页。

④ 参见香港法例第二百八十四章。

⑤ 参见陈隆修：《2005年海牙法院选择公约评析》，台湾五南出版社2009年版，第83页。

的,中国内地法律中也没有这个概念。建立法律关系的意图使当事人意图发生的行为进入法律规制的范围,是中国香港法律考察合同成立与生效时的一个关键要素。

合同是在法律上具有约束力的协议。在合同法上,一份协议可否成为一项有效的、可以强制履行的合同,除了双方当事人协商达成一致(即要约和承诺)并且相互支付对价以外,还要看双方在达成协议时是否有意建立法律关系,即是否有订立合同的意图。①

对于合同有效是否要求当事人之间有建立法律关系的意图,虽然中国香港学术界存在一些疑问,但中国香港法院一直持肯定态度。少数学者认为,意图不是或者不应该是合同有效的必要条件。其理由为,既然对价已经表明了当事人愿意接受协议约束的意愿,再规定意图为独立的要件就没有必要了。由于意图和对价两个要件确实有很大的重叠,因此主张意图不应该是合同有效的一个独立要件的观点还是有其合理性的。尽管如此,法院在大量案件中的明确声明使我们有理由相信,否定意图为独立构成要件的观点是得不到支持的。法院的主要理由为,如果不认可意图为合同有效的独立要件,那么法院将会面临大量的有关家庭或社交协议的诉讼,从技术上分析这些协议存在对价,但从法律角度看当事人从未有建立法律关系的意向。②由此看来,虽然存在争议,但建立法律关系的意图作为合同有效的一个构成要件,仍是主流观点。也有学者认为上述两个观点实质上分别不大,争议实际上并没有想象中那么复杂。③

---

① 参见何宝玉:《英国合同法》,中国政法大学出版社 1999 年版,第 176 页。对订立合同的意图的解释,如:A 邀请 B 到他家吃饭,但后又通知 B 他因故不能为 B 做晚饭。这种情况下,A 显然不打算对此采取什么法律上的行动,也就是说在这个关系中,A 和 B 之间并没有真正建立一种受约束的法律关系的意图。

② See Michael J. Fisher and Desmond G. Greenwood, *Contract Law in Hong Kong*, Hong Kong: Hong Kong University Press, 2011, p.122.

③ 参见何美欢:《中国香港合同法》,中国香港中文大学出版社 1990 年版,第 59 页。

法律(或者说法院)怎么确定,在某个特定的交易行为中,双方当事人是否具有建立法律关系的意图呢?如果当事人在协议中明确表示,他们之间的协议是/不是具有建立法律关系的意图,那么法律应当尊重并且接受他们的意愿。但通常来看,协议的当事人很少在协议中以精确的表述,来表达他们的意愿及其在法律上的效力,所以,法院只能根据他们语言、文字、行为和达成协议时的情形,来寻找和发现他们的意愿和意图。为了解决这个问题,英国合同法将人们通过协商达成的协议分为两大类:一类是商业协议或营业协议;另一类是家庭协议或社交协议,并且提出了两个基本的假定:其一,在商业协议中,法律假定当事人都有建立法律关系的意图,其二,在家庭协议或社交协议中,法律假定当事人都没有建立法律关系的意图。当然,如果当事人有充分的证据加以证明,这两个假定都是可以推翻的。不过在实践中要做到这一点,当事人的证明责任是很重的。然而实际上法院审理的合同纠纷案件中,真正涉及当事人没有建立法律关系的意图的案件并不是很多。因为在多数情况下,协议是否有效,关键首先不在于当事人之间是否存在建立法律关系的意图,而经常是在于缺乏对价。法院在审理合同纠纷案件时,往往首先审查当事人的要约、承诺是否有效,是否存在充分的对价。只有这些问题都得到了肯定的回答后,法院才会考虑到当事人之间是否存在建立法律关系的意图。因此,有关当事人建立法律关系的意图的规则,远不像对价规则那样丰富。①

管辖协议是一种特殊的合同,不能归入商业协议,更不属于家庭协议或者社交协议。但由于当事人选择了管辖法院,就是选择了法院地的程序法规则,因此可以推断管辖协议的当事人有接受法院地法约束的意图。从

---

① 参见何宝玉:《英国合同法》,中国政法大学出版社 1999 年版,第 176—177 页。

这个逻辑分析，对管辖合意是否存在的问题，参照商业协议并推定当事人有建立法律关系的意图可能较为合理。当事人如果有充分的证据，这个假定也是可以推翻的，不过这个证明责任很重。如果确认书或者意向书中涉及对管辖权的选择，这种情况也视为存在管辖合意。

三、当事人缔约能力

当事人缔约能力与一国国家主权和社会安全密切相关，但又不属于一国强制性规范范畴，因此跨境民商事争议中当事人缔约能力问题可能要受到多国法律规制。当事人缔约能力问题需要在冲突法规则的指引下依据实体法规则解决。由于当事人缔约能力具有特殊性，所以其法律适用独立于主合同和管辖协议的法律适用，需要单独研究。

（一）中国的规定

1. 冲突法规定

从冲突法来看，通过考察《涉外民事关系法律适用法》第十二条和第十四条的规定以及中国香港的做法可以发现，两者对自然人和法人行为能力都采用选择适用的冲突规范，且均持尽量使其有效的立场。对于自然人行为能力问题，从《涉外民事关系法律适用法》第十二条来看，依据经常居所地法律或者行为地法律，自然人有民事行为能力的，即视为有民事行为能力。在中国香港合同法中，如果依据最密切联系地法、属人法（包括住所地法、经常居所地法，以及对方当事人有合理理由认为该方当事人有居所的地方的法律）之一的法律，自然人有缔约能力的，即为有缔约能力。[①]对于法

① 《涉外民事关系法律适用法》第十二条规定：“自然人的民事行为能力，适用经常居所地法律。自然人从事民事活动，依照经常居所地法律为无民事行为能力，依照行为地法律为有民事行为能力的，适用行为地法律，但涉及婚姻家庭、继承的除外。”Graeme Johnston, *The Conflict of Laws in Hong Kong*, London: Sweet & Maxwell Asia, 2005, p.361.

人行为能力问题，从《涉外民事关系法律适用法》第十四条的规定来看，只要依据登记地法律或者法人主营业地（同时为法人经常居所地）法律，法人有行为能力的，即视为有行为能力。在中国香港法中，只要依据法人登记地（同时也是法人住所地）法律或者行为地法律中，法人有行为能力的，即视为有行为能力。[①]两者对行为能力的规定不完全一致，中国香港的规定更为宽泛、更容易判定自然人或法人具有行为能力。

2. 实体法规定

从实体法来看，通过考察《民法通则》第十一条、第十三条和《最高人民法院关于贯彻执行〈中华人民共和国民法通则〉若干问题的意见》第二条、第四条、第五条的规定，[②]中国香港法例第四百一十章《成年岁数（有关条文）条例》第二条、第二十六章《货品售卖条例》第四条及第一百三十六章

---

① 《涉外民事关系法律适用法》第十四条规定："法人及其分支机构的民事权利能力、民事行为能力……等事项，适用登记地法律。法人的主营业地与登记地不一致的，可以适用主营业地法律。法人的经常居所地，为其主营业地。"Graeme Johnston, *The Conflict of Laws in Hong Kong*, London: Sweet & Maxwell Asia, 2005, pp. 348, 363. HKSAR v. Li Ka Ho Tommy[2005] HKEC 773.

② 《民法通则》规定："

第十一条　十八周岁以上的公民是成年人，具有完全民事行为能力，可以独立进行民事活动，是完全民事行为能力人。

十六周岁以上不满十八周岁的公民，以自己的劳动收入为主要生活来源的，视为完全民事行为能力人。

第十三条　不能辨认自己行为的精神病人是无民事行为能力人，由他的法定代理人代理民事活动。

不能完全辨认自己行为的精神病人是限制民事行为能力人，可以进行与他的精神健康状况相适应的民事活动；其他民事活动由他的法定代理人代理，或者征得他的法定代理人的同意。"

《民通意见》规定："

2. 十六周岁以上不满十八周岁的公民，能够以自己的劳动取得收入，并能维持当地群众一般生活水平的，可以认定为以自己的劳动收入为主要生活来源的完全民事行为能力人。

4. 不能完全辨认自己行为的精神病人进行的民事活动，是否与其精神健康状态相适应，可以从行为与本人生活相关联的程度、本人的精神状态能否理解其行为，并预见相应的行为后果，以及行为标的数额等方面认定。

5. 精神病人（包括痴呆症人）如果没有判断能力和自我保护能力，不知其行为后果的，可以认定为不能辨认自己行为的人；对于比较复杂的事物或者比较重大的行为缺乏判断能力和自我保护能力，并且不能预见其行为后果的，可以认定为不能完全辨认自己行为的人。"

《精神健康条例》的规定可以发现，[1]除了中国香港法律规定了醉酒者无行为能力而中国内地没有类似规定外，两者对当事人缔约能力的实体法规定没有实质性差异。

(二)《海牙公约》的规定及其借鉴意义

由于管辖协议的独立性，因此管辖协议的法律适用不同于主合同的法律适用，由于当事人缔约能力的特殊性，因此当事人缔约能力的法律适用也不同于主合同的法律适用，以上两个不同导致了管辖协议当事人缔约能力的法律适用既不同于管辖协议的法律适用，也不同于主合同的法律适用。《海牙公约》第五条规定被选法院地法为管辖协议的准据法（该法可以规范当事人缔约能力问题），第六条规定当事人缔约能力问题还应适用受理法院地法。因此《海牙公约》机制对当事人缔约能力的规定为重叠适用的冲突规范，即当事人同时符合被选法院地法和受理法院地法对当事人缔约能力的要求时，管辖协议才有效。与中国域内法对当事人缔约能力的宽松处理（选择适用的冲突规范）相比，虽然《海牙公约》的做法更为严格，但其可以兼顾不同成员国的利益。《海牙公约》代表了国际社会协调的最高成果，现阶段“一带一路”倡议下各国（地区）对协议管辖中当事人缔约能力法律适用的协调可以借鉴《海牙公约》的做法，以后待国际商事争议解决机制成熟后再对当事人缔约能力选择适用的冲突规范这一宽松的做法。

---

① 《成年岁数（有关条文）条例》第二条规定：“自本条例生效之日起，一个人年满 18 岁时，即届成年。”

《货品售卖条例》第四条买卖的行为能力第(1)款规定：“买卖的行为能力受与订立合约的行为能力及转让和取得产权的行为能力有关的一般法律规管；但幼年人或未成年人，或因心智上无行为能力或醉酒而无订立合约能力的人，如获售卖和交付必需品，须就该等必需品缴付合理的货价。”

形式缔结。书面形式并不要求当事人必须签字，只要可以表明当事人缔约合意的通信工具，如电邮、信函或者文书交换，都视为满足书面形式要求。土耳其《民事诉讼法典》第十八条也规定选择土耳其法院的管辖协议必须以书面形式缔结。①

二、捷克、希腊、土耳其对管辖协议实质有效性的立法与实践

捷克法律对管辖协议实质要件的主体要求比较特殊。纯域内案件中只有法人之间才可以协议管辖，涉外案件则没有此限制；排除捷克法院管辖的协议只能在法人之间缔结，且法院有自由裁量权决定是否要求具有涉外因素，选择捷克法院管辖的协议则无此限制。②由此可见，一方面捷克法律对选择本国法院管辖的协议积极支持，另一方面捷克法律赋予法人更多的争议解决选择权，对法人之间的协议管辖较为宽松，对其他主体之间的协议管辖则有较多限制。

土耳其对选择本国法院的管辖协议也有主体限制，即只有商人或者公共实体才可以协议选择土耳其法院管辖。③

管辖协议是主合同意思自治的一部分，希腊法律中管辖协议除了受《希腊民事诉讼法典》的规制外，还应受希腊实体法规则的约束。管辖协议本身以及与该协议相关的权利的有效性应尊重《希腊民事诉讼法典》第一

① See Zeynep Derya Tarman, Meltem Ece Oba, “Turkey: Optional Choice of Court Agreements”, in Mary Keyes(eds), *Optional Choice of Court Agreements in Private International Law*, Ius Comparatum-Global Studies in Comparative Law, vol 37. Springer, Cham, 2019, pp.415, 427.

② See Naděžda Rozehnalová, Silvie Mahdalová, Lucie Zavadilová, “Czech Republic: The Treatment of Optional and Exclusive Choice of Court Agreements”, in Mary Keyes(eds), *Optional Choice of Court Agreements in Private International Law*, Ius Comparatum-Global Studies in Comparative Law, vol 37. Springer, Cham, 2019, pp.170—172.

③ See Zeynep Derya Tarman, Meltem Ece Oba, “Turkey: Optional Choice of Court Agreements”, in Mary Keyes(eds), *Optional Choice of Court Agreements in Private International Law*, Ius Comparatum-Global Studies in Comparative Law, vol 37. Springer, Cham, 2019, p.425.

第三节　“一带一路”沿线国家的法律规定及实践

目前大多数国家(地区)的法律没有专门对管辖协议的形式要件和实质要件作出规定,少数国家对管辖协议有效性问题进行特殊规定。欧盟成员国之间适用布鲁塞尔体系规定的形式要件和实质要件要求,非成员国之间则依据国内冲突规范指引的准据法认定。

一、捷克、希腊、土耳其对管辖协议形式有效性的立法与实践

捷克共和国在历史上要求强制仲裁,虽然1990年后不再作此要求,但仍然非常青睐仲裁纠纷解决机制。捷克对管辖协议的态度并不积极,其要求国内案件和国际案件中管辖协议都只能以书面形式缔结。①

从《希腊民事诉讼法典》和法律的一般原则来看,希腊对管辖协议形式要件没有特殊要求。依据《希腊民事诉讼法典》第四十二条第一部分第(1)款的规定,管辖协议可以是默示的,该法典第四十二条第二部分还规定当事人应诉且没有在规定时间内提出管辖异议的,视为存在默示管辖合意。②

土耳其《国际私法法典》和《民事诉讼法典》分别规范选择外国法院的管辖协议和选择本国法院的管辖协议。虽然《国际私法法典》第四十七条没有规定形式要件,但出于证据考虑,选择外国法院的管辖协议应以书面

---

① See Naděžda Rozehnalová, Silvie Mahdalová, Lucie Zavadilová, “Czech Republic: The Treatment of Optional and Exclusive Choice of Court Agreements”, in Mary Keyes(eds), *Optional Choice of Court Agreements in Private International Law*, Ius Comparatum-Global Studies in Comparative Law, vol 37. Springer, Cham, 2019, pp.169—172.

② See Georgios Panopoulos, “Greece: A Forum Favorable to Optional Choice of Court Agreements”, in Mary Keyes(eds), *Optional Choice of Court Agreements in Private International Law*, Ius Comparatum-Global Studies in Comparative Law, vol 37. Springer, Cham, 2019, p.246.

百一十六条奉行的诚实善意原则，该原则是通过适用《希腊民法典》第二百八十一条（禁止权利滥用）的大量判例确立的。希腊法院在很多案件中依据诚实善意原则进行个案分析，并认定选择外国法院的管辖协议无效。此外，有关欺诈、过失以及合同订立的一般原则都适用于管辖协议。①

① See Georgios Panopoulos, "Greece: A Forum Favorable to Optional Choice of Court Agreements", in Mary Keyes(eds), *Optional Choice of Court Agreements in Private International Law*, Ius Comparatum-Global Studies in Comparative Law, vol 37. Springer, Cham, 2019, p.248.

第五章
管辖协议的限制

虽然基于私法自治的协议管辖制度已经获得了国际社会的广泛认可，但由于该制度的运用实质上赋予了诉讼当事人一种只有国家立法机关和司法审判机关才能享有的权利，因此协议管辖在各国及国际公约中都受到了一定的限制。目前宽松化趋势和合理限制趋势是协议管辖制度的两个发展趋势，这两种发展趋势的共存表明国际社会对当事人意思自治原则在管辖权领域的肯定，以及对其进行适当控制的意图。宽松化趋势与合理限制趋势在相互牵制中共同发展利于确保协议管辖制度的合理性。本章将分别探讨专属管辖、实际联系要求、弱者保护原则是否合理以及应该如何限制的问题。

第一节 “一带一路”沿线国家（地区）对协议管辖的专属管辖限制及其协调

专属管辖是指通过国内立法或者国际条约规定一国法院对某些具有特别性质的民事诉讼案件具有独占的或排他的管辖权，他国法院若受理此类案件，所作的判决将不为本国法院承认与执行，当事人也不能以协议变更这类案件的管辖。[①]被列入专属管辖的案件一般都与本国的政治、经济、法律、社会体制以及公序良俗有密切的关系。[②]专属管辖具有的独占性和排他性对协议管辖构成限制，当事人不能对专属管辖事项进行管辖约定。

一、《布鲁塞尔条例Ⅰ(重订)》与《海牙公约》的规定

《布鲁塞尔条例Ⅰ(重订)》第二十四条规定不论被告是否在成员国有住所，下列五种情形属于专属管辖：涉及不动产物权或者租赁；破产、公司或其他法人的清算以及其他类似程序；确认公共登记效力；有关商标、设计模型或必须备案或注册的其他类似权利的注册或效力；判决执行诉讼。

《海牙公约》第二条列举了公约不予适用的领域和事项，其中第一款明确规定消费合同和雇佣合同不适用于公约，第二款则列举了 16 个特殊事项。这些被排除的事项彼此间并无逻辑关系，纯粹是各国讨价还价的结果。其中(五)破产、破产和解及类似事项，(十二)不动产物权以及不动产物权租赁，(十三)法人的效力、无效或者解散以及其机关所作决定的效力，(十四)著作权和领接权以外的知识产权的有效性，(十五)公共登记项目的有效性，与《布鲁塞尔条例Ⅰ(重订)》规定的专属管辖事项重合。此外，《海牙公约》第二十一条关于特定事项的声明也可以用于专属管辖事项。[③]

---

① 参见徐卉：《涉外民商事诉讼管辖权冲突研究》，中国政法大学出版社 2001 年版，第 63 页；欧福永：《英国民商事管辖权制度研究》，法律出版社 2005 年版，第 83 页。

② 参见徐卉：《涉外民商事诉讼管辖权冲突研究》，中国政法大学出版社 2001 年版，第 63、64 页。

③ 《海牙公约》第二十一条第一款规定：当一国在某特定事项上不适用本公约有重大利益时，该国可以声明在该事项上不适用公约。作出声明的国家应确保该声明不超出必要范围，且所排除的特定事项定义清楚和准确。

二、“一带一路”沿线国家(地区)对专属管辖事项的规定

专属管辖是对管辖协议的一个主要限制因素。大多数国家法律规定的专属管辖事项大同小异,通常包括不动产争议、知识产权争议、某些公司争议。有些国家的法律只笼统地规定专属管辖事项由何地管辖,并不只规定法院地保留的专属管辖事项。①

(一) 中国的专属管辖事项

中国法律规定的专属管辖事项较为宽泛。中国《民事诉讼法》规定了不动产案件、涉外继承案件、港口作业案件以及三类利用外资合同案件的专属管辖权。②除上述法律明确规定外,中国法院在实践中对公司合并、行为能力、解散以及某些知识产权争议也会行使事实上的专属管辖权。专属管辖具有排除其他法院管辖的效力,在上述纠纷中当事人不能通过管辖协议减损中国法院的专属管辖权。③

(二) 普通法规则中的诉讼标的例外

普通法系国家和地区在管辖权方面很少依赖内国的专属管辖权,如英国法对其本国国民的诉讼没有保留其内国司法管辖权。当事人的国籍,即

① See Mary Keyes, “Optional Choice of Court Agreements in Private International Law: General Report”, in Mary Keyes(eds), *Optional Choice of Court Agreements in Private International Law*, Ius Comparatum-Global Studies in Comparative Law, vol 37. Springer, Cham, 2019, p.27.

② 《民事诉讼法》第三十三条:“下列案件,由本条规定的人民法院专属管辖:(一)因不动产纠纷提起的诉讼,由不动产所在地人民法院管辖;(二)因港口作业中发生纠纷提起的诉讼,由港口所在地人民法院管辖;(三)因继承遗产纠纷提起的诉讼,由被继承人死亡时住所地或者主要遗产所在地人民法院管辖。”
《民事诉讼法》第二百六十六条:“因在中华人民共和国履行中外合资经营企业合同、中外合作经营企业合同、中外合作勘探开发自然资源合同发生纠纷提起的诉讼,由中华人民共和国人民法院管辖。”

③ See Guangjian Tu, Zeyu Huang, “People's Republic of China(PRC): Optional Choice of Court Agreements in the Vibrant Age”, in Mary Keyes(eds), *Optional Choice of Court Agreements in Private International Law*, Ius Comparatum-Global Studies in Comparative Law, vol 37. Springer, Cham, 2019, p.153.

使在婚姻案件中也没有什么意义。[①]不过普通法系国家和地区对管辖权规则有例外规定，如中国香港普通法传统规则在四个主要的主体领域中否认对诉讼标的的管辖权（subject matter exclusions）。这四个主体领域包括（1）外国土地所有权；（2）外国知识产权；（3）享有豁免权的人；（4）外国政府行为。[②]上述四个主体领域实际上构成了中国香港法院管辖权的外部界限，可以理解为中国香港法院认可的专属管辖事项。

（三）南非和希腊的专属管辖事项

欧盟成员国之间适用《布鲁塞尔条例Ⅰ（重订）》第二十四条规定的有关不动产、公司、知识产权、判决执行的专属管辖限制。南非法律规定土地所在地法院对土地所有权问题享有专属管辖权，私法中有关身份关系的纠纷如离婚诉讼也为专属管辖事项。[③]《希腊民事诉讼法典》第二十九条、第三十条分别规定不动产争议、继承纠纷为专属管辖事项。[④]

三、“一带一路”沿线国家（地区）专属管辖事项的协调

（一）中国专属管辖与普通法诉讼标的例外之比较与思考

与中国法律规定的专属管辖事项比较，普通法规则中的四个诉讼标的例外：

---

① 参见徐卉：《涉外民商事诉讼管辖权冲突研究》，中国政法大学出版社2001年版，第90页。

② See Graeme Johnston, *The Conflict of Laws in Hong Kong*, London: Sweet & Maxwell Asia, 2005, pp.147—185; Dicey, Morris and Collins, *The conflict of laws*, 13th edn, London: Sweet & Maxwell, 2000, pp.89, 252, 381—383；欧福永：《英国民商事管辖权制度研究》，法律出版社2005年版，第132—142页。

③ See Elsabe Schoeman, “South Africa: Time for Reform”, in Mary Keyes(eds), *Optional Choice of Court Agreements in Private International Law*, Ius Comparatum-Global Studies in Comparative Law, vol 37. Springer, Cham, 2019, p.356.

④ See Georgios Panopoulos, “Greece: A Forum Favorable to Optional Choice of Court Agreements”, in Mary Keyes(eds), *Optional Choice of Court Agreements in Private International Law*, Ius Comparatum-Global Studies in Comparative Law, vol 37. Springer, Cham, 2019, p.246.

1. 外国不动产事项与中国《民事诉讼法》规定的专属管辖事项一致。

2. 对于外国知识产权例外，很多国家和地区的法律都规定外国知识产权为专属管辖事项，中国法律虽然认可知识产权的地域性，但却没有对涉外知识产权诉讼的管辖权问题作出特别规定，法院在实践中依据《民事诉讼法》的相关规定确定管辖权。①涉外知识产权案件中中国的普通管辖权规则必然会与“一带一路”沿线其他国家和地区的专属管辖规则产生冲突，为此中国应该将涉外知识产权列为专属管辖事项。

3. 对于享有豁免权的人和外国政府行为这两个诉讼标的例外，虽然中国法律并未规定其为专属管辖事项，但这并没有产生实质性冲突。这是因为，享有豁免权的人在其他国家法院享有管辖豁免早已在《维也纳外交关系公约》中被明确规定，成为各个国家和地区普遍遵守的一项国际法原则。中国《民事诉讼法》第二百六十一条规定：“对享有外交特权与豁免的外国人、外国组织或者国际组织提起的民事诉讼，应当依照中华人民共和国有关法律和中华人民共和国缔结或者参加的国际条约的规定办理。”由此可见，对于享有豁免权的人，中国法院实质上尊重其本国法院的专属管辖权。外国政府行为属于国家主权豁免，毫无疑问中国法院也尊重一国法院对其本国政府行为的专属管辖权。

由以上论述可知，除外国知识产权外（中国法律需要对其作出专门规定），普通法传统规则中的诉讼标的例外与中国的专属管辖规则并不冲突。

然而，由于中国法律规定了较为宽泛的专属管辖事项，除不动产纠纷外，继承纠纷、港口作业纠纷以及三类利用外资合同纠纷在大多数国家和

① 参见钟丽：《涉外知产侵权诉讼中的管辖权和法律适用》，《人民法院报》2009 年 12 月 31 日第 6 版，http://rmfyb.chinacourt.org/paper/html/2009-12/31/content_1123.htm?div=-1，2019 年 1 月 1 日。

地区都不在专属管辖范围内，因此中国法院的专属管辖权和其他国家和地区的普通管辖权会产生冲突，加之大多数国家和地区都允许平行诉讼，这更加剧了管辖权积极冲突的现象。

（二）中国与“一带一路”沿线其他国家(地区)专属管辖事项的协调

《布鲁塞尔条例Ⅰ(重订)》第二十四条规定的专属管辖事项几乎完全被《海牙公约》第三条规定的排除事项所覆盖，《海牙公约》对公约排除事项的规定以及其关于特定事项的声明，对中国与“一带一路”沿线其他国家(地区)专属管辖问题的协调具有启发及借鉴意义。

各国(地区)对不动产纠纷的专属管辖没有冲突。继承纠纷属于中国专属管辖范围，也被《海牙公约》排除，[①]中国对继承纠纷的专属管辖权应该得到尊重。对于港口作业纠纷和利用外资的三类合同纠纷，《海牙公约》并未将其排除出适用范围，不过公约第二十一条第一款关于特定事项的声明可以用来平衡各缔约国的专属管辖冲突，[②]该款规定：“当一国在某些特定事项上不适用本公约有重大利益时，该国可以声明在该事项上不适用本公约。”

不过，中国借鉴《海牙公约》的做法只能消极地避免“一带一路”倡议下各国(地区)的专属管辖冲突，并不能从根本上解决问题。专属管辖关涉一国国家主权与社会安全，应具有绝对效力，各国(地区)基于国际礼让原则应该互相尊重。中国的专属管辖事项应该得到其他国家(地区)的尊重，同时，中国对(依据本地法律)应该由其他国家(地区)法院专属管辖的平行诉讼案件应该放弃管辖权；专属管辖案件中不得适用不方便法院原则放弃或

---

① 《海牙公约》第二条第二款第(四)项。

② 参见涂广建：《论 2005 海牙〈协议管辖公约〉：我国进退之抉择》，载《〈海牙选择法院协议公约〉与中国立法和司法实践研讨会会议资料集》，第 22—23 页。

拒绝管辖。总之，中国与“一带一路”沿线各国（地区）对专属管辖问题的协调，应该在借鉴《海牙公约》相关机制的基础上互相尊重，逐步探索积极有效的专属管辖协调机制。

第二节 “一带一路”建设中协议管辖的实际联系要求

是否要求当事人协议选择的法院与案件具有实际联系是国际私法中一个饱受争议的问题，即便在一国范围之内，该原则的存废之争也没有间断过。中国法学理论界多主张取消实际联系要求，司法实务界则对实际联系原则青睐有加。[①]

要求当事人协议选择的法院与案件具有实际联系，是为了避免案件审理（如取证、法律适用等）的诸多不便，以便真正保护当事人的利益。相比之下，不要求当事人协议选择的法院与案件具有实际联系，则可以为当事人提供和创造很多的便利和自由，确保所选法院的中立性、公正性和便利性。[②]协议管辖中的实际联系要求限制，对被选择法院而言，可以确保其法院受理的是与其国家利益相关的案件，对未被选择法院而言，可以使其免于受理与其国家利益无关的案件，减轻诉累。不过有些国家如英国和美国，则愿意受理更多的案件来宣传其本国法律制度，同时增加案件受理费。

---

① 法学理论界的观点参见《〈海牙选择法院协议公约〉与中国立法和司法实践研讨会会议资料集》中涂广建、杜涛、何其生、刘仁山几位学者的文章，及王吉文：《理论偏失与制度困境——评实际联系原则在我国协议管辖中的全面纳入》，《云南大学学报法学版》2014 年第 6 期。司法实务界的观点参见奚晓明：《论我国涉外民商事诉讼中的协议管辖条款的认定（上）》，《法律适用》2008 年 3 月总第 192 期；刘贵祥、沈红雨、黄西武：《涉外商事海事审判若干疑难问题研究》，《法律适用》2002 年第 3 期。

② 参见邓杰：《论国际民事诉讼中的协议管辖制度》，《武汉大学学报（社会科学版）》2002 年第 6 期。

一、"一带一路"沿线国家(地区)实际联系要求的实践与现状

协议管辖制度中，是否要求当事人选择的法院与案件具有合理联系，各国(地区)的实践存在很大区别。英美法系国家如英国、美国、芬兰主张当事人选择的法院不需要与案件有某种实际联系，而大陆法系国家如法国、墨西哥、德国等国家法律则规定，当事人选择的法院必须是与争议有实际联系地点的法院，当事人不得选择与案件毫无联系的国家的法院管辖。①

布鲁塞尔体系和《海牙公约》都没有规定实际联系要求，但《海牙公约》第十九条和第二十条规定缔约国可以对实际联系问题作出声明，这为要求实际联系的国家和地区保留了一条通道。

要求协议选择的管辖法院与案件具有实际联系是中国立法的一贯立场，也是中国法院司法实践一直以来的做法。《民事诉讼法》第三十四条和《民事诉讼法司法解释》第五百三十一条的规定都要求协议管辖制度符合实际联系要求。

在英国法中，当事人协议选择的法院可能是一方或双方当事人所在国法院，也可能是一个中立法院。1968 年查帕拉尔案(The Chaparral)②和 1989 年阿托克水泥有限公司诉罗马尼亚外贸银行案(Attock Cement Co. Ltd. v. Romanian Bank for Foreign Trade)③中，英国法院都表明了这一立场。④1986 年索希奥供应公司诉 Gatoil(美国)公司案中，当事人选择英国法院管辖，法官指出："我不确定当事人选择英国法院的理由。当事人选择了英国法，可能英国法院能最好地适用英国法……也许当事人愿意成为英国

① 参见王吉文、叶轩宇:《我国涉外协议管辖制度的完善》,《江西社会科学》2008 年第 4 期;郭玉军、蒋剑伟:《美国联邦法院执行管辖权条款规则评析——兼与海牙国际私法会议〈法院选择协议公约〉规则相比较》,《武大国际法评论》2006 年第 2 期。

② [1968] 2 Lloyd's Rep.158, 163, 164(C.A.).

③ [1989] 1 W.L.R. 1147, 1161(C.A.).

④ See Dicey, Morris, Collins, *The conflict of laws*, 13th edn, London: Sweet & Maxwell, 2000, p.426.

商事法院处理的那28%的案件，这部分案件中当事人都是外国人，或者当事人只是想选择一个中立法院。”①上述案例都表明英国不要求当事人选择的法院与案件具有合理联系。

中国香港地区和新加坡沿袭普通法传统，不要求协议选择的管辖法院与案件有实际联系，但将与案件有实际联系的要素作为衡量方便/不方便法院的考虑因素。

虽然布鲁塞尔体系没有规定实际联系原则，但比利时《国际私法法案》第六条第二段规定，案件与比利时没有实质性联系时比利时法院可以拒绝管辖。②

在南非特殊的管辖权体系中，管辖依据基于案件与南非法院之间的联系而建立，南非法院为中立法院的，不行使管辖权。南非法院对选择本地法院的非排他性管辖协议依据应诉管辖行使管辖权，应诉管辖要求南非法院有合理的管辖依据。③

土耳其法院对选择本地法院的管辖协议不要求案件与土耳其法院之间有实际联系。④

二、中国实际联系要求分析

中国《民事诉讼法》第三十四条规定：合同或者其他财产权益纠纷的当

① [1989] 1 Lloyd's Re p.588 Official Transcript.

② See Geert Van Calster, Michiel Poesen, “Belgium: Optional Choice of Court Agreements, Legal Uncertainty Despite a Modern Legal Framework”, in Mary Keyes(eds), *Optional Choice of Court Agreements in Private International Law*, Ius Comparatum-Global Studies in Comparative Law, vol 37. Springer, Cham, 2019, p.98.

③ See Elsabe Schoeman, “South Africa: Time for Reform”, in Mary Keyes(eds), *Optional Choice of Court Agreements in Private International Law*, Ius Comparatum-Global Studies in Comparative Law, vol 37. Springer, Cham, 2019, p.357.

④ See Zeynep Derya Tarman, Meltem Ece Oba, “Turkey: Optional Choice of Court Agreements”, in Mary Keyes(eds), *Optional Choice of Court Agreements in Private International Law*, Ius Comparatum-Global Studies in Comparative Law, vol 37. Springer, Cham, 2019, p.427.

事人可以书面协议选择被告住所地、合同履行地、合同签订地、原告住所地、标的物所在地等与争议有实际联系的地点的人民法院管辖，但不得违反本法对级别管辖和专属管辖的规定。

中国《最高人民法院关于适用〈中华人民共和国民事诉讼法〉的解释》第五百三十一条规定：涉外合同或者其他财产权益纠纷的当事人，可以书面协议选择被告住所地、合同履行地、合同签订地、原告住所地、标的物所在地、侵权行为地等与争议有实际联系地点的外国法院管辖。

(一)"可以"之措辞——实质为强制性规范

从《民事诉讼法》第三十四条和《最高人民法院关于适用〈中华人民共和国民事诉讼法〉的解释》第五百三十一条的条文措辞看，当事人"可以"选择与争议有实际联系的地点的法院管辖。这个法条措辞是否表明当事人可以自愿选择管辖法院、不需要承担实际联系要求的义务，最高人民法院在审判实践中回答了这个问题。

2009年山东聚丰网络有限公司与韩国MGAME公司网络游戏代理及许可合同纠纷管辖权异议一案中，[①]中国最高人民法院以不符合实际联系要求为由认定协议管辖无效。并且对原民事诉讼法第二百四十二条作了解释，即"可以用书面协议选择与争议有实际联系地点的法院管辖"是"授权性规范，而非指示性规范……当事人协议选择管辖法院应坚持……实际联系原则"。[②]由此可见当事人在约定管辖法院时均应当(而非"可以")选择与争议有实际联系地的法院。[③]中国平安保险公司代位诉

---

① (2009)民三终字4号。

② 法律规范分为强制性规范与任意性规范，强制性规范包括禁止性规范和义务性规范，任意性规范又称为授权性规范。山东聚丰案中法院指出实际联系要求是"授权性规范"，但得出"应当"坚持实际联系原则的结论，似乎应该理解为属于义务性规范。对这个表述是否存在问题，本书暂不研究。法院对实际联系原则立法的解读，结论是明确的、没有疑问的。

③ 参见周翠：《协议管辖问题研究》，《中外法学》2014年第2期。

实际承运人香港友航轮船有限公司海上货物运输合同货物锈损赔偿案中，武汉海事法院以无实际联系为由否定提单背面的管辖条款。中国保险股份有限公司香港分公司与荷兰铁行渣华邮船公司、福建省汕头海运总公司案中以同样理由否定了荷兰鹿特丹法院管辖权，[①]这些案例表明，中国法院在司法实践中坚持的也是“应当”坚持实际联系的做法，这与立法态度一致。

由此可知，实际联系要求在中国法律中属于强制性规范，当事人协议选择的管辖法院必须与案件具有合理联系，否则管辖协议无效。

（二）与争议有实际联系的地点——没有确定的判断标准

从中国《民事诉讼法》第三十四条和《最高人民法院关于适用〈中华人民共和国民事诉讼法〉的解释》第五百三十一条的规定可知，与案件具有实际联系的地点包括但不限于被告住所地、合同履行地、合同签订地、原告住所地、标的物所在地，涉外案件中还包括侵权行为地。然而，这些实际联系地面临合理性和确定性的批判。

例如，合同签订地是否为一个合理的、与案件具有实际联系的地方，是否为一个具有确定性的概念？当事人在一个地方签订合同可能是出于便利、偶然或者其他因素，该地不一定与争议有实际联系。如果双方当事人在一个地方签订合同，但除此之外案件与该地再无其他联系，那么合同签订地作为实际联系地显然不合理。此外，实践中电子商务合同中合同签订地的确定也会引发技术难题。

又如，被告住所地本应作为确定的、与案件有实际联系的地点，但司法实践中有的法院却不予认可。同是法国达飞轮船公司为被告的两个案件，

---

① 有关提单管辖条款的案例，参见刘萍：《无单放货中国际私法问题研究：基于中国的理论分析与实证考察》，法律出版社 2008 年版，第 108—118 页。

中国两个法院对被告住所地采取了截然不同的态度。在原告为温州市轻工工艺品对外贸易公司，厦门海事法院一审、福建省高级人民法院二审维持原判的案件中，[①]原告委托被告将一批童装从厦门运往康斯坦萨(CONSTANZA)，提单正面用有别于其他蓝色字体的红色文字写明"因本提单引起的与本提单有关的所有索赔和纠纷，应由马赛的法院管辖，排除其他国家法院管辖"。被告达飞公司提出管辖权异议，主张案件应由约定的法国马赛的法院管辖。该案中，法国马赛除了是被告注册地外，与案件再无其他联系，即便如此，一审法院接受了被告的管辖协议，即案件应由被告注册地法国马赛法院管辖，二审法院维持了一审法院的裁定。与上述案件形成鲜明对比的是，在原告为燕丰进出口公司，天津海事法院一审、天津市高级人民法院二审维持原判的案件中，[②]一审法院则否定了被告住所地在"实际联系原则"认定上的绝对性价值，[③]否认了当事人协议选择被告住所地法院管辖条款的效力。法院指出："被告达飞公司在天津设有办事处，天津又是货物的起运地，因而在本院审理有利于查清案件事实，便利各方当事人诉讼。而法国马赛除是被告达飞公司的注册地外，与本案再无任何实际联系。"被告达飞公司不服，就管辖问题向天津市高级人民法院提起上诉，天津高院坚持了与原审判决一致观点的立场。由以上两个案例可知，虽然被告住所地法院是中国法律明确规定的、当事人可以选择的具有实际联系的法院，但如果除了被告住所地外与案件再无其他联系，那么中国法院对这

① 温州市轻工工艺品对外贸易公司诉法国达飞轮船有限公司海上货物运输合同纠纷被告依其签发的提单管辖权条款提出管辖权异议案，[法宝引证码]CLI.C.21767。

② 燕丰公司诉深圳蛇口大洋海运有限公司、法国达飞轮船有限公司赔偿货物损失，货物回程运费及相关费用损失，因未能交付货物遭客户索赔的损失、货物回到港后的费用及销毁费用等损失案，[法宝引证码]CLI.C.874998。

③ 参见王吉文：《理论偏失与制度困境——评实际联系原则在我国协议管辖中的全面纳入》，《云南大学学报法学版》2014 年第 6 期；刘仁山：《关于我国加入海牙〈选择法院协议公约〉的评估报告》，载《〈海牙选择法院协议公约〉与中国立法和司法实践研讨会会议资料集》，第 59 页。

类管辖协议是否符合实际联系要求的认定将会有差异。上述燕丰进出口公司案中天津海事法院和天津市高级人民法院的判决无疑是有问题的,这也在侧面反映出中国对协议管辖的实际联系要求的规定可能需要进一步明确化。其他具有实际联系的地点如原告住所地、合同签订地等,也可能出现同样的问题。

(三) 合同准据法所在地——可以视为与案件有实质联系

协议管辖法院与案件的实际联系分为形式上的实际联系和实质上的实际联系,中国法律中列举的与合同纠纷相关的地点均为形式上的实际联系地,[①]合同准据法所在地则为实质上的实际联系地。

合同准据法所在地既可以作为管辖依据,也可以构成管辖协议符合实际联系的一个因素。如果一国法律认可合同准据法所在地为其法院行使管辖权的依据之一,那么可以视为该国与案件具有实际联系。如《瑞士联邦国际私法法规》第五条第三款明确规定,如果瑞士法律为合同准据法,那么瑞士法院可以对案件行使管辖权。[②]

虽然中国法律并未明确,但理论和实务界支持“合同准据法所在地可以视为与案件有实际联系的地方”的观点比较多,反对的观点相对较少。[③]最高人民法院对此问题曾表达过肯定立场。在江苏省高级人民法院向最高人民法院请示的一个实际案例,即 1996 年 3 月 10 日中化江苏连云港进出口

---

① 参见李旺:《当事人协议管辖与外国判决的承认与执行法律制度的关系初探》,《清华法学》2013 年第 7 卷第 3 期。

② 该款规定:“有下列情形之一时,被选择的法院不得拒绝其管辖权……(2)根据本法,瑞士法律适用于该诉讼。”

③ 支持的观点参见奚晓明:《中国涉外民商事诉讼管辖权问题研究》,北京交通大学出版社 2009 年版,第 115—118 页;王吉文:《理论偏失与制度困境——评实际联系原则在我国协议管辖中的全面纳入》,《云南大学学报法学版》,2014 年第 6 期;孙南申:《论国际私法中协议管辖的法律效力》,《政治与法律》1999 年第 2 期。反对的观点参见杜焕芳:《涉外民事诉讼协议管辖条款之检视》,《法学论坛》2014 年第 4 期;刘贵祥、沈红雨、黄西武:《涉外商事海事审判若干疑难问题研究》,《法律适用》2002 年第 3 期。

公司(系中国公司,以下简称中化公司)与中东海星综合贸易公司(系阿联酋公司,以下简称中东公司)买卖尿素合同纠纷案中,最高人民法院对这一问题的回复对下级法院具有指导意义,该案中最高人民法院认为:“虽然合同签订地、履行地、标的物所在地等均不在瑞士,但当事人选择了瑞士法律和瑞士法院管辖,就使瑞士与纠纷有了实际联系。”最高人民法院明确了合同准据法所在地与案件具有实际联系,由此可以推断,当事人选择合同准据法所在地法院管辖的协议符合实际联系要求,具有实质效力。最高人民法院在其二审的另一个案件中也将合同准据法所在地作为考察实际联系要求的一个要素,即2009年山东聚丰案中,[①]法院指出:“本案当事人协议指向的新加坡,既非当事人住所地,又非合同履行地、合同签订地、标的物所在地,同时本案当事人协议选择适用的法律也并非新加坡法律……”由上述两个案例可知,最高人民法院认可合同准据法所在地与案件具有实质上的联系。

中国香港法律中也有依据准据法条款行使管辖权的规定。中国香港法例第4A章《高等法院规则》第11号命令第1条规则:“准许在本司法管辖权范围外送达令状的主要情况”中(1)(d)(iv)规定,“该份合约因其条款或隐含情况而受香港法律管限”,意即当事人在合约中约定中国香港法律为合同准据法的,中国香港法院可以行使管辖权。由此可见,依据中国香港法律,合同准据法为中国香港法构成中国香港法院行使管辖权的依据。

三、中国是否应该放弃实际联系要求

(一) 消除地方保护主义角度——应该放弃

国际民事管辖权是指一个国家的法院所具有的管辖权,其解决的是一

① (2009)民三终字第4号。

个涉外民事案件由本国法院管辖，还是外国法院管辖，以及哪一个外国法院管辖的问题。国内民事管辖权是指一国之内具体法院所具有的司法管辖权，其解决的是哪个具体法院（何类、何地、何级）具有司法管辖权的问题。①国际民事管辖权和国内民事管辖权既有联系，又有区别。有学者认为，从传统上来说，国际私法的一个显著特点就是其渊源的内国性，所谓的国际司法管辖权规则不过是国内地域管辖权规则的衍生产品而已。②不过，国际民事管辖权不仅影响当事人的合法利益和正当期望，而且关涉国家主权，影响国际民事法律关系的发展和各国对公平正义的理解，因此与国内民事管辖权相比具有特殊性。实际联系原则在国际协议管辖制度和国内协议管辖制度中也具有不同的价值。

中国最初对协议管辖制度的立法是从国内管辖权角度规制的，主要是基于当事人程序自主权和消除地方保护主义两个方面的考虑。③与此同时，协议管辖制度的设置也不能过于自由开放，否则会损害中国管辖权制度的稳定性。中国 2007 年《民事诉讼法》只允许当事人在法律规定的五个地点中选择，即为上述立法精神的体现。2012 年《民事诉讼法》增加了实际联系要求，使得当事人的选择范围扩大，包括但不限于上述五个地点，只要是与案件具有实际联系的地方的法院即可。2015 年《最高人民法院关于适用〈中华人民共和国民事诉讼法〉的解释》在 2012 年规定的基础上对涉外协

① 参见赵相林主编：《国际私法》，中国政法大学出版社 2007 年版，第 332 页；刘仁山主编：《国际私法》，中国法制出版社 1999 年版，第 448 页；李旺：《国际民事诉讼法》（第 2 版），清华大学出版社 2011 年版，第 13 页；李旺：《国际民事裁判管辖权制度析——兼论 2012 年修改的〈民事诉讼法〉关于涉外民事案件管辖权的规定》，《国际法研究》2014 年第 1 期。

② 参见[法]洛伊克·卡迪耶主编：《法国民事司法法》，杨艺宁译，中国政法大学出版社 2010 年版，第 198 页，转引自王吉文：《理论偏失与制度困境——评实际联系原则在我国协议管辖中的全面纳入》，《云南大学学报法学版》2014 年第 6 期。

③ 参见最高人民法院民事诉讼法培训班编：《民事诉讼法讲座》，法律出版社 1991 年版，第 11 页。转引自王吉文：《理论偏失与制度困境——评实际联系原则在我国协议管辖中的全面纳入》，《云南大学学报法学版》2014 年第 6 期。

议管辖增加了侵权行为地法院。2017 年《民事诉讼法》的规定没有变化。可以说,在国内协议管辖制度中,实际联系要求在实现消除地方保护主义价值(限制价值)的同时尽可能大地扩大了当事人的选择权,是限制与扩张两种价值良好平衡的体现。

与纯国内协议管辖相比,涉外协议管辖中并不需要考虑消除地方保护主义,而应该赋予当事人更多的自由选择权,涉外协议管辖的规定应该更宽泛,限制更少。然而,从立法价值角度分析,中国《民事诉讼法》规定涉外协议管辖中的实际联系要求完全是出于限制当事人宽泛的管辖权对国家司法管辖权的不当损害,并没有保护涉外民商事关系中当事人宽泛的自由选择权。①因此,中国《民事诉讼法》对涉外协议管辖设置实际联系要求限制是否合理,立法精神是否存在偏差,是一个值得进一步思考的问题。

(二) 中立价值角度——应该放弃

涉外协议管辖制度中,实际联系要求会阻碍当事人的正当期望,不要求实际联系能保障当事人正当期望的实现。这是因为,第一,当事人可以从更具有公正性、中立性、专业性、便利性的角度出发去选择自己信赖的法院;第二,当事人选择法院往往是双方当事人对对方当事人所在国家法院并不信赖,转而选择第三国法院。在只与双方当事人的本国具有实际联系的案件中强调实际联系原则,与允许当事人选择法院之宗旨相悖。②可见在涉外协议管辖制度中,为了保护中立价值,应当不要求当事人选择的法院与案件具有实际联系。

国内协议管辖制度不需要考虑中立价值,因为一个国家的司法制度是

① 参见王吉文:《理论偏失与制度困境——评实际联系原则在我国协议管辖中的全面纳入》,《云南大学学报法学版》2014 年第 6 期。

② 参见李旺:《当事人协议管辖与外国判决的承认与执行法律制度的关系初探》,《清华法学》2013 年第 7 卷第 3 期。

统一的，不论当事人选择该国A地法院还是B地法院，案件都需要接受该国司法制度的审查与规制。国内管辖权合理分配的价值追求应该高于当事人正当期望和意思自治。因此在国内协议管辖制度中对当事人协议选择法院施加实际联系要求限制并无不妥。

（三）公平正义价值角度——应该放弃

在协议管辖中，由于经济地位、专业知识等方面的差异，通常情况下当事人之间的地位是不平等的。强势一方很有可能利用自己的优势迫使对方接受其单方选择的管辖法院，使弱势方不得不到距离遥远的地方起诉或应诉。[①]实际联系要求有利于消除涉外民事关系中处于强势地位的当事人自由选择权过大的现状，有利于弱势方当事人利益的保护，有利于公平正义价值的实现。尤其是对那些整体经济状况较弱、法制相对不太完善的国家（主要是发展中国家）的当事人，要求协议管辖符合实际联系要求更具有合理性价值。

然而，新的司法哲学对正义的评价标准由正确性（真实维度）的一维评价体系转变为正确性＋效率性（时间维度）＋适宜性（成本维度）三维评价体系。[②]公平正义的标准变得更为多元、丰富。涉外民商事实践中，当事人选择第三方中立法院往往是出于第三方国家的司法制度更为高效、公正，从这个意义考虑，中立法院能高效地解决纠纷，节约司法成本，能更好地实现公平正义。相比之下，与当事人具有实际联系的法院，可能具有较低的司法效率，需要付出较高的司法成本。

虽然实际联系要求能更好地保护弱势方当事人利益，但它并不是一个万全之策。往往强势方当事人在实际联系地也具有更为强势的资源和影

---

① 参见刘仁山：《关于我国加入海牙〈选择法院协议公约〉的评估报告》，载《〈海牙选择法院协议公约〉与中国立法和司法实践研讨会会议资料集》，第60页。

② 参见[英]A.S.朱克曼：《危机中的民事司法》，傅郁林等译，中国政法大学出版社2005年版，第4页。转引自王吉文：《理论偏失与制度困境——评实际联系原则在我国协议管辖中的全面纳入》，《云南大学学报法学版》2014年第6期。

响，所以与案件具有实际联系的法院并不当然的对弱势方当事人更为有利。想要保护弱势方当事人利益，对格式合同加以严格规范才能未雨绸缪。因此可以说，对公平正义价值的追求并不是协议管辖制度中实际联系要求存在的强有力理由。

（四）可行性方法——弱化实际联系要求

由上述三点论述可知，涉外协议管辖中实际联系要求并无存在的必要。已故著名国际法学者李浩培先生在其专著中就主张，要求当事人合意选择的管辖法院与争议具有实际联系值得仔细斟酌。现代各国国际民事程序法发展的趋势，是不要求当事人选择与争议有实际联系的地点的法院。[①]此外，由于中国在协议选择准据法方面已经放开了实际联系要求，因此在协议管辖方面也应逐渐放开。[②]不过，由于实际联系原则在中国法律中属于强制性规范，中国立法者及法官对该原则认可度很高，因此期望中国在短时间内放弃该原则是不现实的。目前可行方法为，中国对实际联系原则的规定及司法认定可以逐步弱化、宽松，并在时机成熟后予以放弃。如只要当事人协议选择的法院与案件有一些联系因素，中国法院就不应以不符合实际联系要求为由否认管辖协议的效力，而应该行使管辖权。

第三节　“一带一路”倡议下协议管辖中的弱者利益保护

一、意思自治与弱者保护

意思自治原则与弱者保护原则两者之间是存在冲突的，传统机制并没

---

① 参见李浩培：《国际民事程序法概论》，法律出版社1996年版，第64页。

② 参见何其生：《开放的法院与全球流动的判决——中国加入〈选择法院协议公约〉的问题与建议》，载《〈海牙选择法院协议公约〉与中国立法和司法实践研讨会会议资料集》，第75页。

有对这种冲突予以协调。在传统机制中,合同自由原则意味着当事人可以对合同条款及条件进行自由约定,通常情况下这种自由约定会忽视一个问题,即合同缔结过程中一方当事人可能出于社会和经济压力不得不接受一些不利条款。毕竟市场中的交易双方不可能在绝对平等的基础上达成交易,买方或卖方不可能在毫无压力的情况下买卖商品或服务。毫无疑问,如果强势方可以在合同中选择不利于弱者保护的法律或者管辖法院,那么国内法中有利于弱势方利益保护的规定将无法发挥作用,即便可以超越准据法而得到适用的强制性规范也会由于选择了管辖法院而被规避适用。商业全球化的发展也使得强势方可以选择虽然相关司法制度已确立但无法为弱势方提供保护的“非保护性法域”。①随着跨境民商事交往的发展,意思自治与弱者保护的冲突日益明显,越来越多的国际冲突法、国际统一实体法以及国内法对弱者保护问题予以特殊规范。

实现正义是冲突法立法必须考虑的问题。换言之,“冲突法再也不是一个自我封闭的中立机械体系,在保持其法律确定性、冲突正义和判决结果一致性等特性的同时,也应该对法律的灵活性、实体法上正义和相关利益做一考虑”。②实质正义的要求及弱者的存在这一客观事实决定了国际私法应将保护弱者利益确定为一项基本原则。为了实现对弱者的保护,在涉及弱者利益的法律关系中,国际私法可以通过间接调整的冲突规范将保护弱者利益的法律适用问题规定为灵活多样的系属公式而不是单一的系属公式,并赋予弱势方当事人更多的选择权。在管辖权问题上,国际私法也可以规定特殊的管辖规则。实体法与国际私法之间存在密不可分的关系,

① See Peter Nygh, *Autonomy in International Contracts*, Oxford: Clarendon Press, 1999, pp.139—141.

② 参见赵相林:《中国国际私法立法的基本定位》,《河南省政法管理干部学院学报》2004 年第 3 期。

实体法对主体的具体权利义务进行规定，国际私法又有指向的作用，在排除强行规范及统一实体法情况下，只有通过国际私法的法律选择规则或方法才能导向实体法的适用；同样，如果没有完善的实体法规定，再好的导向也难以真正保护弱者的利益。因此在法律的相互作用下，国际私法有关弱者利益保护的规定也是对实体法的回应。①

二、《布鲁塞尔条例Ⅰ(重订)》和《海牙公约》的规定

在意思自治原则被广泛接受的同时，弱者保护原则在国际范围内也得到了认可。实体正义在国际私法中的发展与确立，为弱者保护原则在国际私法中的确立提供了某种现实可能性。②欧盟和海牙会议国际私法委员会都对弱者保护有特殊的规定。

在管辖权领域，国际私法对弱者保护的规定体现为保护性管辖权规则。《布鲁塞尔条约》对消费合同、雇佣合同、保险合同规定了特殊的、有利于弱方利益保护的保护性管辖规则，后来《布鲁塞尔条例Ⅰ》及《布鲁塞尔条例Ⅰ(重订)》都予以保留。一般来说，由于原告先天就享有在两个以上法院中择一而诉的权利，因此各国法律不允许原告在上述选择权之外更多的选择权。然而在某些领域，出于实体正义和保护弱者的需要，各国及国际公约规定允许处于弱势地位的原告有更多的选择法院的权利。③《罗马规则Ⅰ》对上述三类合同也规定了特殊的法律适用规则。

《布鲁塞尔条例Ⅰ(重订)》对三类需要保护的法律关系规定了当事人选择管辖法院的限制，并且在通常情况下利于弱者保护的保护性管辖规则

① 参见曲波：《国际私法本体下弱者利益的保护问题》，法律出版社2009年版，第31—34页。

②③ 参见王吉文：《我国涉外协议管辖制度限制条件的正当性探讨》，《武大国际法评论》第14卷第2期。

与法律适用规则相一致。以消费合同为例。《布鲁塞尔条例Ⅰ(重订)》第十八条第二款规定消费者只能在其住所地成员国法院被诉,却可以选择在其他成员国法院起诉。与此相适应,《罗马规则Ⅰ》第六条第二款规定消费合同应该适用消费者经常居所地成员国国内法。不过这种一致性的规定有一个前提,即诉讼发生时消费者的住所与其缔结合同时的经常居所是同一个地方。如果消费者在合同缔结后诉讼发生前住所变更,那么要适用消费者缔结合同时的居所所在成员国法律,但管辖法院则为起诉时消费者住所地成员国法院。《布鲁塞尔条例Ⅰ(重订)》第十九条对消费合同中的协议管辖也有特殊规定,该条对消费合同管辖协议的限制表现在两个方面:第一,要求管辖系在争议发生后缔结,这体现了对消费者保护的立场。因为在争议发生前消费者对可能发生的争议以及相关国家法律规定的了解都比较少,也没有太多的预见性,相比之下卖方通常对市场规则及争议解决规则有着更为充分的理解,所以在争议发生前订立管辖协议对处于弱势地位的消费者无疑是不利的。第二,体现为赋予消费者在规定法院之外的法院起诉的权利,消费者可以衡量各方面因素选择在对自己最有利的法院起诉。此外,重订第十九条第三款规定,如果合同缔结时消费者和卖方在同一成员国都有住所或者惯常居所,那么许可当事人选择该成员国法院排他性管辖。如果消费者之后搬至其他成员国,那么该款规定在一定程度上使得卖方有了确定性。第十九条第三款的规定还可以避免准据法与管辖法院不在同一个成员国。当然,消费者可以在卖方提起的诉讼中应诉,或者在争议发生后同意其他法院具有排他性管辖权。也就是说,消费者可以自愿放弃保护性规定。①与消费合同类似,《布鲁塞尔条例Ⅰ(重订)》对保险

① See Peter Nygh, *Autonomy in International Contracts*, Oxford: Clarendon Press, 1999, pp.166, 167.

合同和雇佣合同的规定都赋予弱方当事人更多的选择权。其中对雇佣合同施加了比消费合同和保险合同更多的限制,不允许在合同缔结时双方共同惯常居所地成员国法院起诉。

1965年《海牙协议选择法院公约》第四条第三款曾经规定:“选择法院的协议,如果是通过滥用经济权利或其他不公正的手段取得的,应属无效或得予撤销。”虽然该公约最后并未生效,但上述规定体现了海牙国际私法会议对弱者保护的立场。2005年《海牙公约》第二条将消费合同、雇佣合同排除在公约适用范围之外表明,即便当事人对这些事项约定了管辖法院,也不能依据《海牙公约》获得承认与执行,这也体现了海牙国际私法委员会对弱者保护原则予以默示尊重的一贯立场。尽管如此,《海牙公约》的规定有其不足之处,因为公约对消费合同和雇佣合同不予规范的消极态度不一定能使消费者和雇员的利益得到积极、有效的保护。相比之下,布鲁塞尔体系中的保护性管辖规则对弱方利益的保护更为完善、有效。

三、“一带一路”沿线国家对协议管辖中弱者利益保护的现状

弱者利益保护是近些年来各国法律新发展起来的一个原则和机制,大多数国家法律对消费者和雇员的权利予以特殊保护,少数国家将该保护机制延伸至保险合同领域,当然还有个别国家对弱者保护的领域更为宽泛,如瑞士和美国。①

许多国家的法律都非常关注涉及弱方利益的合同中的协议管辖问题,这是对协议管辖的主要限制之一。一些国家通过认定涉及消费者、雇员的

① See Mary Keyes, “Optional Choice of Court Agreements in Private International Law: General Report”, in Mary Keyes(eds), *Optional Choice of Court Agreements in Private International Law*, Ius Comparatum-Global Studies in Comparative Law, vol 37. Springer, Cham, 2019, p.34.

管辖协议无效或者限制其效力来保护弱者利益。协议管辖中对弱者利益的保护既可以是暗示的也可以是明示的，例如《海牙公约》通过排除涉及弱者利益的消费合同、雇佣合同，隐含其弱者保护的立场。又如《布鲁塞尔条例Ⅰ(重订)》明确规定的保护性管辖条款只适用于涉及弱者利益的保险合同、消费合同、雇佣合同。中国、捷克、希腊、土耳其国内法中都有涉及弱者利益保护的特殊规定。保护弱者利益的特殊条款一般不区分排他性和非排他性管辖协议，但也有例外情况，如因限制弱方当事人在法院地国起诉的权利而无效的管辖协议显然只适用于排他性管辖协议。[①]中国《民事诉讼法司法解释》第三十一条规定：“经营者使用格式条款与消费者订立管辖协议，未采取合理方式提请消费者注意，消费者主张管辖协议无效的，人民法院应予支持。”中国对消费者的特殊保护是为了规范缔约过程中信息不对称问题，只有知晓格式管辖条款，消费者的真实合意才得以建立。[②]

普通法系国家对弱者保护的态度通常由成文法而不是判例法予以体现，[③]英国通过《1982 年民事管辖权和判决法》附件 4“经修改的(第 44 号)规则第二章：在联合王国内分配管辖权的规定”将《布鲁塞尔条例Ⅰ》转化为国内法。附件 4 保留了条例对消费合同和雇佣合同的规定，没有对保险合同予以特殊规定。之后附件 4 几经修改，但上述规定一直没有变。[④]除此

① See Mary Keyes, “Optional Choice of Court Agreements in Private International Law: General Report”, in Mary Keyes(eds), *Optional Choice of Court Agreements in Private International Law*, Ius Comparatum-Global Studies in Comparative Law, vol 37. Springer, Cham, 2019, p.33.

② Tang ZS, Xiao Y, Huo Z, *Conflict of laws in the People's Republic of China*, England: Edward Elgar, (2016), cited in Guangjian Tu, Zeyu Huang, “People's Republic of China (PRC): Optional Choice of Court Agreements in the Vibrant Age”, in Mary Keyes(eds), *Optional Choice of Court Agreements in Private International Law*, Ius Comparatum-Global Studies in Comparative Law, vol 37. Springer, Cham, 2019, p.162.

③ See Peter Nygh, *Autonomy in International Contracts*, Oxford: Clarendon Press, 1999, p.140.

④ 参见英国政府官网，http://www.legislation.gov.uk/ukpga/1982/27/schedule/4，2019 年 1 月 3 日。

之外英国国内法中并无专门涉及弱者保护的协议管辖规则。[①]其他普通法系国家如新加坡、澳大利亚、美国的成文法和判例法管辖规则中都没有对弱者利益保护的特殊规定,涉及弱者保护的协议管辖纠纷与其他管辖纠纷案件适用同样的规则。

在一些国家涉及弱者利益的管辖协议得不到执行。不过在大多数国家该类协议的有效性并未被完全否定,通常情况下由弱势方当事人依据管辖协议起诉,只有极个别的情况下弱势方当事人是被起诉一方。[②]

---

① See Louise Merrett and Janeen Carruthers, "United Kingdom: Giving Effect to Optional Choice of Court Agreements Interpretation, Operation and Enforcement", in Mary Keyes(eds), *Optional Choice of Court Agreements in Private International Law*, Ius Comparatum-Global Studies in Comparative Law, vol 37. Springer, Cham, 2019, p.464.

② See Mary Keyes, "Optional Choice of Court Agreements in Private International Law: General Report", in Mary Keyes(eds), *Optional Choice of Court Agreements in Private International Law*, Ius Comparatum-Global Studies in Comparative Law, vol 37. Springer, Cham, 2019, p.34.

结 语

随着意思自治原则在世界范围内被广泛接受，近些年来大多数国家的协议管辖制度都发生了重大的变化，并对跨境民商事争议解决产生了深远的影响。[①]然而即便在协议管辖制度发展比较完善的国家，也存在很多未解决的问题以及相互冲突的判决。通过比较研究可以发现，“一带一路”沿线国家（地区）对排他性管辖协议和非排他性管辖协议的区分标准不确定，判断管辖协议排他性质的准据法不明确，对非排他性管辖协议效力的态度不一致，对选择本地法院和选择外地法院的非排他性管辖协议区别对待，对管辖协议形式有效性的认定有协调的空间，对管辖协议实质有效性的认定需要更多的包容性，对单边管辖协议的认定缺乏明确性和一贯性，对协议管辖的限制包括专属管辖限制、实际联系要求以及弱者利益保护都存在很大差异。[②]

“一带一路”沿线国家（地区）对协议管辖制度的协调应该在借鉴布鲁塞尔体系和《海牙公约》的基础上，明确区分排他性管辖协议和非排他性管辖协议，接受被选法院地法为管辖协议的准据法，尽量统一不方便法院原

① See Mary Keyes, “Optional Choice of Court Agreements in Private International Law: General Report”, in Mary Keyes(eds), *Optional Choice of Court Agreements in Private International Law*, Ius Comparatum-Global Studies in Comparative Law, vol 37. Springer, Cham, 2019, p.7.

② Ibid., p.44.

则的运用标准，同等对待选择本地法院和选择外地法院的非排他性管辖协议，认可有书面证明以及符合习惯和惯例的管辖协议的形式有效性，尊重各个国家(地区)对协议管辖的合理限制。

目前中国国际商事法庭受理“当事人依照民事诉讼法第三十四条的规定协议选择最高人民法院管辖且标的额为人民币 3 亿元以上的第一审国际商事案件”。国际民商事争议发生后，如果一方当事人依据协议约定在国际商事法庭起诉，而被告提出管辖异议，或者一方当事人在中国国际商事法庭起诉，同时另一方当事人违反约定在其他国家(地区)法院起诉并获得胜诉判决，而后在中国法院申请承认与执行，那么国际商事法庭可能需要解决协议管辖相关的一系列问题。

协议管辖制度的协调需要各个国家和地区的法律和司法实践给出明确的指引。中国作为“一带一路”倡议的提出者，正在以积极的态度应对“一带一路”建设中的法律冲突。最高人民法院包括国际商事法庭应当通过指导案例的形式对协议管辖相关的法律问题予以明确，这将在一定程度上解决协议管辖的冲突问题，并吸引更多的当事人选择国际商事法庭管辖案件。据统计，随着“一带一路”建设的深入开展，截至 2019 年 12 月 30 日，第一、第二国际商事法庭自成立以来已经受理了 13 起国际商事案件，且社会反响良好。有商界人士反映，他们已经或将在合同订立时增加协议选择最高人民法院国际商事法庭解决纠纷的条款。①

---

① 最高人民法院第一国际商事法庭高效审结首批五件案件，载最高人民法院国际商事法庭官网 http://cicc.court.gov.cn/html/1/218/149/156/1545.html，2020 年 1 月 5 日。

参考文献

一、著作类

(一) 英文著作

1. Adrian Briggs, *Agreements on Jurisdiction and Choice of Law*, Oxford: Oxford University Press, 2008.

2. David Joseph Q.C., *Jurisdiction and Arbitration Agreements and their Enforcement*, London: Sweet & Maxwell Asia, 2010.

3. Guangjian Tu, *A Study on a Global Jurisdiction and Judgments Convention*, London: Sweet & Maxwell Asia, 2009.

4. Ronald A. Brand and Paul M.Herrup, *The 2005 Hague Convention on Choice of Court Agreement*, Cambridge: Cambridge University Press, 2008.

5. Graeme Johnston, *The Conflict of Laws in Hong Kong*, London: Sweet & Maxwell Asia, 2005.

6. Cheshire, G.C, P.M.North, and J.J.Fawcett, *Cheshire and North Private International Law*, Butterworths, 1992.

7. Dicey, Morris and Collins, *The conflict of laws*, 13th edn, London: Sweet & Maxwell, 2000.

8. Pippa Rogerson, *Conflict of Laws*, Cambridge: Cambridge University Press, 2013.

9. C.M.V. Clarkson and Jonathan Hill, *The Conflict of Laws*, Oxford: Oxford University Press, 2011.

10. David McClean and Kisch Beevers, *The Conflict of Laws*, London: Sweet & Maxwell Asia, 2005.

11. Kirsty J. Hood, *Conflict of Laws within the UK*, Oxford: Oxford University Press, 2007.

12. Peter Nygh, *Autonomy in International Contracts*, Oxford: Clarendon Press, 1999.

13. James J. Fawcett, *Declining Jurisdiction in Private International Law*, Oxford: Clarendon Press, 1995.

14. P.S.Atiyah, The Rise and Fall of Freedom of Contract, Oxford: Clarendon Press, 1985.

15. Jonathan Hill and Adeline Chong, *International Commercial Dispute: Commercial Conflict of Laws in English Courts*, Oxford: Hart Publishing, 2010.

16. Michael J. Fisher and Desmond G. Greenwood, *Contract Law in Hong Kong*, Hong Kong: Hong Kong University Press, 2011.

17. James Fawcett, Jonathan Harris and Michael Bridge, *International sale of goods in the conflict of laws*, Oxford University Press, 2005.

18. Richard Garnett, *Substance and Procedure in Private International Law*, Oxford: Oxford University Press, 2012.

19. Adrian Briggs and Peter Rees, *Civil jurisdiction and judgments*, London: Informa, 2009.

20. Mary Keyes(eds), *Optional Choice of Court Agreements in Private International Law*, Ius Comparatum-Global Studies in Comparative Law, vol 37. Springer, Cham, 2019.

21. Poomintr Sooksripaisarnkit and Sai Ramani Garimella (eds), *China's One Belt One Road Initiative and Private International Law*, London and New York: Routledge, 2018.

(二) 中文著作

1. 黄进:《国际私法》,法律出版社 2005 年版。

2. 李双元、谢石松:《国际民事诉讼法概论》,武汉大学出版社 2001 年版。

3. [加拿大]威廉·泰特雷:《国际冲突法:普通法、大陆法及海事法》,刘兴莉译,黄进校,法律出版社 2003 年版。

4. 黄进:《中国区际法律问题研究》,法律出版社 2001 年版。

5. [德]马丁·沃尔夫:《国际私法》,李浩培、汤宗舜译,法律出版社 1988 年版。

6. 涂广建:《澳门国际私法》,社会科学文献出版社 2013 年版。

7. 欧福永:《英国民商事管辖权制度研究》,法律出版社 2005 年版。

8. 徐昕译:《英国民事诉讼规则》,中国法制出版社 2001 年版。

9. 徐伟功:《美国国(区)际民事诉讼中的若干问题研究》,湖北人民出版社 2007 年版。

10. 张茂:《美国国际民事诉讼法》,中国政法大学出版社 1999 年版。

11. 沈娟:《中国区际冲突法研究》,中国政法大学出版社 1999 年版。

12. 徐卉:《涉外民商事诉讼管辖权冲突研究》,中国政法大学出版社2001年版。

13. 许军珂:《国际私法上的意思自治》,法律出版社2006年版。

14. 宋晓:《当代国际私法的实体取向》,武汉大学出版社2004年版。

15. 王吉文:《2005年海牙〈选择法院协议公约〉研究》,东南大学出版社2008年版。

16. 何美欢:《香港合同法》,香港中文大学出版社1990年版。

17. 何宝玉:《英国合同法》,中国政法大学出版社1999年版。

18. 王利明、崔建远:《合同法新论·总则》,中国政法大学出版社2000年版。

19. 周伟:《人民法院审判观点汇纂:最高人民法院公报民商事案例(1985—2010)》,北京大学出版社2011年版。

20. 北京市工商行政管理局合同处编:《合同案例精选简析》,工商出版社2000年版。

21. 陈隆修:《2005年海牙法院选择公约评析》,台湾五南出版社2009年版。

二、论文类

(一) 英文论文

1. James Fawcett, "Non-exclusive Jurisdiction Agreement in Private International Law", LMCLQ 234(2001).

2. Edwin Peel, "Exclusive Jurisdiction Agreement: Purity and Pragmatism in the Conflict of Laws", LMCLQ 182(1998).

3. Louise Merrett, "Choice of Law in Insurance Contracts Under the

Rome Ⅰ Regulation”, 5 J. Priv. Int'l L. 49(2009).

4. Louise Merrett, “Article 23 of the Brussels Ⅰ Regulation: A Comprehensive Code for Jurisdiction Agreements?”, 58 Int'l & Comp. L.Q. 545(2009).

5. Louise Merrett, “The Enforcement of Jurisdiction Agreement within the Brussels Regime”, 55 Int'l & Comp. L.Q. 315(2006).

6. Louise Merrett, “To What Extent does an Agreement to Arbitrate Exclude the Brussels Regulation?”, 64 Cambridge L.J. 308(2005).

7. Louise Merrett, “Uncertainties in the First Limb of the Spiliada Test”, 54 Int'l & Comp. L.Q. 211(2005).

8. Christian Heinze, “Choice of Court Agreements, Coordination of Proceedings and Provisional Measures in the Reform of the Brussels Ⅰ Regulation”, Max Planck Private Law Research Paper No.11/5.

9. Stephen Burbank, “Federalism and Private International Law: Implementing the Hague Choice of Court Convention in the United States”, University of Pennsylvania Law School, Public Law and Legal Theory Research Paper Series Research Paper No. #06-27.

10. Ronald A. Brand, “Jurisdictional Development and the New Hague Judgements Project”, University of Pittsburgh, Legal Studies Research Paper Series, Working Paper No.2013-19, July 2013.

11. Ronald A. Brand, “Consent, Validity, and Choice of Forum Agreements in International Contracts”, University of Pittsburgh, Legal Studies Research Paper Series, Working Paper No. 2009-35, December 2009.

12. Jürgen Basedow, "Exclusive Choice-of-Court Agreements as a Derogation from Imperative Norms", Max Planck Private Law Research Paper No.14/1.

13. Robert Morgan, "The Conflict of Laws in Hong Kong", 36 Hong Kong L.J. 411(2006).

14. Mónica Herranz Ballesteros, "The Regime of Party Autonomy in the Brussels Ⅰ Recast: The Solutions Adopted for Agreement on Jurisdiction", 10 J. Priv. Int'l L. 291(2014).

15. Guangjian Tu, "Hague Choice of Court Convention—A Chinese Perspective", 55 Am. J. Comp. L. 347(2007).

16. Guangjian Tu, "Forum Non Convenience in the People's Republic of China", 11 Chinese J. Int'l L. 341(2012).

17. Jonas Steinle and Evan Vasiliades, "The Enforcement of Jurisdiction Agreement under the Brussels Ⅰ Regulation: Reconsidering the Principle of Party Autonomy", 6 J. Priv. Int'l L. 565(2010).

18. George Panagopoulos, "Substance and Procedure in Private International Law", 1 J. Priv. Int'l L. 69(2005).

19. Jieying Liang, "Statutory Restrictions on Party Autonomy in China's Private International Law of Contract: How Far Does The 2010 Codification Go?", 8 J. Priv. Int'l L. 77(2012).

20. Mary Keyes, "Statutes, Choice of Law, and the Role of Forum Choice", 4 J. Priv. Int'l L. 1(2008).

21. Ardavan Arzandeh, "Should the Spiliada Test be Revised?", 10 J. Priv. Int'l L. 89(2014).

22. Jan-Jaap Kuipers, "Schemes of Arrangement and Voluntary Collective Redress: A Gap in the Brussels I Regulation", 8 J. Priv. Int'l L. 225(2012).

23. Ilona Nurmela, "Sanctity of Dispute Resolution Clauses: Strategic Coherence of the Brussels System", 1 J. Priv. Int'l L. 115(2005).

24. Koji Takahashi, "Review of the Brussels I Regulation: A Comment from the Perspectives of Non-member States(Third States)", 8 J. Priv. Int'l L. 1(2012).

25. Pippa Rogerson, "Problems of the Applicable Law of the Contract in the English Common Law Jurisdiction Rules: The Good Arguable Case", 9 J. Priv. Int'l L. 387(2013).

26. Mary Keyes, "Jurisdiction under the Hague Choice of Court Convention: Its Likely Impact on Australian Practice", 5 J. Priv. Int'l L. 181 (2009).

27. UGLJEŠA GRUŠIĆ, "Jurisdiction in Complex Contracts under the Brussels I Regulation", 7 J. Priv. Int'l L. 321(2011).

28. Zheng Tang, "The Interrelationship of European Jurisdiction and Choice of Law in Contract", 4 J. Priv. Int'l L. 35(2008).

29. Lutz-Christian Wolff, "Hong Kong's Conflict of Contract Laws: *Quo Vadis?*", 6 J. Priv. Int'l L. 465(2010).

30. Ilias Bantekas, "European Commentaries on Private International Law: Brussels I Lbis Regulation", 9 J. Priv. Int'l L. 357(2012).

31. CJS Knight, "The Damage of Damages: Agreements on Jurisdiction and Choice of Law", 4 J. Priv. Int'l L. 501(2008).

32. Richard Garnett, "Coexisting and Conflicting Jurisdiction and Arbitration Clauses", 9 J. Priv. Int'l L. 361(2012).

33. PETR BRÍZA, "Choice-of-Court Agreements: Could the Hague Choice of Court Agreements Convention and the Reform of the Brussels I Regulation be the Way out of the Gasser-Owusu Disillusion?", 5 J. Priv. Int'l L. 537(2009).

34. Tena Ratkovic and Dora Zgrabljic Rotar, "Choice-of-Court Agreements under the Brussels I Regulation(Recast)", 9 J. Priv. Int'l L. 245(2013).

35. Simon Patrick Camilieri, "Article 23: Formal Validity, Material Validity or both?", 7 J. Priv. Int'l L. 297(2011).

36. CJS Knight, "Anti-Suit Injunctions and Non-Exclusive Jurisdiction Clauses", 69 Cambridge L.J. 25(2010).

37. Máire Ní Shúilleabháin, "Formalities of Contracting: a Cost-benefit Analysis of Requirements that Contracts Be Evidenced in Writing", 27 D. U.L.J. 113-150(2005).

38. Michel Grimaldi, "Consensualism and formalism", 3 I. B. L. J. 250—255(2011).

39. Tang, Zheng Sophia, "Effectiveness of Exclusive Jurisdiction Clauses in the Chinese Courts—A Pragmatic Study", 61 Int'l & Comp. L. Q. 459(2012).

40. Stephen G.A.Pitel and Jonathan de Vries, "The Standard of Proof for Jurisdiction Clauses", 46 Can. Bus. L.J. 66(2008).

41. Daniel Tan, "Damages for Breach of Jurisdiction Clauses", 14

SAcLJ 342(2002).

42. The Frinton, “Exclusive Jurisdiction Clauses and Multiple Plaintiffs”, 21 Hong Kong L.J. 240(1991).

43. Richard Fentiman, “Unilateral Jurisdiction Agreements in Europe”, 72 Cambridge Law Journal 24(2013).

44. Comment on The European Commission's Green Paper on The conversion of the Rome Convention of 1980 on the law applicable to contractual obligations into a Community instrument and its modernization, Max Planck Institute for Foreign Private and Private International Law, http://ec.europa.eu/justice/news/consulting_public/rome_i/contributions/max_planck_institute_foreign_private_international_law_en.pdf.

(二) 中文论文

1. 杜焕芳:《涉外民事诉讼协议管辖条款之检视》,《法学论坛》2014 年第 4 期。

2. 王吉文:《理论偏失与制度困境——评实际联系原则在我国协议管辖中的全面纳入》,《云南大学学报法学版》2014 年第 6 期。

3. 杜焕芳:《中国法院涉外管辖权实证研究》,《法学家》2007 年第 2 期。

4. 杜涛:《欧盟跨国民事讼制度的新发展——评欧盟布鲁塞尔第一条例之修订》,《德国研究》2014 年第 1 期。

5. 刘卫国:《论国际民商事私法管辖条款的独立性》,《法商研究》2002 年第 6 期。

6. 李旺:《当事人协议管辖与外国判决的承认与执行法律制度的关系初探》,《清华法学》2013 年第 7 卷第 3 期。

7. 周翠:《协议管辖问题研究》,《中外法学》2014 年第 2 期。

8. 杜涛:《论物权国际私法中当事人意思自治原则的限度》,《上海财经大学学报》2012 年 10 月第 14 卷第 5 期。

9. 郭玉军、樊婧:《〈涉外民事关系法律适用法〉的适用及其反思》,《社会科学辑刊》2013 年第 2 期。

10. 郭玉军:《中国国际私法的立法反思及其完善——以〈涉外民事关系法律适用法〉为中心》,《清华法学》2011 年第 5 卷第 5 期。

11. 郭玉军、徐锦堂:《中国区际法律冲突解决路径探析(上)》,《时代法学》2008 年第 6 卷第 1 期。

12. 郭玉军、徐锦堂:《中国区际法律冲突解决路径探析(下)》,《时代法学》2008 年第 6 卷第 2 期。

13. 张兰兰:《国际协议管辖权合意要件立法的比较分析——兼评我国〈民事诉讼法〉第 244 条》,《中国国际私法与比较法年刊(第四卷)》,法律出版社 2001 年版。

14. 吕晓莉:《国际民事诉讼中的协议管辖制度》,《河北法学》2002 年第 6 期。

15. 冯霞:《论国际民商事诉讼中的协议管辖原则——兼评我国相关立法及立法建议》,《法律适用》2007 年 7 月总第 232 期。

16. 邓杰:《论国际民事诉讼中的协议管辖制度》,《武汉大学学报(社会科学版)》2002 年第 6 期。

17. 王吉文:《我国涉外协议管辖限制条件的合理性问题——以协议管辖的级别管辖限制为视角》,《云南大学学报法学版》2010 年第 3 期。

18. 王吉文、叶轩宇:《我国涉外协议管辖制度的完善》,《江西社会科学》2008 年第 4 期。

19. 廖中洪:《协议管辖:问题、原因及其改革设想》,《西南政法大学学报》2008 年第 2 期。

20. 张宪初:《内地与香港民商事管辖权冲突刍议》,《法律适用》2004 年 9 月总第 222 期。

21. 张宪初:《步入新阶段的香港内地民商事司法合作——香港〈内地判决(交互强制执行)条例〉立法回顾》,《广东外语外贸大学学报》2008 年第 19 卷第 5 期。

22. 张宪初:《对〈内地相关相互认可和执行当事人协议管辖的民商事案件判决的安排〉的初步评价》,《法治论坛》第八辑。

23. 张宪初:《数点雨声风约住——香港回归以来与内地民商事司法协助进展回顾与检讨》,《人大法律评论》2011 年卷第二辑。

24. 奚晓明:《论我国涉外民商事诉讼中的协议管辖条款的认定(上)》,《法律适用》2008 年 3 月总第 192 期。

25. 奚晓明:《论我国涉外民商事诉讼中的协议管辖条款的认定(下)》,《法律适用》2008 年 4 月总第 193 期。

26. 胡宜奎:《内地与香港民事诉讼管辖权的冲突及解决方法》,《江淮论坛》2004 年第 1 期。

27. 刘力:《中国区际民事诉讼管辖权冲突的协调与解决》,《法律适用》2004 年 8 月总第 221 期。

28. 郭玉军、蒋剑伟:《美国联邦法院执行管辖权条款规则评析——兼与海牙国际私法会议〈法院选择协议公约〉规则相比较》,《武大国际法评论》2006 年第 2 期。

29. 王承志:《我国区际民商事管辖权的冲突及协调——以广东省司法实践为研究对象》,《暨南学报(哲学社会科学版)》2008 年第 4 期。

30. 欧福永:《论禁诉令在解决中国内地与香港民商事管辖权积极冲突

中的运用》,《时代法学》2009 年 8 月第 7 卷第 4 期。

31. 张淑钿:《论先受理法院机制在涉港案件管辖权冲突中的适用》,《河南省政法管理干部学院学报》2008 年第 5 期。

32. 罗剑雯:《论欧盟民商事管辖权体系对协调我国区际民商事管辖权冲突的启示》,《法学评论》2004 年第 3 期。

33. 杨弘磊:《论涉港民事诉讼协议管辖条款效力判定中的方便与非方便法院规则的运用》,《法律适用》2004 年 9 月总第 222 期。

34. 董立坤:《论涉及我国内地与香港地区民商事案件司法管辖权的冲突与协调》,《上海社会科学院学术季刊》1998 年第 2 期。

35. 张淑钿:《香港域外管辖权制度探析》,《武陵学刊》2010 年第 6 期。

36. 陈弘毅:《论香港法院现有的管辖权》,《港澳台学者论坛》。

37. 刘文辉:《内地与香港民事管辖权的冲突和解决》,《河南省政法管理干部学院学报》2007 年第 6 期。

38. 陈力:《内地与香港民事管辖权的冲突与协调》,《中国国际私法与比较法年刊(第四卷)》,法律出版社 2001 年版。

39. [美]William J.Woodwar, Jr.:《法律选择协议探微》,陈芝兰、谢新胜、牟笛译,《中国国际私法与比较法年刊(第九卷)》,北京大学出版社 2006 年版。

40. [英]J. J. Fawcett:《国际私法中的弱化管辖权问题研究》,刘兴莉译、黄进校,载《中国国际私法与比较法年刊(第十一卷)》,北京大学出版社 2008 年版。

41. 陈隆修:《2005 年海牙〈选择法院协议公约〉——是福还是祸?》,《中国国际私法与比较法年刊(第十二卷)》,北京大学出版社 2009 年版。

42. 张利民:《论法院选择协议之形式要求》,《中国国际私法与比较法年刊(第十二卷)》,北京大学出版社 2009 年版。

43. 彭奕:《论国际民事诉讼中的专属管辖权——兼论我国国际民事诉讼专属管辖条款的重构》,《中国国际私法与比较法年刊(第十二卷)》,北京大学出版社 2009 年版。

44. 叶斌:《国际选择法院协议效力的法律冲突与法律适用——海牙“被选法院地法”规则的优与劣》,《中国国际私法与比较法年刊(第十三卷)》,北京大学出版社 2010 年版。

45. 王吉文:《涉外协议管辖中的“实际联系原则”评述》,《中国国际私法与比较法年刊(第十三卷)》,北京大学出版社 2010 年版。

46. 杨晓强、闫杰雄:《刍议排他性选择法院协议的法律适用》,《中国国际私法与比较法年刊(第十三卷)》,北京大学出版社 2010 年版。

47. 奚晓明:《不方便法院制度的几点思考》,《法学研究》2002 年第 1 期。

48. 徐伟功:《述评〈国际私法示范法〉中的不方便法院条款》,《武汉大学学报(哲学社会科学版)》2004 年第 3 期。

49. 徐伟功:《简析国际民事管辖权中的不方便法院原则》,《河南政法管理干部学院学报》2003 年第 4 期。

50. 徐伟功:《不方便法院原则在中国的运用》,《政法论坛(中国政法大学学报)》2003 年第 2 期。

51. 徐伟功:《美国国际民事管辖权中的两大阀门——不方便法院原则与禁诉命令》,《甘肃政法学院学报》2006 年 3 月总第 85 期。

52. 徐伟功:《学术视野中的不方便法院原则——评美国学者对不方便法院原则的建议条款》,《东方论坛》2003 年第 3 期。

53. 徐伟功:《我国不宜采用不方便法院原则——以不方便法院原则的

运作环境与功能为视角》,《法学评论》2006 年第 1 期。

54. 邱润根:《不方便法院原则实施条件比较与借鉴》,《法学论坛》2009 年第 1 期。

55. 刘晓红、周琪:《协议管辖制度中的实际联系原则与不方便法院原则——兼及我国协议管辖制度之检视》,《法学》2014 年第 12 期。

56. 胡永庆:《国际民事诉讼中的“不方便法院”原则》,《武汉大学学报(哲学社会科学版)》2000 年第 2 期。

57. 王吉文:《论不方便法院原则在我国的适用问题》,《法学论坛》2005 年第 12 期。

58. 袁泉:《不方便法院原则三题》,《中国法学》2003 年第 6 期。

59. 张利民:《非排他性管辖协议探析》,《政法论坛》2014 年第 5 期。

60. 朱志晟:《国际民事诉讼中的协议管辖原则比较研究》,《时代法学》2004 年第 5 期。

61. 唐晓晴:《意思表示错误的理论与制度渊源》,《法学论坛》2008 年第 2 期。

62. 米健:《意思表示分析》,《法学研究》2004 年第 1 期。

63. 张金海:《意思表示的主管要素研究》,《中国法学》2007 年第 1 期。

64. 王利民:《试论合同的成立与生效》,《现代法学》1996 年第 6 期。

65. 赵旭东:《论合同的法律约束力与效力及合同的成立与生效》,《中国法学》2000 年第 1 期。

66. 朱宏、何乃刚:《论合同成立与生效的认定与效力》,《社会科学》2001 年第 4 期。

67. 尹飞:《合同成立与生效区分的再探讨》,《法学家》2003 年第 3 期。

68. 王全弟、孔向荣:《合同成立与生效的区别》,《法学》2000 年第 9 期。

69. 杨树明、张平:《合同成立与生效的效力同一性研究》,《中山大学学报(社会科学版)》2000 年第 3 期。

70. 胡郑杰:《不方便法院原则比较研究》,《法学研究》2002 年第 4 期。

71. 宋锡祥:《论中国内地与港澳区际民商事司法协助及其完善》,《上海大学学报(社会科学版)》2009 年第 6 期。

72. 高晓力:《海牙国际私法会议〈选择法院协议公约〉与对我国涉外民商事审判的影响》,《人民司法》2006 年第 3 期。

73. 李旺:《国际民事裁判管辖权制度析——兼论 2012 年修改的〈民事诉讼法〉关于涉外民事案件管辖权的规定》,《国际法研究》2014 年第 1 期。

74. 屈广清、王淑敏、贾舜宁:《海牙〈协议选择法院公约〉对中国国际私法立法的启示》,《河南省政法管理干部学院学报》2006 年第 2 期。

75. 丁伟:《我国涉外民商事诉讼管辖权制度的完善》,《政法论坛》2006 年第 6 期。

76. 丁伟:《我国对涉外民商事案件实行集中管辖的利弊分析——评〈最高人民法院关于涉外民商事诉讼管辖权若干问题的规定〉》,《法学》2003 年第 8 期。

77. 丁伟:《世纪之交中国国际私法立法回顾与展望》,《政法论坛》2001 年第 3 期。

78. 甘勇:《〈布鲁塞尔条例Ⅰ〉有关协议管辖制度的完善及启示》,载《中国国际私法学会 2014 年年会论文集(下)》。

79. 徐国建:《建立国际统一的管辖权判决承认与执行制度——海牙〈选择法院协议公约〉述评》,载《〈海牙选择法院协议公约〉与中国立法和司法实践研讨会会议资料集》。

80. 涂广建:《论 2005 海牙〈协议管辖公约〉:我国进退之抉择》,载《〈海牙选择法院协议公约〉与中国立法和司法实践研讨会会议资料集》。

81. 涂广建:《再论我国的“不方便法院”原则》,《武大国际法评论》2013年第1期。

82. 齐湘泉、周航:《简评2005海牙〈选择法院协议公约〉》,载《〈海牙选择法院协议公约〉与中国立法和司法实践研讨会会议资料集》。

83. 刘仁山:《关于我国加入海牙〈选择法院协议公约〉的评估报告》,载《〈海牙选择法院协议公约〉与中国立法和司法实践研讨会会议资料集》。

84. 何其生:《开放的法院与全球流动的判决——中国加入〈选择法院协议公约〉的问题与建议》,载《〈海牙选择法院协议公约〉与中国立法和司法实践研讨会会议资料集》。

85. 屈广清:《建议中国加入海牙〈选择法院协议公约〉的若干考量》,载《〈海牙选择法院协议公约〉与中国立法和司法实践研讨会会议资料集》。

86. 杜涛:《论选择法院协议的排他性——兼论我国批准〈选择法院协议公约〉的可行性问题》,载《〈海牙选择法院协议公约〉与中国立法和司法实践研讨会会议资料集》。

87. 于飞:《国际私法“有利原则”之界定——兼谈我国〈涉外民事关系法律适用法〉有关规定》,载《中国国际私法与比较法年刊(第十五卷)》,北京大学出版社2012年版。

88. 王吉文:《2005年海牙公约中协议管辖的形式要件评析》,《江西财经大学学报》2007年第5期。

89. 孙南申:《论国际私法中协议管辖的法律效力》,《政治与法律》1999年第2期。

90. 黄进、邹国勇:《欧盟民商事管辖权规则的嬗变——从〈布鲁塞尔公约〉到〈布鲁塞尔条例〉》,《东岳论丛》2006年第27卷第5期。

(三) 学位论文类

1. 叶斌:《2005 年海牙〈选择法院协议公约〉研究》,武汉大学 2009 年博士学位论文。

2. 李广辉《〈民商事管辖权及外国判决公约〉(草案)研究》,中国政法大学 2006 年博士学位论文。

3. 张淑钿:《中国内地与香港区际民商事管辖权冲突问题研究》,华东政法大学 2007 年博士学位论文。

4. 王洪:《合同形式研究》,西南政法大学 2005 年博士学位论文。

5. 张长青:《合同法上的意思表示瑕疵》,中国政法大学 2006 年博士学位论文。

三、网站类

1. 北大法宝,http://en.pkulaw.cn/。

2. 中国知网,http://big5.oversea.cnki.net/Kns55/brief/result.aspx?dbPrefix=CJFD。

案例名称、人名对照表
（按外文首字母顺序）

A

梅兰蒂案（Adhiguna Meranti）

阿德里安·布里格斯（Adrian Briggs）

非洲快线有限公司诉索科菲公司案（Africa Express Line Ltd v. Socofi SA）

罗文菲尔德（Andreas F. Lowenfeld）

里昂信贷银行案（Anterist v. Crédit Lyonnais）

阿托克水泥有限公司诉罗马尼亚外贸银行案（Attock Cement Co. Ltd. v. Romanian Bank for Foreign Trade）

B

贝宁卡萨诉登塔尔基特案（Benincasa v. Dentalkit S.r.l.）

巴克莱银行案（Barclays Bank plc v. Ente Nazionale di Previdenza ed Assistenza dei Medici e Degli Odontoiatri）

巴黎银行案（BNP Paribas SA v. Anchorage Capital Europe LLP & ors）

布兰登(Brandon)法官

布莱梅诉扎帕塔离岸公司案(Bremen v. Zapata Off-shore Co.)

C

炭黑出口有限公司诉蒙罗萨案(Carbon Black Exprot Inc. v. The SS Monrosa)

克里斯蒂安・海因斯(Christian Heinze)

德国商业银行诉利基马尔油轮管理公司案(Commerzbank AG v. Liquimar Tankers Management Inc)

大陆银行案(Continental Bank NA v. Aeakos SA)

依利安工业案(Cuccolini SRL v. Elcan Industries)

E

埃尔阿马里亚案(El Amria)

埃莱夫塞里亚案(Eleftheria)

埃莉凡特・舒赫诉杰克曼案(Elefanten Schuh v. Jacqmain)

加瑟案(Erich Gasser GmbH v. MISAT Srl)

埃斯泰斯诉鲁瓦案(Estasis Salotti di Colzani Aimo v. Ruwa Polsteimaschinen GmbH)

F

FAI 通用保险有限公司诉海事共同诉讼与赔偿协会案(FAI General Insurance Co. Ltd. v. Ocean Marine Mutual Procetionand Indemnity Assn)

福赛特(Fawcett)

芬蒂曼(Fentiman)

H

何小培案(Ho Siu Pui v. Yue Sheng Finance Ltd)

黄琳达案(Hwoo Huang Linda v. Fu Being Sang)

现代工程建设有限公司诉乌巴夫(香港)有限公司案(Hyundai Engineering & Construction Co Ltd v. UBAF(Hong Kong) Ltd)

L

兰伯特案(Lambert v. Kysar)

加勒特案(Law v. Garrett)

罗纳美德收购有限公司诉开普兴银行案(Lornamead Acquisitions Ltd v. Kaupthing Bank HF)

联发工程建设有限公司诉鸿业(香港)工程有限公司案(Luen Fat Engineering and Construction Co(a firm) v. Hung Yip(HK) Engineering Co Ltd)

M

麦金德诉菲达案(Mackender v. Feldia A.G.)

马格努斯(Magnus)教授

毛里求斯商业银行有限公司诉赫斯蒂亚控股有限公司案(Mauritius Commercial Bank Limited v. Hestia Holdings Limited)

孟山都公司诉麦克法林案(Monsanto Co. v. McFarling)

莫里森诉 Panic Link 有限公司案(Morrison v. Panic Link Ltd)

X女士诉罗斯柴尔德私人银行案(Ms X v. Banque Priveé Edmond de Rothschild)

MSG案(MSG v. Les Gravières)

N

贵权投资有限公司案(Noble Power Investments Limited & Another v. Nissei Stomach Tokyo Co Ltd)

O

果园资本有限公司案(Orchard Capital I Ltd v. Ravindra Kumar Jhunjhunwala)

P

犹他州巴厘岛酒店诉马蒂亚斯·埃辛案(PT Bali Hospitality Utama v. Mathias Echene)

波普尔韦尔(Popplewell)

彼得·尼格(Peter Nygh)

R

罗伯特公司案(Roberts & Schaefer Co. v. Merit Contracting)

S

史葛诉埃弗里案(Scott v. Avery)

锡科创业有限公司案(Siko Venture Ltd v. Argyll Equities, LLC)

索希奥供应公司诉 Gatoil(美国)公司案(Sohio Supply Company v. Gatoil(USA) Inc.)

斯皮利达海事公司诉坎苏莱克斯有限公司案(Spiliada Maritime Corp v. Cansulex Ltd)

S-Net 货运(香港)有限公司诉南宋船务有限公司案(S-Net Freight (HK) Limited v. Namsung Shipping Company Limited)

新罕布什尔保险公司案(S&W Berisford PLC v. New Hampshire Insurance Co.)

西蒙尼德斯(Symeonides)

T

T&K 电子有限公司诉太平洋保险公司案(T&K Electronics Ltd and Tai Ping Insurance Co. Ltd)

中国工商银行深圳支行诉新国际有限公司案(The Industrial & Commercial Bank of China, Shenzhen Branch v. New International(Groups) Limited)

查帕拉尔案(The Chaparral)

蒂莉·鲁斯案(The Tilly Russ)

特纳案(Turner v. Grovit)

U

乌尔蒂索诉布依盖案(Ultisol v. Bouygues)

W

温尼特斯投资有限公司诉牛津产品公司案(Winnitex Investment Company Limited v. Oxford Products)

Y

余立文案(Yu Lap Man v. Good First Investment Ltd.)

后　记

本书系作者在博士论文基础上结合“一带一路”主题修改而成，被列入“一带一路”经贸·法律丛书。

在博士论文写作以及书稿修改的过程中，我有两个体会，一是理论研究是国际法学者的短板，更是自己的软肋，以后想深耕国际法学必须加强对法学理论的学习；二是只有进行跨学科研究，融会贯通各个部门法，才能有宏观视角，才能够真正地提出问题、解决问题。学术无止境，希望自己在职业生涯中能坚持学习，不断进步，希望自己对协议管辖制度的研究越来越接近真理。

本书的完成，首先要感谢博士导师涂广建教授的培养之恩，还要感谢硕士导师宋锡祥教授对书稿修改给予的指导。此外，感谢一直以来包容、理解、支持我的爱人以及为我无私奉献的父母和兄弟姐妹，还有赋予我无限动力的小生命。最后感谢上海人民出版社秦堃编辑为本书出版做的大量细致的工作以及提出的宝贵修改意见。

本书的出版，离不开上海对外经贸大学的经费支持，离不开法学院给予青年教师的机会和平台。思源湖畔的奋进牛在我心中种下一颗奋斗的种子，教书育人、科研创新是我毕生奋斗的事业，埋头苦干、拼搏奋进的精神将照亮我前行的方向。

王红燕

2020 年 2 月

图书在版编目(CIP)数据

"一带一路"倡议下协议管辖制度比较研究/王红燕著.一上海:上海人民出版社,2020
("一带一路"法律·经贸丛书)
ISBN 978-7-208-16552-6

Ⅰ.①一… Ⅱ.①王… Ⅲ.①司法管辖-对比研究-世界 Ⅳ.①D916

中国版本图书馆 CIP 数据核字(2020)第 119175 号

责任编辑 秦 堃 郑家豪
封面设计 孙 康

"一带一路"法律·经贸丛书
"一带一路"倡议下协议管辖制度比较研究
王红燕 著

出　　版 上海人民出版社
(200001 上海福建中路 193 号)
发　　行 上海人民出版社发行中心
印　　刷 常熟市新骅印刷有限公司
开　　本 720×1000 1/16
印　　张 16.5
插　　页 2
字　　数 186,000
版　　次 2020 年 7 月第 1 版
印　　次 2020 年 7 月第 1 次印刷
ISBN 978-7-208-16552-6/D·3619
定　　价 60.00 元